DICIONÁRIO FILOSÓFICO DE CITAÇÕES

DICIONÁRIO FILOSÓFICO DE CITAÇÕES

Léon-Louis Grateloup

Tradução de
Marina Appenzeller

Revisão da tradução
Márcia Valéria Martinez de Aguiar

Esta obra foi publicada originalmente em francês com o título
DICTIONNAIRE PHILOSOPHIQUE DE CITATIONS
por Hachette, Paris.
Copyright © Hachette, 1991
Copyright © 2004, Livraria Martins Fontes Editora Ltda.,
São Paulo, para a presente edição.

1ª edição 2004
2ª edição 2022

Tradução
Marina Appenzeller
Acompanhamento editorial
Luzia Aparecida dos Santos
Revisões
Maria Luiza Favret
Renato da Rocha Carlos
Dinarte Zorzanelli da Silva
Produção gráfica
Geraldo Alves
Paginação
Moacir Katsumi Matsusaki
Capa
Marcos Lisboa

Dados Internacionais de Catalogação na Publicação (CIP)
(Câmara Brasileira do Livro, SP, Brasil)

Grateloup, Léon-Louis
 Dicionário filosófico de citações / Léon-Louis Grateloup ; tradução de Marina Appenzeller. – 2. ed. – São Paulo, SP : Editora WMF Martins Fontes, 2022.

 Título original: Dictionnaire philosophique de citations.
 ISBN 978-85-469-0410-5

 1. Filosofia – Citações, máximas etc. I. Título.

22-128507   CDD-103

Índices para catálogo sistemático:
1. Filosofia : Citações : Dicionários   103

Eliete Marques da Silva - Bibliotecária - CRB-8/9380

Todos os direitos desta edição reservados à
Editora WMF Martins Fontes Ltda.
Rua Prof. Laerte Ramos de Carvalho, 133 01325-030 São Paulo SP Brasil
Tel. (11) 3293-8150 e-mail: info@wmfmartinsfontes.com.br
http://www.wmfmartinsfontes.com.br

SUMÁRIO DAS NOÇÕES

1 Antropologia 1
2 Arte 7
3 Conceito 17
4 Conhecimento 21
5 Consciência 25
6 Desejo 31
7 Dever 41
8 Direito 45
9 Espaço 51
10 Estado 53
11 Existência 59
12 Felicidade 67
13 Filosofia 77
14 História 89
15 Homem 97
16 Ideia 103
17 Ilusão 107
18 Imaginação 115
19 Inconsciente 123
20 Irracional 127
21 Juízo 133
22 Justiça 137
23 Liberdade 145
24 Linguagem 157
25 Lógica e matemática 169
26 Memória 175
27 Metafísica 181
28 Moral 185

29 Morte 189
30 Mundo (O homem e o mundo) 203
31 Natureza e cultura 207
32 Outro 219
33 Paixões 227
34 Percepção 233
35 Pessoa 237
36 Poder 239
37 Psicologia (Ciência do homem?) 249
38 Razão 251
39 Religião 259
40 Sentido 271
41 Ser vivo (O conhecimento do ser vivo) 277
42 Sociedade 283
43 Técnica 291
44 Tempo 297
45 Teoria e experiência 305
46 Trabalho 311
47 Trocas 319
48 Verdade 321
49 Violência 331
50 Vontade 341

PREFÁCIO

DO USO FILOSÓFICO DAS CITAÇÕES

Por que um "Dicionário filosófico de citações" e não um "Dicionário de citações filosóficas"? Aliás, por que citar? E, antes de mais nada, o que é uma citação? Todas essas são questões pertinentes e solidárias, que merecem alguns esclarecimentos.

"Citação" é uma palavra ambígua, que designa tanto a ação de citar quanto o produto dessa ação e evoca ao mesmo tempo um recorte, uma homenagem e uma intimação.

No entanto, as próprias ambiguidades da linguagem são reveladoras: "*Muitas vezes elas atestam paralelos profundos*", escreve Comte, "*felizmente apreendidos pelo instinto comum, muitos séculos antes que a razão sistemática consiga alcançá-los*" (Système de politique positive [Sistema de política positiva], t. II, cap. IV). De fato temos consciência de que a citação pode ser destinada a diversos fins, dos mais contestáveis aos mais bem fundamentados, e de que talvez todos eles participem, em diversos graus, da gratuidade de um motivo ornamental, do testemunho de reconhecimento de um ex-voto e, finalmente, do peso de uma prova convincente. Por isso, embora seja mais do que duvidoso existirem citações propriamente filosóficas, é pelo menos provável que haja um emprego propriamente filosófico da citação.

Nada é mais distante da filosofia do que o pedantismo dos "que, para ostentarem sua falsa ciência, citam a torto e a direito todas as espécies de autores, que falam simplesmente por falar e para despertar a admiração dos tolos, que acumulam sem juízo e sem discernimento apotegmas e traços de história para provar ou fingir provar coisas que só podem ser provadas por razões" (Malebranche, De la recherche de la vérité [Procura da verdade], livro II, terceira parte, cap. V). No limite dessa abolição do juízo por trás da cortina de citações, temos Hérille, que "ao falar, arengar ou escrever, quer citar: faz o Príncipe dos filósofos dizer que o vinho embriaga e o Orador romano que a água o modera. Quando se lança na moral, não é ele, é o divino Platão que assegura que a virtude é agradável, o vício odioso e que ambos se transformam em hábito. As coisas mais comuns, mais triviais e que ele é até capaz de pensar, pretende devê-las aos antigos, aos latinos, aos gregos; não é nem para proporcionar mais autoridade ao que diz, talvez nem para se vangloriar do que sabe: quer citar" (La Bruyère, *Des jugements* [Dos juízos], parágrafo 64, em *Les caractères* [Caracteres]).

Citar São Paulo ou Horácio, para proteger-se por trás da autoridade de um ou do latim do outro a fim de desafiar o senso comum ou o pudor, era, em outros tempos, buscar uma caução. Especialista em citações, Montaigne era considerado mestre nesse jogo: "eles não devem criticar propriamente a mim", escreve, "pelo que faço dizerem as autoridades aceitas e aprovadas por vários séculos" (*Essais* [Ensaios], III, cap. V). Mas terão realmente ficado para trás os tempos em que os textos eram um poder e, para convencer, bastava citar? Em filosofia, onde, mais do que em qualquer outra matéria, o exame tem direito de cidadania, provavelmente ainda se cita para deixar a palavra ao mestre, para celebrar seus ditos, para reconhecer seu patronato; mas cita-se também para captar ao vivo um efeito particular de um sistema, para tirar um instantâneo de uma doutrina, para apanhar um autor em suas próprias palavras. Se há uma maneira eclética ou dogmática de utilizar citações para se dispensar de examinar, o emprego filosófico poderia ser reconhecido em primeiro lugar pelo fato de se propor ao contrário examinar mais detidamente para depois descobrir, esmiuçando a citação, tudo o que vem com ela e o véu de cambraia ou de bruma no qual está envolvida. O recorte seria, portanto, apenas uma primeira iniciativa a partir da qual se organizaria a expedição ulterior à economia do sistema e à ordem de suas razões. A esse respeito, as citações em filosofia são postigos por onde penetram no templo, fora dos horários de abertura, os olhares daqueles que, seduzidos por seu gracioso projeto ou inquietos diante de suas varandas perigosas, exigem ver como ele é construído.

Feliz a época em que se concorda em apreender, juntos, a forma e o conteúdo, em que se luta por ideias em textos e em que, finalmente, todos os conflitos são resolvidos com citações! Afinal, toda palavra e toda escrita decerto se afirmam opondo-se, mas bem mais expondo-se. Que reivindique ser compreendido em seu espírito mais do que ao pé da letra, ou que se reduza a citar a si mesmo, o discurso está exposto ao perigo da citação, assim como Saint-Michel ao perigo do mar. Exposto a uma ameaça contra a qual é o único recurso. É invocado necessariamente fragmentário, protesta-se contra a amputação ou contra o desvio, e são produzidas novas peças mais copiosas ou mais coligidas; e mesmo quando um interlocutor, exausto, quer se refugiar em um silêncio à Rimbaud, ainda dele se citaria um vestígio, uma anedota. O promontório do ser é atingido pela torrente ininterrupta das citações que o erodem ao mesmo tempo que o constituem. Porque os movimentos da linguagem são incessantes, mas não infinitos; e o discurso, sem fim nem origem determináveis, de uma humanidade que repete sem compreender bem antes de compreender sem repetir, é feito, em última análise, apenas de citações. Assim, em vez de perguntar por que citar, mais vale saber quem se cita e com que propósito. Pois *"não é empreitada de pouca monta"* escavar o campo cultural de nossa época para nele descobrir, sob a agitação de superfície, as camadas profundas que detêm seu sentido.

A citação sem aspas, duplamente banalizada por ter se tornado clichê pela forma e lugar-comum pelo conteúdo, não passa de um fragmento erodido, apanhado ao acaso das circunstâncias no grande discurso anônimo. A citação propriamente dita consiste, ao contrário, em convocar nominalmente um autor e determinada frase destacada de sua obra; mas esse recorte, cegamente reiterado a partir de algumas fórmulas canônicas, acaba por reduzir as obras mais complexas e as filosofias mais maciças a dois ou três balões de histórias em quadrinhos. A citação naturante torna-se, sob esse regime, citação naturada e vai para o anonimato. Pode então ter seu espaço em um dicionário de citações filosóficas mortas em combate.

O objeto do *Dicionário filosófico de citações* é, ao contrário, manter a citação *"em ato"*. Sua ordem visível é a das cinquenta noções que compõem a "praça de guerra", onde hoje se enfrentam os tempos de palavra.

É a respeito dessas noções, mesmo que a palavra não se encontre na passagem citada, que são convocados os autores e as obras em ordem alfabética, sendo que a preocupação com a clareza e a autenticidade prevalece sobre as questões de primazia e amor pelas novidades.

Decerto citar é derrubar o edifício – caso haja edifício – de onde é tirada a citação; essa desconstrução, que não nos permite conhecer "a ordem das razões", está, contudo, longe de ser inteiramente negativa, pois nos revela, de certa forma sob uma luz mais crua, os materiais constitutivos dissimulados pela economia geral de uma obra, de uma doutrina ou de um sistema. Sob essa perspectiva, um *Dicionário filosófico de citações* é um primeiro molho de chaves para um leitor exigente.

Na verdade, quem não se sentiria desamparado de início diante da multidão de autores mais ou menos filósofos, da riqueza e da diversidade das obras suscetíveis de atrair a atenção, algumas das quais se oferecem ao público abertamente, enquanto outras parecem querer furtar-se à investigação e reservar seu acesso a alguns eleitos? Não se trata aqui de se estabelecer alternadamente no centro de cada sistema, nem no centro de uma doutrina, nem mesmo dentro de uma obra, mas, antes, de pedir aos autores que compareçam em conjunto, cada um com textos convincentes, em uma sequência, para responder a questões cuja iniciativa não é deles. É claro que nem todos os filósofos se prestam indiferentemente a esse tipo de desígnio: a maneira aforística de um Nietzsche, por exemplo, fornece evidentemente de modo mais fácil "citações", no sentido tradicional do termo, que o curso de uma meditação cartesiana ou de um diálogo platônico, para os quais a continuidade progressiva é essencial. Basta comparar essa citação de Nietzsche: "O pensamento isolado ao qual um homem de valor, diante dos riscos e zombarias de pessoas sem valor, atribui grande importância é para ele uma chave de tesouros ocultos, enquanto para aqueles não passa de um pedaço de ferro-velho" (*Humano, demasiado humano*, I, 183) com esta, de Platão: "O meio mais radical de abolir qualquer espécie de discurso é isolar cada coisa de todas as outras, pois foi a combinação recíproca das formas que deu entre nós origem ao discurso" (*O sofista*, 259e), para perceber que essa diferença na recepção reservada ao seccionamento do logos é significativa do que talvez constitua uma das principais oposições da filosofia.

XI

Apesar de necessariamente compendioso, o presente Dicionário não se limita a essas "fórmulas que se retêm e se impõem à memória, fornecendo assim um objeto à reflexão" (Alain, *Elementos de filosofia*, III, cap. II). Oferece um apanhado de formas variadas: do pensamento lapidar, que se diria tirado de um contexto invisível, ao texto de certa amplidão, onde uma análise limitada já se esboça sobre o pano de fundo de uma doutrina. Foram excluídas as citações, outrora fundamentais, que o desgaste transformou em motivos ornamentais que cabem em qualquer lugar, do gênero *caniço pensante* pascaliano ou *cogito ergo sum* cartesiano; foram excluídas igualmente as citações erráticas, as quais não se sabe ao certo se exprimem, entre o enunciado e determinado signatário, uma relação insignificante ou decisiva; assim o enigmático: *Ich habe meinen Regenschirm vergessen* [Esqueci meu guarda-chuva] (Nietzsche). Em contrapartida, encontrar-se-ão citações exumadas, que conservam seu vigor e atualidade; citações restauradas a seu estado original; citações amostras, que permitem discernir um registro ou um estilo, quando o subsolo no qual foi feita a perfuração é suficientemente homogêneo; citações referências de não filósofos que, nada preocupados em edificar um sistema, geralmente preferem a fulgurância da fórmula à paciência do conceito; finalmente, citações laterais, colhidas nas margens de uma filosofia sistemática e que podem facilitar ou até comandar o acesso a ela.

Tal como é, este *Dicionário filosófico de citações* anuncia como pretende ser utilizado.

Se em um sistema acabado os detalhes se ocultam em proveito da majestade do conjunto, se no centro da sistematicidade filosófica se inscreve o risco de uma erosão desse espanto primeiro sem o qual não existe filosofia, o efeito principal de uma convocação dos sistemas a comparecer de improviso em ordem dispersa não é somente de abolir algumas ilusões devidas à elevação e à perspectiva, mas ainda de revelar coincidências, contradições, convergências e intersecções, decerto fragmentárias, mas muitas vezes imprevistas, em todo caso instigadoras de aporias filosóficas, ou seja, sempre atuais e fecundas.

Tramado em torno de alguns centros de interesse estritamente nocionais, este Dicionário compõe um conjunto que não se ajusta espontaneamente a nenhum sistema filosófico, testemunhando assim uma escolha que não é eclética, nem dogmática, mas que visa manter uma tensão vigilante entre os diferentes polos do pensamento, assim como o ateísmo, segundo Lagneau, é "o sal que impede que a crença em Deus se corrompa" (*Curso sobre Deus*, I, p. 31). Não se devem buscar aqui citações filosóficas "em si", mas uma seleção filosófica – ou seja, crítica – de citações, destinada a conservar vivo o espanto primeiro, anterior às escleroses e ao embrutecimento do intelecto.

A aparente indiferença à historicidade das problemáticas, o recurso ao nocional por assim dizer em estado puro, são aqui o contrário de um dispositivo de redução: procedem da intenção de trazer de imediato o "bom senso" ao âmago dos problemas e dos conflitos, ao centro de vigilância e de gravidade de todos os templos da "théoria", para o interior dessas minas de sal, em que a reflexão, impedida de se corromper, descobre constantemente, sob a forma de pérolas ou de pepitas, os fragmentos de não se sabe qual grande jogo.

Cada citação é acompanhada de sua referência. No final da obra, encontra-se uma bibliografia completa com a data da primeira edição da obra.

O outro elemento desse programa é a lista de noções que se encontra aqui em ordem alfabética.

1. ANTROPOLOGIA

ARISTÓTELES
1. Foi para o ser capaz de adquirir o maior número de artes que a natureza deu a ferramenta que é, de longe, a mais útil: a mão. E os que pretendem que o homem, longe de ser bem constituído, é o mais mal munido dos animais – dizem, na verdade, que ele nada tem nos pés, que é nu e não possui armas para a luta – estão errados: os outros, de fato, dispõem de um único recurso que não podem trocar por um outro, e precisam, por assim dizer, permanecer calçados para dormir ou para fazer tudo, jamais podem tirar a armadura que têm ao redor do corpo e jamais conseguem trocar a arma de que foram dotados pelo destino; o homem, ao contrário, dispõe de múltiplos meios de defesa e sempre tem a possibilidade de trocá-los, assim como pode possuir a arma que deseja e no momento que deseja. A mão, de fato, torna-se garras, presas ou chifres e também lança, espada, qualquer outra arma ou ferramenta, e ela é tudo isso porque pode pegar e segurar tudo.

(*Das partes dos animais*)

COMTE
2. Embora os biólogos propriamente ditos, teóricos ou práticos, sempre aspirem a conhecer o homem para modificá-lo, essa dupla pretensão se realiza apenas por exceção. Pois ela é diretamente incompatível com a negligência irracional desses pensadores grosseiros com respeito às principais características da verdadeira natureza humana. No fundo, eles só estudam em nós o animal e não o homem, cujos atributos essenciais habitualmente permanecem todos desconhecidos para eles, até mais do que para o iletrado vulgar, segundo suas preocupações corporais. Nossos pretensos médicos são realmente apenas veterinários,

porém mais mal-educados que estes últimos o são hoje, pelo menos na França, e portanto são em geral tão pouco capazes de curar os animais quanto os homens.

(*Sistema de política positiva*)

3. A antropologia propriamente dita é ao mesmo tempo mais especial e mais complicada do que a própria sociologia. No entanto, qualificando-a de moral, dispomo-nos, felizmente, a sempre nela procurar apenas as bases normais da conduta humana, afastando inexoravelmente especulações inúteis que seriam, de fato, as mais difíceis de todas.

(*Id.*)

4. O nome de *pequeno mundo* que os antigos davam ao homem já indicava como o seu estudo parecia próprio para condensar todos os outros. Ele constitui naturalmente a única ciência que pode ser realmente completa, sem deixar de lado nenhum ponto de vista essencial, como faz necessariamente cada uma das que lhe servem de base.

(*Catecismo positivista*)

COURNOT
5. Os que divinizavam um César romano após a sua morte sabiam pelo menos qual deus adoravam; seria, se fosse possível, menos razoável divinizar de antemão a humanidade, quando ainda não sabemos o destino que a espera.

(*Materialismo, vitalismo, racionalismo*)

HEIDEGGER
6. Se consciente das questões que lhe são próprias e das pressuposições que elas implicam, nenhuma antropologia poderia ter nem *mesmo* a pretensão de desenvolver o *problema* do fundamento sobre o qual a metafísica deve repousar; mais ainda, qualquer esperança de conduzir esse problema a bom termo lhe é proibida. A questão inevitável, a partir do momento em que se trata de colocar o fundamento da metafísica – ou seja: o que é o homem? –, assume-a a metafísica da realidade humana.

(*O que é a metafísica?*)

HUSSERL

7. Considerada em sua alma, a humanidade jamais foi e jamais será acabada.

(*A crise da humanidade europeia e a filosofia*)

KANT

8. Uma doutrina do conhecimento do homem, sistematicamente tratada (antropologia), pode sê-lo do ponto de vista fisiológico ou do ponto de vista pragmático. O conhecimento fisiológico do homem tende à exploração do que a natureza faz do homem; o conhecimento pragmático, do que o homem, enquanto ser de atividade livre, faz, ou pode e deve fazer de si mesmo.

(*Antropologia do ponto de vista pragmático*)

9. Todos os elogios do Ideal da humanidade considerada em sua perfeição moral não poderiam perder um só traço de sua realidade prática em razão dos exemplos em contrário, mostrando o que os homens são atualmente, o que foram, o que serão provavelmente, e a *antropologia*, que se baseia em simples conhecimentos empíricos, não poderia de modo algum prejudicar a *antroponomia*, que é estabelecida pela razão incondicionalmente legislativa.

(*Metafísica dos costumes*)

LAGNEAU

10. Desde Montaigne e ainda hoje, entretemo-nos de bom grado com um desígnio que nada tem de caridoso, a meu ver, em comparar os animais com o homem. Querem reduzir a quase nenhuma a distância que separa suas faculdades; de fato, elas tocam-se, exceto em um ponto, que está bem próximo de ser tudo: é que um faz por princípios o que os outros fazem por necessidade e natureza, ou seja, um pensa e os outros parecem pensar.

(*Discurso de senso comum*)

LEIRIS

11. Passando de uma atividade quase exclusivamente literária à prática da etnografia, eu pretendia romper com os hábitos intelectuais que até então haviam sido os meus e, no contato com homens de uma cultura diferente da minha e de outra raça, derru-

bar os muros entre os quais sufocava e ampliar a uma medida realmente humana meu horizonte. Concebida dessa maneira, a etnografia só poderia me decepcionar: uma ciência humana continua sendo uma ciência, e a observação desprendida não conseguiria por si só trazer o *contato*; talvez por definição ela implique até o contrário, a atitude de espírito típica do observador sendo uma objetividade imparcial inimiga de qualquer efusão.

(*A África fantasma*)

LÉVI-STRAUSS

12. A antropologia é uma disciplina cujo principal e talvez único objetivo é analisar e interpretar as diferenças.

(*Antropologia estrutural*)

13. A etnologia – ou a antropologia, como se diz atualmente – toma o homem como objeto de estudo, mas difere das outras ciências humanas pelo fato de aspirar apreender seu objeto em suas manifestações mais diversas. Por isso, a noção de condição humana permanece para ela marcada por uma certa ambiguidade.

(*O olhar distante*)

MERLEAU-PONTY

14. O progresso não é necessário por uma necessidade metafísica: pode-se dizer apenas que muito provavelmente a experiência acabará por eliminar as falsas soluções e por se livrar dos impasses. Mas a que preço, por quantos meandros? Não se pode nem mesmo excluir, em princípio, que a humanidade, como uma frase que não consegue se concluir, fracasse no meio do caminho.

Decerto o conjunto dos seres conhecidos pelo nome de homens e definidos pelas características físicas que se conhecem tem também em comum uma luz natural, uma abertura ao ser que torna as aquisições da cultura comunicáveis a todos eles e somente a eles. Mas esse lampejo que encontramos em todo olhar dito humano é visto tanto nas formas mais cruéis do sadismo quanto na pintura italiana. É justamente ele que faz com que tudo seja possível da parte do homem, e até o fim.

(*Signos*)

Montaigne
15. Todo homem traz em si a forma inteira da humana condição.
(Os ensaios)

16. Se nossos rastos não fossem semelhantes, não se conseguiria distinguir o homem do animal; se não fossem dessemelhantes, não se conseguiria distinguir o homem do homem.
(Id.)

Nietzsche
17. Que sabe realmente o homem de si mesmo? E acaso poderia ver-se integralmente tal qual é, como exposto em uma vitrine iluminada?
(O livro do filósofo)

Quatrefages
18. A antropologia deve recorrer a uma profusão de ciências já designadas por nomes diversos e que o espírito está habituado a considerar como muito distintas. Esse é um fato cujas consequências foram singularmente exageradas. Chegou-se a dizer que ela vive unicamente de empréstimos e que, consequentemente, não constitui uma *ciência especial*.
(Relatório sobre os progressos da antropologia)

Sapir
19. O especialista em ciências humanas não se interessa pelo homem, mas pela ciência, e toda ciência tem a voracidade destruidora de um rito obsessivo.
(Psiquiatria, cultura e salário mínimo)

Sartre
20. Não existe natureza humana, já que não existe Deus para concebê-la.
(O existencialismo é um humanismo)

21. As ciências do homem *não se interrogam* sobre o homem.
(Crítica da razão dialética)

2. ARTE

ALAIN
1. A arte não é um jogo. Há seriedade na arte, e um resultado definitivo, o que todas as espécies de jogo rejeitam energicamente.
   (*As ideias e as épocas*)

2. Todas as artes são como espelhos nos quais o homem conhece e reconhece algo de si que ignorava.
   (*Vinte lições sobre as belas-artes*)

3. A arte e a religião não são duas coisas, mas o avesso e o direito de um mesmo tecido.
   (*A mitologia humana*)

4. Parece-me coisa comprovada que o estado de bem-aventurança diante de uma obra conhecida nem sempre é fácil de experimentar. Como diz Stendhal, há dias em que não estamos dispostos para Rafael.
   (*As aventuras do coração*)

5. Gosto de supor que a obra de arte é o que provoca a salvação da alma pelo menos um instantezinho.
   (*Id.*)

ARISTÓTELES
6. A prática da arte musical parece-nos indigna de um homem que não teria como desculpa a embriaguez ou o desejo de se divertir.
   (*A política*)

BAUDELAIRE
7. A paixão frenética pela arte é um cancro que devora o resto; e, como a ausência clara do justo e do verdadeiro na arte equiva-

le à ausência de arte, o homem inteiro desvanece, a especialização excessiva de uma faculdade resulta no nada.

(*A escola pagã*)

BLOY
8. Meu Deus! A arte no entanto é algo vital e santo! Na terrível translação "do útero ao sepulcro", como se conveio chamar essa vida, plena de misérias, luto, mentiras, decepções, traições, mau cheiro e catástrofes; nesse deserto, ao mesmo tempo tórrido e gelado do mundo, em que o olho do mercenário faminto só enxerga, para fortalecer sua coragem, uma profusão de cruzes de onde pendem, agonizantes, não mais os leões de Cartago, mas asnos e lamentáveis porcos crucificados; nesse recuo eterno de toda justiça, de toda realização das realidades divinas; atraído pelo humo original a partir do qual seus órgãos foram modelados; cobiçado, como um alimento precioso, por todas as germinações subterrâneas; sob o adejo das águias do ossário e dos corvos da poesia fúnebre e sentindo, com uma angústia desmedida, seus joelhos se dobrarem a cada esforço.
– O que quereis que se torne um pobre ser humano sem essa luz, sem esse pressentido aroma das Jubilações futuras?

(*Gladiadores e porcariços*)

BRAQUE
9. A arte é feita para perturbar. A ciência tranquiliza.

(*Cadernos*)

CASSOU
10. É preciso ser tão tolo quanto esses pardais gregos que debicavam as cerejas pintadas por Zêuxis ou por Apeles, não sei mais, para acreditar que a ambição dos pintores é fabricar uma armadilha e fazer-nos cair nela. Sérusier, que era um verdadeiro pintor, declarava, ao contrário: "De uma maçã pintada por um pintor vulgar, diz-se: *seria possível comê-la*. De uma maçã pintada por Cézanne: *ela é bela! Ninguém ousaria descascá-la, todos gostariam de copiá-la.*" O desejo dos pintores não é efetivamente imitar maçãs ou cerejas, e imitá-las a ponto de parecerem ter fabricado maçãs ou cerejas: é pintar.

(*Situação da arte moderna*)

COMTE

11. Nada é mais oposto às belas-artes do que a visão estreita, o movimento demasiado analítico e o abuso do raciocínio, próprios a nosso regime científico, aliás tão funesto ao desenvolvimento moral, primeira fonte de toda disposição estética.
(Sistema de política positiva)

12. Se nosso instinto do bem deve normalmente seu primeiro impulso às mulheres, elas nos iniciam ainda melhor no sentimento do belo, sendo tão próprias para inspirá-lo quanto para experimentá-lo.
(Id.)

13. Apesar das invectivas interessadas, o verdadeiro progresso da arte exige pelo menos tanta opressão das mediocridades quanto estímulo das superioridades. O verdadeiro gosto jamais existe sem desgosto.
(Id.)

14. A arte reconduz suavemente à realidade as contemplações demasiado abstratas do teórico, enquanto impele com nobreza o prático para as especulações desinteressadas.
(Id.)

15. Como a arte deve sobretudo desenvolver em nós o sentimento da perfeição, jamais tolera a mediocridade: o verdadeiro gosto sempre supõe um vivo desgosto.
(Catecismo positivista)

DELACROIX

16. A simples lembrança de certos quadros penetra-me de um sentimento que me estremece em todo o meu ser, mesmo quando não os vejo, como todas essas lembranças raras e interessantes que se nos deparam de quando em quando na vida, e principalmente em nossos mais tenros anos.
(Diário)

FEUERBACH

17. Os templos erigidos em homenagem à religião são na verdade erigidos *em homenagem à arquitetura*.
(A essência do cristianismo)

FREUD
18. O dom artístico e a capacidade de trabalho estando intimamente ligados à sublimação, devemos confessar que a essência da função artística também permanece, psicanaliticamente, inacessível a nós.

(*Uma lembrança de infância de Leonardo da Vinci*)

HEGEL
19. Quanto a seu supremo destino, a arte permanece para nós uma coisa do passado.

(*Estética*)

20. A arte, a religião e a filosofia só diferem pela forma; seu objeto é o mesmo.

(*Id.*)

21. Para nós, a arte não é mais a forma mais elevada sob a qual a verdade afirma sua existência.

(*Id.*)

22. O artista não precisa de filosofia e, se pensa como filósofo, entrega-se a um trabalho que está justamente em oposição à forma do saber próprio da arte.

(*Id.*)

23. Na passagem do sério mais profundo à exterioridade do particular, a pintura deve ir até o extremo da fenomenalidade como tal, isto é, até o ponto em que o próprio conteúdo se torna indiferente e em que o que eu chamaria de fenomenalização artística se torna o elemento principal, aquele sobre o qual se concentra todo o interesse.

(*Id.*)

24. O artista tem pois essa experiência com sua obra: ele não produziu uma essência *igual a ele mesmo*. Sem dúvida, de sua obra retorna para ele uma consciência, pois uma multidão admirativa honra a obra como o espírito que é a essência deles. Essa admiração, porém, ao lhe restituir sua consciência de si apenas como admiração é antes uma confissão feita ao artista de que

ela não é igual a ele. Uma vez que seu Si retorna para ele como júbilo em geral, ali ele não encontra nem a dor de sua formação e de sua produção, nem o esforço de seu trabalho. Os outros podem de fato julgar a obra ou trazer-lhe oferendas, conceber, de algum modo, que ela seja sua consciência; se eles se colocam com seu saber acima dela, o artista, ao contrário, sabe o quanto sua *operação* vale mais do que a compreensão e o discurso deles; se eles se colocam abaixo dela e nela reconhecem a *essência* deles que os domina, ele a conhece, ao contrário, como o seu senhor.

(*Fenomenologia do espírito*)

HEIDEGGER
25. A origem da obra de arte e do artista é a arte.
(*Caminhos que não levam a lugar algum*)

26. Acredita-se conseguir apreender a arte a partir das diferentes obras de arte em uma contemplação comparativa. Mas como ter certeza de que são mesmo obras de arte que submetemos a tal contemplação se não sabemos de antemão o que é a própria arte?
(*Id.*)

27. Despacham-se as obras de arte como o carvão do Ruhr ou os troncos de árvores da Floresta Negra. Os hinos de Hölderlin eram embalados, durante a guerra, na sacola do soldado, como as escovas e a graxa. Os quartetos de Beethoven acumulam-se nos depósitos das editoras como batatas no porão. Todas as obras são assim coisas sob uma certa perspectiva.
(*Ibid.*)

28. A obra de arte é realmente uma coisa, coisa perfeitamente acabada, mas ela diz também algo diferente da coisa que não passa de coisa: ἄλλο ἀγορεύει. A obra comunica publicamente outra coisa, revela-nos outra coisa: é alegoria.
(*Id.*)

29. A essência da arte é o Poema. A essência do Poema é a instauração da verdade.
(*Id.*)

30. A arte advém da *fulguração* unicamente a partir da qual se determina o "sentido do ser".

(*Id.*)

KANT

31. Quando alguém diz de alguma coisa que ela é bela, atribui aos outros a mesma satisfação; não julga apenas por ele, mas em nome de todos, e fala então da beleza como de uma propriedade dos objetos; diz, portanto, a *coisa* é bela e não conta para o seu juízo de satisfação com a adesão dos outros porque constatou que por várias vezes o juízo deles estava de acordo com o seu, mas ele *exige* essa adesão.

(*Crítica do juízo*)

KLEE

32. Enquanto o artista ainda se concentra para agrupar os elementos plásticos de uma maneira tão pura e lógica quanto possível e tornar cada um deles indispensável em seu lugar sem prejudicar outro elemento, algum profano já pronuncia por cima de seu ombro as palavras fatais: "Mas o tio não está nada parecido." O pintor, se domina seus nervos, pensa: "Tio aqui, tio ali, devo continuar a edificar"... "Essa nova pedra", diz a si mesmo, "é decididamente um tanto pesada e puxa a coisa demais para a esquerda. Precisarei colocar um bom contrapeso à direita para restabelecer o equilíbrio."

(*Alocução pronunciada no Museu de Iéna em 1924*)

LEIBNIZ

33. Uma máquina feita pela arte do homem não é máquina em cada uma de suas partes... Mas as máquinas da natureza, ou seja, os corpos vivos são ainda máquinas em suas menores partes, até o infinito. É o que estabelece a diferença entre a natureza e a arte, ou seja, entre a arte divina e a nossa.

(*Monadologia*)

LICHTENBERG

34. O célebre pintor Gainsborough tinha tanto prazer em ver um violino quanto em escutá-lo.

(*Aforismos*)

MALRAUX
35. Pode-se gostar que o sentido da palavra arte seja tentar dar aos homens a consciência da grandeza que ignoram neles mesmos.
(O tempo do desprezo)

MONTAIGNE
36. Parece-me que não sabemos exatamente o que é a beleza na natureza e em geral, pois que à beleza humana e nossa damos tantas formas diferentes: dela, se houvesse alguma prescrição natural, reconhecê-la-íamos como comum a todos, como o calor do fogo.
(Os ensaios)

NIETZSCHE
37. A obra de arte refere-se à natureza, como o círculo matemático ao círculo natural.
(O livro do filósofo)

PASCAL
38. Que vanidade a pintura, que atrai a admiração pela semelhança das coisas cujos originais não se admiram!
(Pensamentos)

PLATÃO
39. Quanto a mim, recuso o nome de arte a uma atividade irracional.
(Górgias)

40. Se um homem cuja habilidade o tornasse capaz de assumir todas as formas e de tudo imitar se apresentasse em nosso Estado para exibir sua pessoa e seus poemas, prestar-lhe-íamos homenagens como a um ser sagrado, admirável e encantador, mas dir-lhe-íamos não haver personagem como ele em nosso Estado e que não é permitido que haja; em seguida, enviá-lo-íamos a uma outra cidade depois de espargir perfumes sobre sua cabeça e coroá-lo de fitas.
(A República)

PROUST
41. Somente pela arte podemos sair de nós mesmos, saber o que um outro vê desse universo que não é o mesmo que o nosso e cujas paisagens permaneceriam tão desconhecidas para nós quanto as que podem existir na lua. Graças à arte, em vez de ver um único mundo, o nosso, vemo-lo multiplicar-se, e quantos artistas originais existirem tantos mundos teremos à nossa disposição, mais diferentes uns dos outros do que aqueles que rolam no infinito e, muitos séculos após ter se extinguido o foco do qual emanavam, chamasse ele Rembrandt ou Ver Meer, ainda nos enviam seu raio especial.

(*O tempo redescoberto*)

ROSTAND (JEAN)
42. As finalidades da arte não são menos turvas do que seus meios.

(*Pensamentos de um biólogo*)

ROUSSEAU
43. O que faríamos com as artes, sem o luxo que as alimenta?

(*Discurso sobre as ciências e as artes*)

SCHOPENHAUER
44. O prazer estético, o consolo pela arte, o entusiasmo artístico que elimina as aflições da vida, esse privilégio especial do gênio que o compensa das dores de que sofre tanto mais à medida que sua consciência é mais distinta, que o fortalece contra a esmagadora solidão à qual é condenado no seio de uma multiplicidade heterogênea, tudo isso se deve a que, por um lado, "a essência" da vida, a vontade, a própria existência é uma dor constante, ora lamentável, ora terrível; e a que, por outro, tudo isso, considerado na representação pura ou nas obras da arte, está livre de qualquer dor e apresenta um imponente espetáculo.

(*O mundo como vontade e representação*)

STIRNER
45. Quando se fala de organizar o trabalho, só se pode ter em vista aquele que outros podem fazer em nosso lugar, por exemplo o do açougueiro, o do lavrador, etc.; mas existem trabalhos que

continuam sendo da alçada do egoísmo, já que ninguém pode executar para vós o quadro que pintais, produzir vossas composições musicais, etc., ninguém pode fazer a obra de Rafael.

(*O único e sua propriedade*)

TAINE

46. Assim como se estuda a temperatura física para compreender o surgimento desta ou daquela espécie de planta, o milho ou a aveia, o aloé ou o abeto, deve-se estudar a temperatura moral para compreender o surgimento de determinada espécie de arte, a escultura pagã ou a pintura realista, a arquitetura mística ou a literatura clássica, a música voluptuosa ou a poesia idealista. As produções do espírito humano, assim como as da natureza viva, só se explicam por seu meio.

(*Filosofia da arte*)

VALÉRY

47. O que chamamos "uma Obra de arte" é o resultado de uma ação cujo objetivo *finito* é provocar em alguém desenvolvimentos *infinitos*.

(*O infinito estético*)

VINCI

48. A pintura supera toda obra humana pelas possibilidades sutis que encerra.

(*Cadernos*)

3. CONCEITO

BACHELARD
1. Entre a imagem e o conceito, nenhuma síntese. Tampouco essa filiação, sempre dita, jamais vivida, pela qual os psicólogos fazem o conceito emergir da pluralidade das imagens. Quem se entrega com todo o seu espírito aos conceitos, com toda a sua alma às imagens, sabe bem que os conceitos e as imagens se desenvolvem em linhas divergentes da vida espiritual.
(A terra e os devaneios do repouso)

BERGSON
2. Não nego a utilidade das ideias abstratas e gerais, como não contesto o valor das notas de dinheiro. Mas, da mesma forma que a nota de dinheiro não passa de uma promessa de ouro, uma concepção só vale pelas percepções eventuais que representa.
(O pensamento e o movente)

DELEUZE
3. O conceito é o que impede o pensamento de ser uma simples opinião, um conselho, uma discussão, uma tagarelice.
(Signos e acontecimentos)

4. Os filósofos trazem novos conceitos, expõem os novos conceitos, mas não dizem, ou não dizem completamente, os problemas aos quais esses conceitos correspondem. Por exemplo, Hume expõe um conceito original de crença, mas não diz por que e como o problema do conhecimento se coloca de forma que o conhecimento seja um modo determinável de crença... A filosofia consiste sempre em inventar conceitos... Hoje a informática, a comunicação, a produção comercial é que se apropriam das palavras *conceitos* e *criativo*, e esses *conceituadores* consti-

tuem uma raça arrogante que exprime o ato de vender como supremo pensamento capitalista, o *cogito* da mercadoria. A filosofia sente-se pequena e solitária diante de tais potências, mas, caso lhe aconteça morrer, pelo menos será de rir.

(*Ibid.*)

5. Concebo a filosofia como uma lógica das multiplicidades (sinto-me próximo de Michel Serres a esse respeito). Criar conceitos é construir uma região do plano, acrescentar uma região às precedentes, explorar uma nova região, preencher a lacuna. O conceito é um composto, um consolidado de linhas, de curvas.

(*Id.*)

HEGEL
6. Unicamente no *conceito* a verdade encontra o elemento de sua existência.

(*Fenomenologia do espírito*)

KANT
7. Todo conhecimento exige um conceito, por mais imperfeito ou obscuro que ele possa ser.

(*Crítica da razão pura*)

8. É da maior importância ter definido de antemão muito exatamente o conceito que se quer esclarecer por observações antes de interrogar a experiência a seu respeito; porque a experiência só pode nos proporcionar aquilo de que necessitamos se soubermos antes o que nela devemos procurar.

(*Definição do conceito de raça humana*)

NIETZSCHE
9. Nosso entendimento é uma força de superfície, é *superficial*, é o que também se chama "subjetivo". Conhece por meio de *conceitos*: nosso pensar é um classificar, um denominar, portanto algo que cabe ao arbitrário humano e não atinge a própria coisa.

(*O livro do filósofo*)

10. Toda palavra torna-se imediatamente conceito pelo fato de que não deve servir justamente para a experiência original, única,

absolutamente individualizada à qual deve seu nascimento, ou seja, como lembrança, mas deve servir ao mesmo tempo para inúmeras experiências, mais ou menos análogas, ou seja, a rigor, jamais idênticas, e só deve convir a casos diferentes. Todo conceito nasce da identificação do não-idêntico.

(*Id.*)

11. Para a construção dos conceitos, trabalha originalmente a linguagem e depois a ciência. Assim como a abelha trabalha ao mesmo tempo para construir as celas e encher essas celas de mel, a ciência trabalha incessantemente para construir esse grande columbário dos conceitos, esse sepulcro das intuições; ela continua construindo novos andares mais altos, modela, limpa, renova as velhas celas, esforça-se sobretudo para preencher essa estrutura sobrelevada até o monstruoso e para ali arrumar o mundo empírico inteiro, isto é, o mundo antropomórfico.

(*Id.*)

4. CONHECIMENTO

ARISTÓTELES
1. O fato de viver deve ser colocado como uma espécie de conhecimento.
   (*Ética a Eudemo*)

BACHELARD
2. Não se deve se outorgar a si mesmo o direito de falar de um conhecimento que não seria comunicável.
   (*A dialética da duração*)

BERGSON
3. Conhecer uma realidade é, no sentido habitual do termo "conhecer": tomar conceitos já feitos, dosá-los, combiná-los até obter um equivalente prático do real. Mas não se deve esquecer que o trabalho da inteligência está longe de ser um trabalho desinteressado. Não visamos em geral conhecer por conhecer, mas conhecer para tomar uma decisão, para tirar algum proveito; enfim, para satisfazer algum interesse.
   (*O pensamento e o movente*)

COMTE
4. Quanto melhor se medita sobre o desenvolvimento primitivo de nossa inteligência, mais se reconhece que a única retificação radical que ela exigia era substituir a pesquisa das causas pelo estudo das leis.
   (*Sistema de política positiva*)

ESPINOSA
5. O Conhecer é uma pura paixão, ou seja, uma percepção na alma da essência e da existência das coisas; de modo que não somos nós que afirmamos ou negamos jamais alguma coisa de

uma coisa, mas é ela mesma que, em nós, afirma ou nega alguma coisa de si mesma.

(*Curto tratado*)

6. Percebemos muitas coisas e formamos noções universais: 1º a partir de coisas singulares que nos são representadas pelos sentidos de maneira mutilada e confusa e sem ordem para o entendimento; e é por essa razão que adquiri o hábito de chamar essas percepções: *conhecimento por experiência vaga.* 2º a partir de sinais, por exemplo, ouvindo ou lendo certas palavras, lembramo-nos de algumas coisas e formamos delas ideias semelhantes àquelas pelas quais imaginamos as coisas. Essas duas maneiras de considerar as coisas, chamá-la-ias em seguida: *conhecimento do primeiro gênero*, opinião ou *imaginação*. 3º finalmente, a partir do fato de termos noções comuns e ideias adequadas das propriedades das coisas. E chamaria isso de *Razão e conhecimento do segundo gênero.*
Além desses dois gêneros de conhecimento, há ainda um terceiro que chamarei: *ciência intuitiva*. E esse gênero de conhecimento procede da ideia adequada da essência formal de certos atributos de Deus ao conhecimento adequado da essência das coisas.

(*Ética*)

HUME

7. Por conhecimento, entendo a certeza que nasce da comparação de ideias.

(*Tratado da natureza humana*)

8. Nossa razão deve ser considerada como uma espécie de causa cujo efeito natural é a verdade; mas um efeito tal que pode ser facilmente evitado pela intrusão de outras causas e pela inconstância de nossas faculdades mentais. Dessa maneira, todo conhecimento degenera em probabilidade; essa probabilidade é maior ou menor segundo nossa experiência da veracidade ou da falsidade de nosso entendimento e segundo a simplicidade ou a complexidade da questão.

(*Id.*)

KANT

9. Se todo o nosso conhecimento se inicia *com* a experiência, isso não prova que ele deriva por inteiro *da* experiência.
   (*Crítica da razão pura*)

10. Intuição e conceitos constituem os elementos de todo o nosso conhecimento; de modo que nem os conceitos, sem uma intuição que lhes corresponda de alguma maneira, nem uma intuição sem conceito, podem resultar em conhecimento.
    (*Id.*)

11. Nenhum conhecimento *a priori* nos é possível além daquele, unicamente, dos objetos de uma experiência possível.
    (*Id.*)

LEIBNIZ

12. O conhecimento das verdades necessárias e eternas é o que nos distingue dos simples animais e nos faz ter a *Razão* e as ciências, elevando-nos ao conhecimento de nós mesmos e de Deus.
    (*Monadologia*)

NIETZSCHE

13. Por natureza, o homem não está aqui para o conhecimento – foi a *veracidade* (e a *metáfora*) que produziu a inclinação à verdade. Assim, um fenômeno moral, esteticamente generalizado, produz o instinto intelectual.
    (*O livro do filósofo*)

14. Em algum recanto afastado do universo espalhado no flamejar de inúmeros sistemas solares, houve uma vez uma estrela na qual animais inteligentes inventaram o conhecimento. Foi o minuto mais arrogante e mais mentiroso da "história universal"; mas foi apenas um minuto. Apenas alguns suspiros da natureza, e a estrela congelou-se, os animais inteligentes tiveram de morrer.
    (*Id.*)

15. A *força* dos conhecimentos não reside em seu grau de verdade, mas em sua antiguidade, em seu grau de assimilação, em seu caráter de condição de vida.
    (*A gaia ciência*)

16. Não seria o *instinto do temor* que nos incita a conhecer? O júbilo daquele que adquire um conhecimento não seria o próprio júbilo do sentimento de segurança recuperado?

(*Id.*)

17. Há muitas coisas que quero, de uma vez por todas, não saber. A sensatez estabelece limites mesmo ao conhecimento.

(*Crepúsculo dos ídolos*)

Valéry

18. Nosso saber consiste em grande parte em "acreditar saber" e em acreditar que outros sabem.

(*O homem e a concha*)

19. Não vejo outra medida de um conhecimento que não o poder real que ele confere. *Só sei o que sei fazer.*

(*Id.*)

5. CONSCIÊNCIA

ALAIN
1. Toda consciência é de ordem moral, pois sempre opõe o que deveria ser ao que é.
   (*História de meus pensamentos*)

BERGSON
2. Sem dar uma definição da consciência que seria menos clara do que ela, posso caracterizá-la por seu traço mais aparente: consciência significa memória, antes de mais nada.
   (*A energia espiritual*)

3. A consciência corresponde exatamente ao poder de escolha de que o ser vivo dispõe; é coextensiva à franja de ação possível que cerca a ação real: consciência é sinônimo de invenção e de liberdade.
   (*A evolução criadora*)

CANGUILHEM
4. Não existe nada na ciência que não tenha aparecido antes na consciência.
   (*O normal e o patológico*)

COURNOT
5. Não apenas a atenção dada aos fatos de consciência os modifica e altera, mas muitas vezes os faz passar do nada ao ser; ou, para falar com maior exatidão, ela eleva ao estado de fatos de consciência fenômenos psicológicos que não teriam repercussão na consciência sem a atenção que a eles se dá.
   (*Ensaio sobre os fundamentos do conhecimento e sobre as características da crítica filosófica*)

FEUERBACH
6. A forma suprema da afirmação de si, a forma que é, ela própria, uma distinção e uma perfeição, uma felicidade e um bem, é a consciência.

(*A essência do cristianismo*)

7. O materialista *desprovido de espírito* declara: "O homem distingue-se do animal *apenas* por sua consciência, é um animal, mas *dotado* de consciência"; mas ele não nota que dentro do ser que despertou para a consciência se produz uma *modificação qualitativa* do ser inteiro.

(*Id.*)

FREUD
8. Concluir a partir do fato de que a consciência apresenta uma escala de nitidez e de clareza a inexistência do inconsciente equivale a afirmar a não existência da escuridão porque a luz apresenta todas as gradações, desde a iluminação mais crua até as luminosidades mais tênues, mal perceptíveis, ou a extrair dos inúmeros graus de vitalidade um argumento em favor da não existência da morte.

(*Ensaios de psicanálise*)

GOETHE
9. O homem de ação nunca tem consciência; só existe consciência no contemplativo.

(*Pensamentos*)

HUSSERL
10. Todo estado de consciência em geral é nele mesmo consciência *de* algo, pouco importando a existência real desse objeto e toda abstenção que eu faça, na atitude transcendental que é minha, da posição dessa existência e de todos os atos da atitude natural.

(*Meditações cartesianas*)

11. O termo *intencionalidade* não significa nada além dessa particularidade inata e geral que a consciência tem de ser consciência de algo, de carregar em sua qualidade de *cogito* seu *cogitatum* em si mesma.

(*Ibid.*)

Kant
12. Tenho consciência de mim mesmo; esse ato lógico não é uma proposição, pois não tem predicado.
(Opus postumum)

Lagneau
13. A consciência não é distinta do próprio pensamento (propriamente dito).
(Fragmento 10)

14. A consciência não é um epifenômeno, mas um momento do pensamento: aquilo a que se refere, ela o transforma, e, inversamente, o que lhe escapa transforma-se.
(Fragmento 67)

Leibniz
15. Existem tantas verdades de fato primeiras quanto percepções imediatas, ou, se quisermos, consciências.
(Observações sobre a parte geral dos princípios de Descartes)

Marx
16. Na produção social de sua existência, os homens travam relações determinadas, necessárias, independentes de sua vontade; essas relações de produção correspondem a um grau determinado do desenvolvimento de suas forças produtivas materiais. O conjunto dessas relações forma a estrutura econômica da sociedade, a fundação real sobre a qual se ergue um edifício jurídico e político e a que correspondem formas determinadas da consciência social. O modo de produção da vida material domina em geral o desenvolvimento da vida social, política e intelectual. Não é a consciência dos homens que determina sua existência, é, ao contrário, sua existência social que determina sua consciência.
(Obras econômicas)

Marx-Engels
17. Não é a consciência que determina a vida, mas a vida que determina a consciência.
(A ideologia alemã)

18. A consciência é de imediato um produto social e permanecerá assim pelo tempo que existirem homens.

(Id.)

MERLEAU-PONTY
19. A consciência é originariamente não um "eu penso que", mas um "eu posso".

(Fenomenologia da percepção)

NIETZSCHE
20. A consciência é a última e a mais tardia evolução da vida orgânica e consequentemente o que há de menos rematado e mais frágil nela.

(A gaia ciência)

RICOEUR
21. O sentido profundo da cura psicanalítica não é uma explicação da consciência pelo inconsciente, mas um triunfo da consciência sobre suas próprias proibições pelo viés de uma outra consciência decifradora.

(Filosofia da vontade)

SARTRE
22. É impossível atribuir a uma consciência outra motivação que não ela mesma. Não fosse assim, seria necessário conceber que a consciência, na medida em que é um efeito, é não consciente (de) si.

(O ser e o nada)

23. A consciência é consciência por inteiro. Só poderia portanto ser limitada por ela mesma.

(Ibid.)

24. A consciência é um ser para o qual em seu ser se trata de seu ser na medida em que esse ser implica um ser diferente dele.

(Id.)

25. A característica da consciência é que ela é uma descompressão de ser. É impossível com efeito defini-la como coincidência consigo.

(Id.)

26. Não pode haver outra verdade no ponto de partida além desta: *penso, logo existo*, nisso consiste a verdade absoluta da consciência atingindo a si mesma.

(*O existencialismo é um humanismo*)

SCHOPENHAUER

27. A matéria dada de qualquer filosofia é apenas a consciência empírica, a qual se reduz à consciência de nosso próprio ser e à consciência das outras coisas. Tal é, de fato, o único dado imediato, o único dado que é realmente um dado.

(*O mundo como vontade e representação*)

VALÉRY

28. *Variações sobre Descartes*
    Às vezes penso; e às vezes sou.

(*Tal qual, Coisas caladas*)

29. A consciência reina e não governa.

(*Maus pensamentos e outros*)

6. DESEJO

AGOSTINHO (SANTO)
1. Ainda não amava, e amava amar; devorado pelo desejo secreto do amor, acusava-me por não me sentir ainda mais devorado.
(Confissões)

ALAIN
2. O desejo tem mais fantasia do que a inclinação, e nem sempre ocorre segundo a necessidade. Pode-se desejar uma coisa da qual não se tem experiência. Por isso não existe limite aos desejos que os inventores possam nos dar, como o avião, o rádio, a televisão, ir à lua, etc. Deseja-se o novo. A sensatez exige que estabeleçamos nossos desejos a partir de nossas necessidades e mesmo (afinal, adquirem-se necessidades) a partir do nível médio dos homens.
(Definições)

3. Cada um tem o que quer. A juventude engana-se a esse respeito porque a única coisa que sabe bem é desejar e esperar o maná. Ora, o maná não cai; e todas as coisas desejadas são como a montanha, que espera, que é impossível não alcançar. Mas também é preciso escalar.
(Discurso aos ambiciosos)

ARISTÓTELES
4. Da mesma maneira que a criança deve viver de acordo com as ordens de seu mestre, nossa faculdade de desejar deve se conformar às prescrições da razão.
(Ética a Nicômaco)

BACHELARD
5. O homem é uma criação do desejo, não uma criação da necessidade.
(*A psicanálise do fogo*)

BÍBLIA (A)
6. Não ameis o mundo, nem o que está no mundo. Se alguém ama o mundo, o amor do Pai não está nele. Pois tudo o que está no mundo é ou concupiscência da carne, ou concupiscência dos olhos, ou orgulho da vida: o que não vem do Pai, mas do mundo. Ora, o mundo passa, e a concupiscência do mundo passa com ele; mas aquele que faz a vontade de Deus permanece eternamente.
(*Novo Testamento*)

7. Quanto às pessoas que não são casadas ou que são viúvas, declaro-lhes que lhes é bom permanecer nesse estado como eu mesmo permaneço. Se são fracas demais para manter a continência, que se casem; pois é preferível casar do que arder.
(*Id.*)

CHESTERTON
8. Ninguém reclama o que deseja: todos reclamam o que acreditam poder obter.
(*O que há de errado com o mundo*)

DESCARTES
9. A paixão do desejo é uma agitação da alma provocada pelos espíritos que a dispõem a querer para o futuro as coisas que ela imagina serem convenientes. Assim, não se deseja apenas a presença de um bem ausente, mas também a conservação do presente e, além disso, a ausência do mal, tanto daquele que já se tem quanto daquele que se acredita poder receber nos tempos que virão.
(*As paixões da alma*)

10. Parece-me que o erro que se comete mais normalmente no tocante aos desejos é que não se distinguem o suficiente as coisas que dependem inteiramente de nós das que não dependem.
(*Id.*)

11. Mas porque a maioria de nossos desejos se reporta a coisas que não dependem todas de nós nem todas do outro, devemos exatamente nelas distinguir o que só depende de nós a fim de reportar nosso desejo unicamente a isso.

(*Id.*)

Diderot
12. Se o pequeno selvagem estivesse entregue a si mesmo, torceria o pescoço de seu pai e dormiria com sua mãe.

(*O sobrinho de Rameau*)

Epicteto

13. Não é pela satisfação dos desejos que se obtém a liberdade, mas pela destruição do desejo.

(*Dissertações*)

14. Desejar teu filho ou teu amigo em uma época em que eles não te foram dados é, fica sabendo, desejar figos no inverno.

(*Conversa*)

15. Nenhuma das coisas que se admiram e se buscam com zelo é útil aos que as obtiveram; mas quando ainda não se as têm, imagina-se que, se acontecerem, todos os bens estarão presentes com elas; e, quando estão diante de nós, sentimos a mesma febre, a mesma agitação e aborrecimento, o mesmo desejo pelas coisas que não temos. Pois não é saciando-se com as coisas desejadas que se prepara a liberdade, é pela supressão dos desejos.

(*Id.*)

Epicuro
16. Entre os desejos, alguns são naturais e necessários, outros naturais e não necessários, e outros, nem naturais, nem necessários, mas efeito de opiniões vazias.

(*Carta a Meneceu*)

Espinosa
17. O desejo é a própria essência do homem, ou seja, o esforço pelo qual o homem esforça-se por perseverar em seu ser.

(*Ética*)

18. Os homens são mais conduzidos pelo desejo cego do que pela razão.

(Tratado político)

FREUD

19. Ora o doente concorda que cometeu um erro ao rejeitar o desejo patogênico e aceita total ou parcialmente esse desejo; ora o próprio desejo é orientado para um objetivo mais elevado e, por esse motivo, menos sujeito à objeção (é o que chamo de *sublimação do desejo*); ora reconhece-se que era correto rejeitar o desejo, mas substitui-se o mecanismo automático e portanto insuficiente do recalcamento por um juízo de condenação moral proferido com a ajuda das mais altas instâncias espirituais do homem; é em plena luz que se triunfa sobre o desejo.

(Cinco lições sobre a psicanálise)

20. O homem enérgico e bem-sucedido é aquele que consegue transmutar as fantasias do desejo em realidades.

(Id.)

21. Cada sonho bem-sucedido é uma realização do desejo de dormir.

(A interpretação dos sonhos)

22. Por mais que se sonhe com bebidas, quando se está realmente com sede é preciso despertar para beber.

(Introdução à psicanálise)

23. O pesadelo é muitas vezes uma realização não velada de um desejo, mas de um desejo que, longe de ser bem-vindo, é um desejo recalcado, rejeitado.

(Id.)

24. Enquanto se pode dizer do sonho infantil que é a realização franca de um desejo admitido, e do sonho deformado comum que é a realização *velada* de um desejo recalcado, o pesadelo só pode ser definido como a realização *franca* de um desejo rejeitado.

(Ibid.)

HEGEL
25. O elemento no interior do qual subsistem mutuamente indiferentes e independentes o desejo e seu objeto é o ser aí vital; a satisfação do desejo suprime esse ser aí na medida em que ele convém ao objeto desse mesmo desejo.
(*Fenomenologia do espírito*)

HERÁCLITO
26. Para os homens, que se produza tudo a que aspiram não é melhor.
(*Fragmentos*)

HOLBACH
27. Para encontrar encantos no gozo, é necessário que o desejo seja instigado por obstáculos... Gozar ininterruptamente significa nada gozar; o homem que nada tem a desejar é com certeza mais infeliz do que aquele que sofre.
(*O sistema da natureza*)

HUME
28. Nossos anseios mais quiméricos não podem conceber a ideia de um estado ou de uma situação perfeitamente desejável.
(*A história natural da religião*)

KANT
29. Uma propriedade da razão consiste em poder, com o apoio da imaginação, criar desejos artificialmente, não apenas *sem* fundamentos estabelecidos no instinto natural, mas até *em oposição* a ele; a princípio esses desejos favorecem aos poucos a eclosão de todo um enxame de inclinações supérfluas e, ainda, contrárias à natureza sob a denominação de "sensualidade".
(*Conjeturas sobre o início da história humana*)

30. Deve-se distinguir a *concupiscência* (a cupidez) do desejo em seu sentido estrito, a concupiscência sendo como o estimulante de sua determinação. Ela é sempre uma determinação sensível do espírito, mas que ainda não resultou em um ato da faculdade de desejar.
(*Metafísica dos costumes*)

31. O *desejo* é a autodeterminação do poder de um sujeito pela representação de um fato futuro, que seria o efeito desse poder.

(*Antropologia do ponto de vista pragmático*)

LA BRUYÈRE

32. A vida é curta e tediosa: passa-se inteira no desejar. Adiam-se para o futuro o repouso e as alegrias, muitas vezes até a idade em que os melhores bens, a saúde e a juventude já desapareceram. Essa época chega e ainda nos surpreende em meio a desejos; estamos nesse ponto quando a febre nos arrebata e extingue: caso nos curássemos, seria apenas para desejarmos por mais tempo.

(*Do homem*)

LÊNIN

33. Os excessos na vida sexual são um sinal de degenerescência burguesa.

(*Carta a Clara Zetkin*)

LUCRÉCIO

34. Enquanto o objeto que desejamos não está ao nosso lado, parece-nos superior a tudo; mal é nosso, queremos outro, e nossa sede continua a mesma.

(*Da natureza*)

MONTAIGNE

35. Nada é tão pouco excitante, tão aborrecido quanto a abundância. A qual apetite não repugnaria ver trezentas mulheres à sua mercê, como as tem o grande senhor em seu serralho?

(*Os ensaios*)

36. Os apetites são ou naturais e necessários, como o beber e comer; ou naturais e não necessários, como a intimidade com as mulheres; ou não são nem naturais, nem necessários: desta última espécie são quase todos os dos homens; são todos supérfluos e artificiais, pois é admirável quão pouco é necessário à natureza para se contentar, quão pouco ela nos deixou para desejar.

(*Id.*)

Pascal

37. Como a natureza nos torna sempre infelizes em todos os estados, nossos desejos figuram um estado de felicidade, porque acrescentam ao estado em que estamos os prazeres do estado em que não estamos; e, acaso chegássemos a esses prazeres, não ficaríamos com isso felizes, porque teríamos outros desejos conformes a esse novo estado.

(Pensamentos)

38. "Tudo o que existe no mundo é concupiscência da carne, ou concupiscência dos olhos, ou orgulho da vida: *libido sentiendi, libido sciendi, libido dominandi.*" Infeliz a terra de maldição que esses três rios de fogo mais abrasam do que regam.

(Id.)

Platão

39. O que não se tem, o que não se é, aquilo de que se carece, esses são os objetos do desejo e do amor.

(O banquete)

40. Necessariamente aquele que deseja deseja uma coisa que lhe falta e não deseja o que não lhe falta.

(Id.)

41. O verdadeiro caminho do amor, quer o tomemos por nós mesmos, quer nos deixemos conduzir, consiste em partir das belezas sensíveis e subir incessantemente rumo a essa beleza sobrenatural, passando por escalas de um belo corpo a dois, de dois a todos, em seguida dos belos corpos às belas ações, das belas ações às belas ciências, para chegar das ciências a essa ciência que não é outra coisa senão a ciência da beleza absoluta e para conhecer finalmente o belo tal como é em si.

(Id.)

42. Quando a parte bestial e selvagem da alma, cheia de alimento e bebida, rejeitando o sono, tenta saciar seu desejo, como que desprovida de qualquer vergonha e de qualquer reflexão, não recua diante de nenhuma audácia; nem diante da ideia de querer unir-se à sua mãe ou a qualquer um, homem, divindade, ani-

mal; de se macular com qualquer assassinato, de não se abster de nenhum alimento.

(*A República*)

PLOTINO

43. Desejos, há os que se satisfazem enchendo ou esvaziando o corpo; não é a alma que sofre esses estados de plenitude e essas evacuações. Como experimentaria o desejo de se misturar com outra coisa? Uma essência permanece sem mistura. Por que desejaria introduzir em si o que nela não está? Isso equivaleria a procurar não ser o que ela é.

(*Enéadas*)

PROUST

44. Quanto mais o desejo avança, mais a posse verdadeira se afasta. De modo que se a felicidade, ou pelo menos a ausência de sofrimento, pode ser encontrada, não é a satisfação, mas a redução progressiva, a extinção final do desejo que se deve buscar.

(*Albertine desaparecida*)

ROUSSEAU

45. Enquanto desejamos, podemos nos dispensar de ser felizes; esperamos sê-lo; se a felicidade não vem, a esperança se prolonga, e o encanto da ilusão dura tanto quanto a paixão que o causa.

(*Júlia ou a Nova Heloísa*)

46. Aquele que nada tem deseja pouco; aquele que não comanda ninguém tem pouca ambição. Mas o supérfluo desperta a cupidez; quanto mais se obtém, mais se deseja.

(*Que o estado de guerra nasce do estado social*)

SARTRE

47. O desejo se exprime pela carícia, como o pensamento pela linguagem.

(*O ser e o nada*)

48. O desejo não é a princípio nem sobretudo uma relação com o mundo. O mundo só aparece aqui como cenário para relações explícitas com o Outro. Normalmente é na oportunidade da *pre-*

sença do Outro que o mundo se descobre como mundo do desejo.

(*Id.*)

49. O desejo é uma conduta de enfeitiçamento.

(*Id.*)

50. Assim, o sadismo e o masoquismo são os dois escolhos do desejo, quer eu ultrapasse a perturbação rumo a uma apropriação da carne do Outro, quer eu, embriagado com minha própria perturbação, só preste atenção à minha carne e nada mais peça ao Outro, senão que ele seja o olhar que me ajude a realizar minha carne. É por causa dessa inconsistência do desejo e de sua perpétua oscilação entre esses dois escolhos que se tem o costume de chamar a sexualidade "normal" pelo nome de "sadomasoquismo".

(*Id.*)

SCHOPENHAUER

51. O que o homem quer propriamente, o que quer no fundo, o objeto dos desejos de seu ser íntimo, o objetivo que persegue, não existe ação externa nem instrução que possam mudá-lo; caso contrário, poderíamos novamente criar o homem.

(*O mundo como vontade e representação*)

52. Entre os desejos e as realizações destes transcorre toda a vida humana.

(*Id.*)

53. O sistema genital identifica-se com o mais violento de todos os desejos: por isso denominei-o de foco do querer.

(*Id.*)

VALÉRY

54. Fazer a lista dos desejos idiotas do homem para mostrar que todos esses desejos formam a contraprova de sua natureza...
Conhecer o futuro.
Ser imortal.
Agir apenas pelo pensamento.

Ser apenas prazer perpétuo.
Impassível, incorruptível, ubíquo.
Vencer, conquistar, possuir.
Ser adorado, admirado.
Conjunto de impossibilidades ou de improbabilidades.
Construção ingênua (por negação) de todas as perfeições do deus.

(*Tal qual II*)

WEIL (SIMONE)
55. É quanto aos falsos bens que desejo e posse são diferentes; quanto ao verdadeiro bem, não há qualquer diferença.

Assim, Deus é, já que eu o desejo; isso é tão certo quanto a minha existência.

(*O conhecimento sobrenatural*)

7. DEVER

ALAIN
1. No dever jamais há outra dificuldade além de cumpri-lo.
(*Definições*)

BERGSON
2. Imaginai a obrigação como pesando sobre a vontade à maneira de um hábito, cada obrigação arrastando consigo a massa acumulada das outras e utilizando assim, para a pressão que exerce, o peso do conjunto: tereis o todo da obrigação para uma consciência moral simples, elementar.
(*As duas fontes da moral e da religião*)

3. A obediência ao dever é uma resistência a si mesmo.
(*Id.*)

COMTE
4. Mesmo que a terra fosse dentro de pouco tempo abalada por um choque celeste, viver para o outro, subordinar a personalidade à sociabilidade não cessariam de constituir até o fim o bem e o dever supremos.
(*Sistema de política positiva*)

FREUD
5. Longe de ser o juiz implacável de que falam os moralistas, nossa consciência é, por suas origens, "angústia social" e nada mais.
(*Ensaios de psicanálise*)

KANT
6. É uma tentativa condenável em seu mais alto grau querer tirar do *que se faz* as leis do que *eu devo fazer* ou querer reduzi-las a isso.
(*Crítica da razão pura*)

7. O dever é a necessidade de realizar uma ação por respeito pela lei moral.
(Fundamentos da metafísica dos costumes)

8. A majestade do dever nada tem a fazer com a fruição da vida.
(Crítica da razão prática)

9. O *dever* é a ação à qual todos são obrigados. É portanto a matéria da obrigação, e pode ocorrer de se tratar (quanto à ação) do mesmo dever, embora possamos ser obrigados a isso de diferentes maneiras.
(Metafísica dos costumes)

10. Dizer que se pode ser *demasiado virtuoso*, isto é, demasiado apegado a seu dever, seria o mesmo que dizer que se pode tornar um círculo redondo demais ou uma linha reta demasiado reta.
(Id.)

11. Não é possível demonstrar a existência de Deus, mas não podemos deixar de proceder segundo o princípio dessa ideia e aceitar os deveres como mandamentos divinos.
(Opus postumum)

12. O conceito de liberdade deriva do imperativo categórico do dever.
(Id.)

LAGNEAU
13. O dever não é uma altura que só os gigantes podem atingir; está ao alcance de todos, à mão; acomoda-se e desce ao detalhe da vida.
(Discurso de senso comum)

MONTAIGNE
14. Não se deve deixar ao juízo de cada um o conhecimento de seu dever; este deve ser-lhe prescrito, não deixado a seu discernimento; não fosse assim, segundo a imbecilidade e a variedade infinita de nossas razões e opiniões, forjaríamos para nós, afinal, deveres que nos levariam a nos comermos uns aos outros, como diz Epicuro.
(Os ensaios)

Nietzsche

15. Exigir que o dever seja *sempre* um tanto importuno – como faz Kant – significa exigir que jamais se torne hábito e costume: nessa exigência esconde-se um restinho de crueldade ascética.

(Aurora)

Rousseau

16. Devo sempre fazer o que devo porque devo, mas não por alguma esperança de sucesso, pois bem sei que esse sucesso é doravante impossível.

(Fragmentos escritos sobre cartas de baralho)

Weber

17. Existe uma oposição abissal entre a atitude daquele que age segundo as máximas da ética de convicção – em uma linguagem religiosa diríamos: "O cristão faz seu dever e, naquilo que diz respeito ao resultado da ação, entrega-se a Deus" – e a atitude daquele que age segundo a ética de responsabilidade, que diz: "Devemos responder pelas consequências previsíveis de nossos atos."

(Politik als Beruf)

8. DIREITO

ALAIN
1. O direito é um sistema de coerção geral e recíproca fundamentado no costume e no juízo dos árbitros, cuja finalidade é conciliar o ideal da justiça com as necessidades da situação humana e as necessidades de segurança que a imaginação impõe.
(Definições)

CANGUILHEM
2. Segundo se trate de geometria, de moral ou de técnica, o conceito de direito qualifica o que resiste à sua aplicação de torcido, tortuoso ou desajeitado.
(O normal e o patológico)

CHAMFORT
3. É mais fácil legalizar certas coisas do que legitimá-las.
(Pensamentos, máximas e anedotas)

COMTE
4. A noção de *direito* deve desaparecer do domínio político, assim como a noção de *causa* do domínio filosófico.
(Catecismo positivista)

COURNOT
5. A ideia do *direito* é natural ao homem; em qualquer estado que se o observe, é encontrado imbuído dessa crença de que existem direitos vinculados à sua pessoa: quer os tenha adquirido por si mesmo, por seu trabalho, por sua coragem ou por sua boa sorte; quer os tenha adquirido de seus ancestrais e os considere como prerrogativas de seu sangue, de sua raça, da tribo da qual faz parte ou da cidade que o viu nascer.
(Tratado do encadeamento das ideias fundamentais nas ciências e na história)

Declaração dos Direitos do Homem e do Cidadão

6. O objetivo de qualquer associação política é a conservação dos direitos naturais e imprescritíveis do homem; esses direitos são a liberdade, a propriedade, a segurança e a resistência à opressão.

(Art. II)

Deleuze

7. Nos Estados de não-direito, o que conta é a natureza dos processos de liberação, forçosamente nômades. E, nos estados de direito, não são os direitos adquiridos e codificados, mas tudo o que constitui problema hoje em dia para o direito e pelo que as aquisições sempre correm o risco de ser questionadas novamente.

(Signos e acontecimentos)

Del Vecchio

8. As noções do que é direito e do que é errado são interdependentes ou complementares. Por mais singular que isso possa parecer, o direito é *essencialmente violável* e existe em virtude de sua violabilidade. Se a possibilidade do errado não existisse, a afirmação do direito não teria sentido, pois não se poderia estabelecer distinção entre as ações justas e as que são injustas, e não haveria espaço para uma regra do agir.

(Lições sobre a filosofia do Direito)

Espinosa

9. Por direito e instituição da natureza, não entendo nada além das regras da natureza de cada indivíduo, regras segundo as quais concebemos cada ser como determinado a existir e a comportar-se de uma certa maneira. Por exemplo, os peixes são determinados a nadar pela natureza, os grandes peixes a comer os pequenos; consequentemente, os peixes usufruem da água, e os grandes comem os pequenos em virtude de um direito natural soberano.

(Tratado teológico-político)

10. A justiça é uma disposição constante da alma de atribuir a cada um o que lhe cabe segundo o direito civil; a injustiça, ao contrá-

rio, consiste, sob uma aparência de direito, a tirar de alguém o que lhe pertence segundo a interpretação verdadeira das leis.

(*Id.*)

11. Enquanto o direito natural humano for determinado pelo poder de cada um, esse direito será na realidade inexistente, ou pelo menos só terá uma existência puramente teórica, pois não se tem qualquer meio garantido de conservá-lo.

(*Tratado político*)

12. O direito daquele que tem o poder público, ou seja, do soberano, não é outra coisa senão o direito de natureza, que se define pelo poder não de cada um dos cidadãos considerado à parte, mas da massa conduzida de certa maneira por um mesmo pensamento. Isso equivale a dizer que o corpo e a alma do Estado inteiro têm um direito cuja medida é seu poder, como se viu que era o caso para o indivíduo no estado de natureza.

(*Id.*)

FLAUBERT
13. Não vejo nada mais tolo que o Direito, a não ser o estudo do Direito.

(*Correspondência*)

HEGEL
14. O direito abstrato é direito de coerção porque o ato injusto é uma violência contra a existência de minha liberdade em uma coisa exterior. A manutenção dessa existência contra a violência é, como ação ela própria exterior, uma violência que suprime a primeira.

(*Princípios da filosofia do direito*)

HOBBES
15. O DIREITO DE NATUREZA, geralmente chamado *jus naturale* pelos autores, é a liberdade que cada um tem de usar como quiser seu próprio poder para a preservação de sua própria natureza, em outras palavras, de sua própria vida e, consequentemente, de fazer tudo o que considerar, de acordo com seu próprio juízo e sua própria razão, como o meio mais bem adaptado a essa finalidade.

(*Leviatã*)

KANT
16. O problema essencial para a espécie humana, aquele que a natureza obriga o homem a resolver, é a realização de uma *Sociedade civil* que administre o direito de maneira universal.
(*Ideia de uma história universal de um ponto de vista cosmopolita*)

17. Esperar uma paz universal e durável a partir do que se chama o equilíbrio das potências europeias é pura quimera, semelhante àquela casa de Swift, que um arquiteto construíra de uma maneira tão perfeitamente conforme a todas as leis do equilíbrio que, quando um pardal ali pousou, ela ruiu imediatamente.
(*Deste provérbio: "Na teoria é uma coisa, na prática é outra"*)

18. Como a guerra não passa de um triste meio imposto pela necessidade no estado de natureza (em que não existe corte de justiça para poder julgar com força de direito) a fim de sustentar seu direito pela violência, nenhuma das duas partes pode nesse caso ser qualificada de inimigo injusto (isso já presumiria uma sentença de juiz), mas é o *resultado* que decide (como nos ditos julgamentos de Deus) de que lado está o direito.
(*Projeto de paz perpétua*)

19. O jurista que tomou como símbolo a *balança* do direito e ainda o *gládio* da justiça usa normalmente o último, não, a bem dizer, apenas para afastar do direito todas as influências alheias, mas para lançar o gládio (*vae victis*) no prato que não se inclina.
(*Id.*)

LA BRUYÈRE
20. Os homens têm tanta dificuldade para se aproximar quando tratam de negócios, são tão espinhosos quanto aos menores interesses, tão eriçados de dificuldades, querem tanto enganar e tão pouco ser enganados, dão tanto valor ao que lhes pertence e tão pouco valor ao que pertence aos outros, que confesso que não sei por onde e como conseguem concluir casamentos, contratos, aquisições, a paz, a trégua, os tratados, as alianças.
(*Do homem*)

LICHTENBERG
21. Os tabletes de chocolate e de arsênico sobre os quais estão inscritas as leis.

(*Aforismos*)

22. É certo que os tratantes seriam mais perigosos ou que nasceria uma nova espécie de perigosos tratantes se um dia começássemos a estudar direito para roubar, como o estudamos para proteger os honestos. Os tratantes contribuiriam indiscutivelmente para a perfeição das leis se as estudassem apenas com o objetivo de escapar a elas sem sofrer perdas.

(*Id.*)

MONTESQUIEU
23. Na significação mais extensa, as leis são as relações necessárias que derivam da natureza das coisas, e, nesse sentido, todos os seres têm suas leis; a Divindade tem suas leis; o mundo material tem suas leis; as inteligências superiores ao homem têm suas leis; os animais têm suas leis; o homem tem suas leis.

(*O espírito das leis*)

NIETZSCHE
24. Onde *reina o direito*, mantém-se um certo estado e grau de poderio. Opomo-nos a seu crescimento e à sua diminuição. O direito dos outros é uma concessão feita por nosso sentimento de poderio ao sentimento de poderio dos outros. Caso nosso poderio se mostre profundamente abalado e quebrantado, nossos direitos cessam: em compensação, se nos tornamos muito mais poderosos, os direitos que havíamos reconhecido para os outros até então cessam de existir para nós.

(*Aurora*)

25. É equivocar-se grosseiramente ver no código penal de um povo uma expressão de seu caráter; as leis não revelam o que é um povo, mas o que lhe parece estranho, bizarro, monstruoso, exótico.

(*A gaia ciência*)

PLATÃO
26. Não são realmente leis as que não foram instituídas em vista do interesse comum da cidade inteira; mas, quando foram institui-

das em vista do interesse de alguns, essas pessoas são facciosas e não cidadãs; e o que chamam seus justos direitos são apenas palavras vazias de sentido.

(*As leis*)

STIRNER

27. Quando se fala de direito, há uma questão que é sempre colocada: "Quem ou o que me dá o direito de fazer isso ou aquilo?" Resposta: "Deus, o Amor, a Razão, a Humanidade, etc.!" Mas não, meu amigo: o que te dá esse direito é *tua* força, teu poder, e nada mais.

(*O único e sua propriedade*)

28. O quanto não se louvou em Sócrates o escrúpulo de probidade que o fez rejeitar o conselho de fugir de sua prisão! Foi de sua parte pura loucura dar aos atenienses o direito de condená-lo... Se foi fraco, foi precisamente *por não fugir*, por manter a ilusão de que ainda tinha alguma coisa em comum com os atenienses e por imaginar ser apenas um membro, um simples membro, desse povo... Sócrates deveria saber que os atenienses eram apenas seus inimigos e que ele e apenas ele era seu juiz. A ilusão de uma "justiça", de uma "legalidade", etc., deveria dissipar-se diante da consideração de que toda relação é uma relação de *força*, uma luta de poder com poder.

(*Id.*)

VALÉRY

29. O direito é o intermédio das forças.

(*Tal qual*)

WEBER

30. O elemento determinante do conceito de "direito" consiste a nossos olhos (é possível delimitá-lo de outra forma para outros objetivos da pesquisa) na existência de uma *instância* de coerção...
A "exortação fraterna", que foi usual em certas seitas, enquanto meio de coerção suave com relação ao pecador, entra na nossa definição contanto que seja ordenada por regulamentações e executada por uma instância.

(*Wirtschaft und Gesellschaft*)

9. ESPAÇO

BACHELARD
1. Não se encontra o espaço, é sempre necessário construí-lo.
(*O novo espírito científico*)

BERGSON
2. O espaço concreto foi extraído das coisas. Elas não estão nele, é ele que está nelas.
(*O pensamento e o movente*)

DESCARTES
3. A mesma extensão que constitui a natureza do corpo também constitui a natureza do espaço, de modo que eles só diferem entre si como a natureza do gênero ou da espécie difere da natureza do indivíduo.
(*Os princípios da filosofia*)

HUME
4. A ideia de espaço ou de extensão nada mais é do que a ideia dos pontos visíveis ou tangíveis distribuídos numa certa ordem.
(*Tratado da natureza humana*)

KANT
5. A representação do espaço não pode ser obtida pela experiência das relações dos fenômenos exteriores, mas a experiência exterior só é ela própria possível, antes de mais nada, por meio dessa representação.
(*Crítica da razão pura*)

6. Jamais é possível imaginar que não há espaço, embora seja possível pensar que não há objetos no espaço.
(*Id.*)

7. Nenhum conceito como tal pode ser pensado como encerrando *em si* uma profusão infinita de representações. E contudo é assim que o espaço é pensado (pois todas as partes do espaço existem simultaneamente no infinito). A representação originária do espaço é portanto uma *intuição a priori* e não um *conceito*.

(*Id.*)

8. O espaço nada mais é do que a forma de todos os fenômenos dos sentidos exteriores, ou seja, a condição subjetiva da sensibilidade unicamente sob a qual nos é possível uma intuição exterior.

(*Id.*)

VALÉRY
9. O espaço é um corpo imaginário, como o tempo é um movimento fictício.

(*Tal qual II*)

WITTGENSTEIN
10. A solução do enigma da vida no espaço e no tempo encontra-se *fora* do espaço e do tempo.

(*Tratado lógico-filosófico*)

10. ESTADO

Aristóteles

1. Os homens não se associam tendo em vista apenas a existência material, mas, antes, a vida feliz, pois, se fosse de outra forma, uma coletividade de escravos ou de animais seria um Estado, quando, na realidade, isto é uma coisa impossível, porque esses seres não têm qualquer participação na felicidade, nem na vida fundamentada em uma vontade livre.

   (*A política*)

2. O Estado é a comunidade do bem viver para as famílias e para os agrupamentos de famílias tendo em vista uma vida perfeita que baste a si mesma.

   (*Id.*)

Comte

3. Em primeiro lugar, vê-se surgir espontaneamente a associação mais completa, porém mais restrita, a sociedade doméstica, baseada na simpatia comum e dirigida pelo amor. Ela fornece o elemento natural da sociedade política, mais vasta, embora menos íntima, cujo princípio é a atividade coletiva, e cuja regra própria é a preponderância material que dela resulta. A cidade, ou o Estado, torna-se por sua vez o elemento normal da sociedade religiosa, a mais extensa e a menos completa de todas, repousando na comunidade de crenças e regida pela fé.

   (*Sistema de política positiva*)

Espinosa

4. Em um Estado democrático, o que menos se tem a temer é o absurdo, pois é quase impossível que a maioria dos homens unidos em um todo, se esse todo for considerável, concorde com um absurdo.

   (*Tratado teológico-político*)

5. Este é o Estado mais livre, aquele cujas leis são baseadas em reta Razão, pois nesse Estado, a partir do momento em que quer, cada um pode ser livre, ou seja, viver por seu inteiro consentimento sob a conduta da Razão.

(*Id.*)

6. Não, repito, a finalidade do Estado não é fazer os homens passarem da condição de seres razoáveis à de animais brutos ou de autômatos, mas, ao contrário, é instituído para que sua alma e seu corpo se desobriguem com segurança de todas as suas funções, para que eles próprios usem uma Razão livre, para que não lutem mais por ódio, cólera ou artifício, para que se suportem sem animosidade uns aos outros. A finalidade do Estado é portanto, na realidade, a liberdade.

(*Id.*)

HEGEL

7. O Estado é a forma histórica específica na qual a liberdade adquire uma existência objetiva e usufrui de sua objetividade.

(*Curso de 1830*)

8. Uma frase célebre diz que uma semifilosofia afasta de Deus (é essa metade que faz o saber consistir em uma aproximação da verdade), mas que a verdadeira filosofia conduz a Deus. O mesmo acontece com o Estado.

(*Princípios da filosofia do direito*)

9. De uma maneira geral, o Estado não é um contrato, e sua essência substancial não é tão exclusivamente a proteção e a segurança da vida e da propriedade dos indivíduos isolados. É antes a realidade superior e até reivindica essa vida e essa propriedade e exige que se as sacrifique.

(*Ibid.*)

KANT

10. Um Estado (*civitas*) é a unificação de uma multiplicidade de homens sob leis jurídicas.

(*Metafísica dos costumes*)

LÊNIN
11. O Estado é a organização especial de um poder: é a organização da violência destinada a reprimir uma certa classe.
(*O Estado e a Revolução*)

12. De toda a história do socialismo e da luta política, Marx deduziu que o Estado deverá desaparecer e que a forma transitória de seu desaparecimento (passagem do Estado ao não-Estado) será o "proletariado organizado em classe dominante".
(*Id.*)

MARX
13. Os diferentes métodos de acumulação primitiva que a era capitalista produz dividem-se em primeiro lugar por ordem mais ou menos cronológica entre Portugal, Espanha, Holanda, França e Inglaterra, até que esta última os combine todos no último terço do século XVII em um conjunto sistemático que abrange ao mesmo tempo o regime colonial, o crédito público, as finanças modernas e o sistema protecionista. Alguns desses métodos repousam no emprego da força bruta, mas todos, sem exceção, exploram o poder do Estado, a força concentrada e organizada da sociedade, a fim de precipitar violentamente a passagem da ordem econômica feudal à ordem econômica capitalista e abreviar as fases de transição. E, com efeito, a força é a parteira de toda velha sociedade em trabalho de parto. A força é um agente econômico.
(*O capital*)

MARX-ENGELS
14. Sendo o Estado a forma pela qual os indivíduos de uma classe dominante fazem valer seus interesses comuns e na qual se resume toda a sociedade civil de uma época, segue-se que todas as instituições comuns passam pela mediação do Estado e recebem uma forma política. Daí a ilusão de que a lei repousa na vontade e, melhor ainda, em uma vontade *livre*, destacada de sua base concreta. Da mesma forma, o direito é, por sua vez, reduzido à lei.
(*A ideologia alemã*)

NIETZSCHE
15. A democracia moderna é a forma histórica da *decadência do Estado*.

(*Humano, demasiado humano*)

16. Proteger a sociedade dos ladrões e do incêndio, torná-la infinitamente cômoda para os tráfegos e os transportes de todos os tipos e transformar o Estado em uma Providência, no bom e no mau sentido − estes são objetivos inferiores, medíocres e nada indispensáveis, aos quais não se deveria tender com os meios e as ferramentas mais nobres *que existem no mundo* − os meios que precisamente seria necessário reservar para as mais nobres e mais excepcionais finalidades!

(*Aurora*)

17. O Estado é o mais frio de todos os monstros frios: mente com frieza, e esta é a mentira que serpenteia de sua boca: "Eu, o Estado, sou o Povo."

(*Assim falou Zaratustra*)

PLATÃO
18. Acaso haveria algo melhor para um Estado do que constituir a mais bela elite possível, tanto de mulheres quanto de homens?

(*A República*)

ROBESPIERRE
19. A democracia é um Estado em que o povo soberano, guiado por leis que são sua obra, faz por si mesmo tudo o que pode fazer bem e por delegados tudo o que ele próprio não pode fazer.

(*Sobre os princípios de moral política*)

SCHOPENHAUER
20. O Estado é um meio de que o egoísmo, esclarecido pela razão, se serve para esquivar os efeitos funestos que ele produz e que se voltariam contra ele mesmo; no Estado, cada um persegue o bem de todos porque todos sabem que seu bem próprio está envolvido no bem de todos. Se o Estado pudesse alcançar seu objetivo com perfeição dispondo então das forças humanas reu-

nidas sob sua lei, conseguiria utilizá-las para voltar cada vez mais para o serviço do homem o resto da natureza e assim, expulsando do mundo o mal sob todas as suas formas, conseguiria construir para nós uma terra de delícias ou algo semelhante. Só que, por um lado, o Estado sempre permaneceu bem longe desse objetivo; ademais, mesmo se o atingisse, ainda ver-se-ia subsistir uma incontável profusão de males inseparáveis da vida; finalmente, mesmo se essas palavras desaparecessem, uma delas ainda permaneceria; o tédio, que logo tomaria o lugar deixado vazio pelas outras, de modo que a dor não perderia nenhuma de suas posições.

(*O mundo como vontade e representação*)

21. Em geral, a iniquidade, a injustiça extrema, a dureza, a própria crueldade, estas são as principais características da conduta dos homens uns em relação aos outros: o contrário não passa de rara exceção. É sobre isso e não sobre vossos contos da carochinha que repousa a necessidade do Estado e da legislação.

(*Id.*)

STIRNER

22. O Estado sempre persegue apenas um objetivo: limitar, acorrentar, sujeitar o indivíduo, subordiná-lo a uma *generalidade* qualquer.

(*O único e sua propriedade*)

VALÉRY

23. Um Estado é tanto mais forte quanto pode conservar em seu interior o que vive e age contra ele.

(*Maus pensamentos e outros*)

WEBER

24. Deve-se conceber o Estado contemporâneo como uma comunidade humana que, nos limites de um determinado território – sendo uma de suas características a noção de território –, reivindica com sucesso para si o *monopólio da violência física legítima*. O que é de fato próprio de nossa época é que ela não concede a todos os outros grupos ou aos indivíduos o direito de apelar para a violência a não ser na medida em que o Estado a tolera: este é considerado portanto a única fonte do "direito" à violência. Conse-

quentemente, entenderemos por política o conjunto de esforços que se fazem com o intuito de participar do poder ou de influenciar a distribuição do poder, seja entre os Estados, seja entre os diversos grupos dentro de um mesmo Estado.

(Politik als Beruf)

11. EXISTÊNCIA

Agostinho (Santo)
1. Na adversidade, desejo a felicidade; na felicidade, temo a adversidade. Entre essas situações extremas, existe um ponto de equilíbrio em que a existência não seja uma tentação?
(Confissões)

Alain
2. Existir é algo; isso esmaga todas as razões. Nenhuma razão pode conceder a existência, nenhuma existência pode dar suas razões.
(Considerações I)

3. Lagneau, homem profundo e desconhecido, preocupava-se em provar que Deus não existe, pois, dizia, existir é ser pego com outras coisas na trama da experiência.
(81 capítulos sobre o espírito e as paixões)

4. Existir é bom; não melhor que outra coisa; pois existir é tudo e não existir é nada.
(Cento e uma considerações)

Bergson
5. Para um ser consciente, existir consiste em mudar, mudar para amadurecer, amadurecer para criar a si mesmo indefinidamente.
(A evolução criadora)

Berkeley
6. O que se diz da existência absoluta de coisas não pensantes, sem relação com uma percepção que delas se teria, é para mim totalmente ininteligível. Seu *esse* é *percipi*; é impossível terem uma existência fora das inteligências ou coisas pensantes que as percebem.
(Tratado acerca dos princípios do conhecimento humano)

7. Que uma coisa possa ser realmente percebida pelos meus sentidos e ao mesmo tempo não existir realmente, é para mim uma contradição manifesta; pois não posso separar ou abstrair, mesmo pelo pensamento, a existência de uma coisa da percepção que dela temos.

(*Três diálogos entre Hilas e Filonous*)

Bíblia (A)

8. E disse o eterno Deus ao homem: Como escutaste a voz de tua mulher e comeste da árvore de que te ordenara: Não comerás dela!, a terra será maldita por tua causa. Com grandes penas dela tirarás teu alimento todos os dias de tua vida, ela para ti produzirá espinhos e abrolhos, e comerás a erva do campo. Com o suor de teu rosto comerás o pão até que voltes para a terra, de onde foste tomado; pois és pó, e ao pó hás de tornar.

(*Antigo Testamento, Gênese*)

Bloy

9. A terrível translação "do útero ao sepulcro" como se conveio chamar esta vida, cheia de misérias, lutos, mentiras, decepções, traições, fetidez e catástrofes...

(*Gladiadores e porcariços*)

Chamfort

10. Robinson em sua ilha, privado de tudo e forçado aos trabalhos mais penosos para garantir sua subsistência diária, suporta a vida e até usufrui, segundo confessa, de vários momentos de felicidade. Suponha que ele esteja em uma ilha encantada, provida de tudo o que é agradável à vida, talvez a ociosidade tivesse tornado sua existência insuportável.

(*Pensamentos, máximas e anedotas*)

Chesterton

11. Não apenas estamos no mesmo barco, como todos sentimos enjoo.

(*O que há de errado com o mundo*)

DAUDET
12. A vida é uma caixa de instrumentos que espetam e cortam. A toda hora, nossas mãos sangram.

(*Diário*)

HERÁCLITO
13. Entramos e não entramos nos mesmos rios; somos e não somos.

(*Fragmentos*)

HUME
14. A ideia de existência, caso seja unida à ideia de um objeto qualquer, nada lhe acrescenta.

(*Tratado da natureza humana*)

15. Uma paixão é uma existência primitiva ou, se quiserdes, um modo primitivo de existência, e ela não contém qualquer qualidade representativa que a torne uma cópia de outra existência ou de outro modo.

(*Id.*)

KANT
16. Existo no tempo e no espaço, e aí determino minha existência como fenômeno; aí sou para mim objeto interno e externo.

(*Opus postumum*)

17. Sou. Esse ato da consciência não deriva de um ato anterior como quando digo a mim mesmo: penso, *logo* existo, pois nesse caso presumiria minha existência para prová-la. O que seria uma tautologia.

(*Id.*)

KIERKEGAARD
18. A existência é o recife no qual o pensamento puro naufraga.

(*Pós-escrito às migalhas filosóficas*)

19. Existir orientando-se pelo pensamento puro é o mesmo que querer viajar pela Dinamarca com um pequeno mapa de toda a Europa em que a Dinamarca figurasse do tamanho da minha pena – e é até mais impossível ainda.

(*Id.*)

20. Existir, caso não se entenda esse termo existir em um sentido banal, não pode ser feito sem paixão. Por isso todo pensador grego também era, essencialmente, um pensador apaixonado.

(*Ibid.*)

LA BRUYÈRE
21. Se a vida é miserável, é penoso suportá-la; se é feliz, é horrível perdê-la. É a mesma coisa.

(*Do homem*)

22. Só existem três acontecimentos para o homem: nascer, viver e morrer. Ele não se sente nascer, sofre ao morrer e se esquece de viver.

(*Id.*)

LAGNEAU
23. A existência não passa de um dos três modos da realidade: existência, ser, valor.

(*Fragmento 87*)

LICHTENBERG
24. Um mundo em que os homens viessem idosos ao mundo e depois se tornassem cada vez mais viçosos até voltarem a ser crianças; estas teriam uma juventude cada vez mais avançada até que as fechassem em uma garrafa na qual, após nove meses, perderiam a vida após se terem tornado tão pequenas que seria possível engolir dez Alexandres em um pão com manteiga. As meninas de 50 a 60 anos sentiriam um prazer particular em criar em garrafas suas mães que haviam se tornado minúsculas.

(*Aforismos*)

MAINE DE BIRAN
25. Só as pessoas enfermiças se sentem existir.

(*Primeiro diário*)

MARCO AURÉLIO
26. A arte de viver assemelha-se mais à luta do que à dança, na medida em que é sempre necessário permanecer alerta e equilibrado contra os golpes que recaem sobre nós inesperadamente.

(*Pensamentos*)

MERLEAU-PONTY
27. No sentido moderno, a existência é o movimento pelo qual o homem está no mundo, pelo qual se engaja em uma situação física e social que se torna seu ponto de vista sobre o mundo.

(*Sentido e não-sentido*)

28. Filosofar é uma maneira de existir entre outras, e não é possível vangloriar-se de esgotar, como diz Marx, na "existência puramente filosófica", a "existência religiosa", a "existência política", a "existência jurídica", a "existência artística", nem em geral "a verdadeira existência humana". Mas, se o filósofo sabe disso, caso se atribua por tarefa acompanhar as outras experiências e as outras existências em sua lógica imanente, em vez de se colocar em seu lugar, caso abandone a ilusão de contemplar a totalidade da história acabada e se sinta como todos os outros homens envolvido nela e diante de um futuro a *fazer*, então a filosofia se realiza suprimindo-se como filosofia separada.

(*Id.*)

MONTAIGNE
29. É uma perfeição absoluta, e como que divina, saber usufruir lealmente de seu ser.

(*Os ensaios*)

30. Nossa grande e gloriosa obra-prima é viver apropriadamente.

(*Id.*)

MONTESQUIEU
31. Parece-me que a natureza trabalhou para ingratos: somos felizes, mas nossos discursos são tais que parecemos nem sequer suspeitar disso. No entanto, encontramos prazeres em toda parte: estão ligados a nosso ser, e os pesares não passam de acidentes. Os objetos parecem em toda a parte preparados para nossos prazeres: quando o sono nos chama, as trevas nos agradam; e, quando acordamos, a luz do dia nos arrebata. A natureza é enfeitada de mil cores; nossos ouvidos são lisonjeados pelos sons; as iguarias têm gosto agradável; e, como se a felicidade da existência não fosse suficiente, é ainda necessário

que nossa máquina precise ser incessantemente reparada para nossos prazeres.

(*Meus pensamentos*)

NIETZSCHE

32. Creiam-me! O segredo para colher a maior fecundidade, a maior satisfação da existência consiste em *viver perigosamente*!

(*A gaia ciência*)

33. A luta pela existência não passa de uma *exceção*, de uma restrição provisória da vontade de viver: tanto a pequena quanto a grande luta pela existência gravitam sob todos os pontos de vista em torno da preponderância, do crescimento, da expansão, conforme à vontade de poder, que é justamente vontade de vida.

(*Id.*)

PASCAL

34. Entre nós e o inferno e o céu, há somente a vida entre dois, que é a coisa mais frágil do mundo.

(*Pensamentos*)

35. A vida é um sonho um pouco menos inconstante.

(*Id.*)

RENARD

36. A vida é curta, mas o tédio a prolonga. Nenhuma vida é curta o suficiente para que o tédio nela não encontre seu espaço.

(*Diário*)

ROSTAND (JEAN)

37. Amar a vida seria amar o dilaceramento.

(*Pensamentos de um biólogo*)

38. A vida nos desaloja aos poucos de todos os lugares.

(*Id.*)

ROUSSEAU

39. Tudo o que parece estender ou fortalecer nossa existência encanta-nos, tudo o que parece destruí-la ou abreviá-la aflige-nos. Esta é a fonte primitiva de todas as nossas paixões.

(*Fragmentos filosóficos e morais*)

40. Ó, homem! Encerra tua existência dentro de ti, e não serás mais miserável. Permanece no lugar que a natureza te designou na cadeia dos seres, nada poderá te fazer sair dali; não te insurjas contra a dura lei da necessidade e não esgotes, por querer resistir-lhe, as forças que o céu não te concedeu para estender ou prolongar tua existência, mas apenas para conservá-la como lhe apraz e por tanto tempo quanto lhe apraz.

(Emílio ou Da educação)

41. O sentimento da existência despojado de qualquer outra afeição é por si só um sentimento precioso de contentamento e de paz que por si só bastaria para tornar essa existência cara e doce a quem soubesse afastar de si todas as impressões sensuais e terrestres que incessantemente vêm nos distrair e perturbar cá embaixo a doçura.

(Os devaneios do caminhante solitário)

SARTRE

42. O que eles têm em comum (os existencialistas, cristãos e ateus) é simplesmente o fato de que estimam que a existência precede a essência, ou, se quiserem, que é preciso partir da subjetividade.

(O existencialismo é um humanismo)

43. Essa interioridade que pretende afirmar-se contra toda filosofia em sua estreiteza e profundidade infinita, essa subjetividade recuperada para além da linguagem como a aventura pessoal de cada um diante dos outros e de Deus, é isto que Kierkegaard denominou *a existência*.

(Crítica da razão dialética)

44. Kierkegaard tem razão contra Hegel tanto quanto Hegel tem razão contra Kierkegaard. Hegel tem razão: em vez de se obstinar como o ideólogo dinamarquês em paradoxos congelados e pobres que finalmente remetem a uma subjetividade vazia, é o concreto verdadeiro que o filósofo de Iena visa por seus conceitos, e a mediação sempre se apresenta como um enriquecimento. Kierkegaard tem razão: a dor, a necessidade, a paixão, o sofrimento dos homens são realidades brutas que não podem ser nem ultrapassadas, nem mudadas pelo saber.

(Ibid.)

SCHOPENHAUER
45. Bem longe de ser marcada com o caráter de um dom, a existência humana carrega em todas as suas partes o caráter de uma dívida contraída. A cobrança dessa dívida opera-se sob a forma de necessidades prementes instituídas por essa própria existência, sob a forma dos desejos torturantes e das misérias sem fim. Em geral, o tempo todo da vida é empregado para quitar essa dívida, e no entanto só se amortecem seus juros. O pagamento do capital só se faz pela morte.
(O mundo como vontade e representação)

46. Pode-se comparar a vida com um tecido bordado do qual cada um só veria, na primeira metade de sua existência, o lado direito e, na segunda, o avesso; esse último lado é menos bonito, mas mais instrutivo, pois permite reconhecer a trama dos fios.
(Aforismos para a sabedoria de vida)

VALÉRY
47. Seria possível admitir que uma existência se rematou, que uma vida completou sua duração, quando o vivente chegasse insensivelmente ao estado de queimar o que adorava e adorar o que queimava.

(Moralidades)

12. FELICIDADE

ALAIN
1. A felicidade não é algo que se persegue, mas algo que se tem. Não existindo essa posse, é apenas uma palavra.
(*Elementos de filosofia*)

2. Um trabalho regrado e vitórias após vitórias, eis sem dúvida a fórmula da felicidade.
(*Considerações I*)

3. A felicidade é uma recompensa que advém àqueles que não a procuraram.
(*Ibid.*)

4. O que não se disse ainda o suficiente é que ser feliz é também um dever para com os outros.
(*Id.*)

ARISTÓTELES
5. Todos os homens aspiram à vida feliz e à felicidade, esta é uma coisa manifesta; mas, se muitos têm a possibilidade de alcançá-las, outros não a têm em virtude de algum azar ou vício de natureza (pois a vida feliz requer um certo acompanhamento de bens externos, em quantidade menor para os indivíduos dotados de melhores disposições e em quantidade maior para aqueles cujas disposições são piores), e outros, finalmente, tendo a possibilidade de ser felizes, imprimem desde o início uma direção errada à sua busca da felicidade.
(*A política*)

6. Uma andorinha não faz verão, não mais do que um único dia de sol; da mesma forma, não é um único dia, nem um curto intervalo de tempo que fazem a ventura e a felicidade.
(*Ética a Nicômaco*)

7. Quanto mais se desenvolve nossa faculdade de contemplar, mais se desenvolvem nossas possibilidades de felicidade, e não por acidente, mas justamente em virtude da natureza da contemplação. Esta é preciosa por ela mesma, de modo que a felicidade, poderíamos dizer, é uma espécie de contemplação.

(*Id.*)

BACHELARD
8. Para ser feliz, é necessário pensar na felicidade de um outro.

(*A psicanálise do fogo*)

BÍBLIA (A)
9. E o Eterno Deus plantou um jardim no Éden, no Oriente e colocou ali o homem que formara. E fez brotar o Eterno Deus da terra toda espécie de árvore agradável à vista e boa para comer: e a árvore da vida no meio do jardim, e a árvore do conhecimento do bem e do mal.

(*Antigo Testamento*)

CHAMFORT
10. Robinson em sua ilha, privado de tudo e forçado aos trabalhos mais penosos para garantir sua subsistência diária, suporta a vida e até usufrui, segundo confessa, de vários momentos de felicidade. Suponha que ele esteja em uma ilha encantada, provida de tudo o que é agradável à vida, talvez a ociosidade tivesse tornado sua existência insuportável.

(*Pensamentos, máximas e anedotas*)

11. Somos felizes ou infelizes por uma profusão de coisas que não aparecem, que não se dizem e que não se podem dizer.

(*Id.*)

12. A felicidade é como os relógios. Os menos complicados são os que menos se desarranjam.

(*Id.*)

13. "A felicidade", dizia M..., "não é algo fácil; é muito difícil encontrá-la em nós e impossível encontrá-la em outro lugar."

(*Id.*)

CHATEAUBRIAND
14. Se um dia a felicidade me tivesse arrebatado em seus braços, ter-me-ia sufocado.

(*Memórias de além-túmulo*)

CORÃO (O)
15. Na verdade, para os que temem Alá, há uma morada de felicidade,
Pomares e vinhas
Virgens de seios redondos e firmes, de idade igual à deles,
Com cálices cheios.
Lá não ouvirão nem discursos fúteis, nem mentiras.

DELACROIX
16. O homem feliz é aquele que *conquistou* sua felicidade ou o momento de felicidade que sente atualmente. O famoso *progresso* tende a suprimir o esforço entre o desejo e sua realização: deve tornar o homem mais verdadeiramente infeliz.

(*Diário*)

DESCARTES
17. Creio poder concluir aqui que a beatitude só consiste no contentamento do espírito, ou seja, no contentamento em geral; pois, embora haja contentamentos que dependam do corpo e outros que não dependam dele, não os há contudo senão no espírito; mas, para ter um contentamento que seja sólido, é necessário seguir a virtude, ou seja, ter uma vontade firme e constante de executar tudo o que julgarmos ser o melhor e de empregar toda a força de nosso entendimento para julgar bem.

(*Carta a Elisabeth*)

18. Pode-se dizer em geral que não há nenhuma coisa que nos possa arrancar por inteiro o meio de nos tornarmos felizes, contanto que ela não perturbe nossa razão; e que nem sempre são as que parecem mais terríveis que mais prejudicam.

(*Id.*)

19. Quem quer que tenha vivido de modo que sua consciência jamais o condenou por ter deixado de fazer todas as coisas que julgou serem as melhores (o que aqui chamo de seguir a virtude),

disto recebe uma satisfação, que é tão poderosa para torná-lo feliz, que os esforços mais violentos das Paixões jamais têm poder suficiente para perturbar a tranquilidade de sua alma.

(*As paixões da alma*)

DIDEROT
20. Quero que a sociedade seja feliz; mas também quero ser feliz; e há tantas maneiras de ser feliz quanto há indivíduos. Nossa própria felicidade é a base de todos os nossos verdadeiros deveres.

(*Observações sobre a instrução de S.M.I. aos deputados para a confecção das leis*)

EPICTETO
21. Quando alguém tem azar, lembra-te que esse azar provém dele: afinal Deus criou todos os homens para a felicidade e para a paz.

(*Dissertações*)

22. Só há um caminho para a felicidade (que isso esteja presente em teu espírito desde a aurora, dia e noite): é renunciar às coisas que não dependem de nossa vontade.

(*Id.*)

EPICURO
23. Uma vida feliz é impossível sem a sabedoria, a honestidade e a justiça, e estas, por sua vez, são inseparáveis de uma vida feliz.

(*Carta a Meneceu*)

ERASMO
24. Minha opinião, Loucura, é que, quanto mais somos loucos, mais somos felizes, contanto que nos mantenhamos no gênero de loucura que é meu domínio, domínio na verdade bem vasto, porquanto não há, sem dúvida, na espécie humana, um único indivíduo sensato o tempo todo e desprovido de toda espécie de loucura.

(*Elogio da loucura*)

GOETHE
25. O homem mais feliz é aquele que pode ligar o final de sua vida ao seu início.

(*Pensamentos*)

HUME

26. Regra geral, nenhuma existência oferece tanta segurança — pois não se deve sonhar com a felicidade — quanto a existência temperada e moderada, que se atém, tanto quanto possível, à mediocridade e a uma espécie de insensibilidade a todas as coisas.

(A história natural da religião)

KANT

27. A felicidade é a satisfação de todas as nossas inclinações (tanto *extensiva*, no que diz respeito à sua variedade, quanto *intensiva*, no que diz respeito ao grau, e *protensiva*, no que diz respeito à duração).

(Crítica da razão pura)

28. Ser feliz é necessariamente o desejo de todo ser razoável mas finito, portanto é inevitavelmente um princípio determinante de sua faculdade de desejar.

(Crítica da razão prática)

29. Sob certos aspectos pode ser um dever cuidar de sua felicidade: por um lado, porque a felicidade (à qual se reportam a habilidade, a saúde, a riqueza) fornece meios de cumprir seu dever, por outro, porque a privação da felicidade (por exemplo, a pobreza) traz consigo tentações de violar seu dever. Contudo, trabalhar para sua felicidade nunca pode ser imediatamente um dever e ainda menos um princípio de todo dever.

(Id.)

30. A felicidade é o estado no mundo de um ser razoável, a quem, em todo o curso de sua existência, tudo acontece segundo sua aspiração e sua vontade.

(Id.)

LA BRUYÈRE

31. Existe uma espécie de vergonha de ser feliz diante de certas misérias.

(Do homem)

LACORDAIRE
32. A felicidade entra e sai. É o relâmpago que vem do oriente e desaparece no ocidente. A terra inteira o vê e estremece; mas ele passa.
(*Cartas a um jovem*)

LEROUX
33. Imaginais a felicidade absoluta, é o nada que desejais.
(*Da humanidade*)

LITTRÉ
34. Felicidade quer dizer propriamente boa sorte e consequentemente exprime o conjunto das circunstâncias, das condições favoráveis que nos fazem estar bem. Ela tem pois um caráter exterior objetivo que a matiza com relação à ventura. A ventura não está ligada às condições externas; pertence mais à própria alma.
(*Dicionário da língua francesa*)

MARCO AURÉLIO
35. Viver sempre perfeitamente feliz. Nossa alma encontra esse poder nela mesma, contanto que permaneça indiferente com respeito às coisas indiferentes.
(*Pensamentos*)

MAUPASSANT
36. A felicidade é a espera, a espera feliz, a confiança, é um horizonte cheio de esperança, é o sonho! Sim, minha cara, a única coisa boa é o sonho.
(*Contos e novelas*)

MILL
37. É preferível ser um homem insatisfeito do que um porco satisfeito; é preferível ser Sócrates insatisfeito do que um imbecil satisfeito.
(*Utilitarismo*)

MONTESQUIEU
38. Se só quiséssemos ser felizes, seria fácil. Mas queremos ser mais felizes que os outros, e isso é quase sempre difícil, porque acreditamos serem os outros mais felizes do que são.
(*Meus pensamentos*)

NIETZSCHE
39. Muita gente só é capaz de uma felicidade reduzida: o fato de sua sensatez não poder proporcionar-lhes mais felicidade não constitui um argumento contra ela, não mais do que se deve ver um argumento contra a medicina no fato de serem algumas pessoas incuráveis e outras sempre doentias. Que cada um possa ter a chance de encontrar justamente a concepção da vida que lhe permita realizar *seu* máximo de felicidade: isso não impede necessariamente que sua vida permaneça lastimável e pouco invejável.

(Aurora)

40. O elemento comum a todas as impressões de felicidade é duplo: *plenitude* de sentimento, mesclada de *turbulência*, de modo que nos sentimos em nosso elemento como um peixe e nele nos debatemos. Os bons cristãos compreenderão o que é a exuberância cristã.

(Id.)

41. Fórmula de minha felicidade: um "sim", um "não", uma linha reta, uma *meta*...

(Crepúsculo dos ídolos)

PASCAL
42. Jamais vivemos, mas esperamos viver; e, dispondo-nos sempre a ser felizes, é inevitável que jamais o sejamos.

(Pensamentos)

PROUST
43. Quanto mais avança o desejo, mais a posse verdadeira se afasta. De modo que se a felicidade, ou pelo menos a ausência de sofrimento, pode ser encontrada, não é a satisfação, mas a redução progressiva, a extinção final do desejo que se deve buscar.

(A fugitiva)

44. A felicidade é saudável para os corpos, mas é o pesar que desenvolve as forças do espírito.

(O tempo redescoberto)

RENARD
45. Contudo, um dia, eu a vi passar, a felicidade, passar diante de mim, no horizonte, de expresso.

(*Diário*)

46. Caso se construísse a casa da felicidade, seu maior cômodo seria a sala de espera.

(*Id.*)

47. Quando um homem diz: "Sou feliz", quer simplesmente dizer: "Tenho problemas que não me atingem."

(*Id.*)

48. O verdadeiro egoísta até aceita que os outros sejam felizes, se são felizes por sua causa.

(*Id.*)

ROSTAND (JEAN)
49. Uma vez lesados os centros da felicidade, só é possível conhecer alegrias segmentares.

(*Pensamentos de um biólogo*)

50. Não existe felicidade inteligente.

(*Id.*)

ROUSSEAU
51. Infeliz daquele que não tem mais nada a desejar! Perde, por assim dizer, tudo o que possui. Usufrui-se menos do que se obtém do que daquilo que se espera; e só se é feliz antes de ser feliz.

(*Júlia ou a Nova Heloísa*)

52. Se a princípio a profusão e a variedade de diversões parecem contribuir para a felicidade, se a uniformidade de uma vida igual parece a princípio enfastiante, considerando-se melhor, percebe-se, ao contrário, que o hábito mais doce da alma consiste em uma moderação de gozo que deixa pouco espaço ao desejo e ao desgosto.

(*Emílio ou Da educação*)

53. A felicidade é um estado demasiado constante, e o homem, um ser demasiado mutável para que convenham um para o outro.
(*Fragmentos escritos em cartas de baralho*)

54. Levantava-me com o sol, e era feliz; passeava e era feliz, via mamãe e era feliz, deixava-a e era feliz, eu percorria os bosques, os outeiros, vagava pelos vales, lia, vivia a ociosidade, cultivava o jardim, colhia os frutos, ajudava nos serviços domésticos, e a felicidade acompanhava-me por toda parte; ela não estava em alguma coisa que se pudesse designar, estava toda em mim mesmo, não conseguia abandonar-me um só instante.
(*Confissões*)

55. A felicidade é um estado permanente que não parece feito cá embaixo para o homem. Tudo na terra está em um fluxo contínuo que a nada permite adquirir uma forma constante. Tudo muda ao nosso redor. Nós mesmos mudamos, e nada pode garantir que ele gostará amanhã do que gosta hoje.
(*Os devaneios do caminhante solitário*)

RUSSELL
56. Uma vez satisfeitas as necessidades vitais, a felicidade profunda depende, para a maioria dos homens, de duas coisas: de seu trabalho e de suas relações com os outros.
(*O mundo que poderia ser*)

SAINT-JUST
57. A felicidade é uma ideia nova na Europa.
(*Relatório sobre o modo de execução do decreto contra os inimigos da Revolução*)

SCHOPENHAUER
58. Toda felicidade é negativa, sem nada de positivo; nenhuma satisfação, nenhum contentamento, por consequência, pode durar; no fundo são apenas o cessar de uma dor ou de uma privação e, para substituir essas últimas, o que virá será infalivelmente ou um novo pesar, ou algum langor, uma espera sem objeto, o tédio.
(*O mundo como vontade e representação*)

59. A sedutora miragem do distante mostra-nos paraísos que desvanecem, semelhantes a ilusões de óptica, assim que nos deixamos arrebatar por ela. A felicidade reside sempre, portanto, no futuro, ou ainda no passado, e o presente parece ser uma nuvenzinha escura que o vento empurra sobre a planície ensolarada; na frente e atrás dela, tudo é claro; sozinha, não cessa ela própria de projetar uma sombra.
(Id.)

60. O destino é cruel, e os homens lastimáveis. Em um mundo feito assim, aquele que tem muito em si mesmo é semelhante a um cômodo com uma árvore de Natal, iluminado, quente, alegre, em meio às neves e ao gelo de uma noite de dezembro.
(Aforismos para a sabedoria de vida)

STENDHAL
61. Deveria escrever minha vida; saberei talvez, finalmente, quando houver acabado daqui a dois ou três anos, o que fui, alegre ou triste, homem de espírito ou tolo, homem de coragem ou medroso, e, por fim, se totalmente feliz ou infeliz.
(Vida de Henry Brulard)

STIRNER
62. Desde a Revolução, tenta-se tornar o povo feliz e, para tornar o povo feliz, grande, etc., tornam-nos infelizes! A felicidade do povo é – minha infelicidade.
(O único e sua propriedade)

VALÉRY
63. A "felicidade", ideia animal. Essa palavra só tem sentido animal. O organismo feliz ignora-se.
(Tal qual II)

64. A felicidade tem os olhos fechados.
(Maus pensamentos e outros)

65. A felicidade é a mais cruel das armas nas mãos do Tempo.
(Ibid.)

13. FILOSOFIA

ALAIN
1. Filosofia: é uma disposição da alma que, primeiramente, se coloca em alerta contra as decepções e as humilhações, pela consideração da vaidade de quase todos os bens e quase todos os desejos. O filósofo visa só sentir o que é natural e sem mentira para si. Seu defeito é uma inclinação à crítica e uma predileção pela dúvida.

(*Definições*)

ARISTÓTELES
2. É evidente que não tínhamos em vista na filosofia nenhum interesse alheio. Mas, da mesma forma que chamamos de homem livre aquele que é para si mesmo sua própria finalidade e não a finalidade do outro, essa ciência também é a única de todas as ciências que é livre, pois por si só é sua própria finalidade.

(*Metafísica*)

BERGSON
3. Aquele que começou a reservar para a filosofia as questões de princípio e quis por aí colocar a filosofia acima das ciências, como um Supremo Tribunal de Justiça acima do tribunal de primeira instância e de segunda instância, será levado passo a passo a torná-la apenas um tribunal de registro, encarregado no máximo de formular em termos mais precisos sentenças que lhe chegam irrevogavelmente outorgadas.

(*A evolução criadora*)

CHAMFORT
4. O que é um filósofo? É um homem que opõe a natureza à lei, a razão ao uso, sua consciência à opinião e seu julgamento ao erro.

(*Pensamentos, máximas e anedotas*)

COMTE

5. Emprego o termo *filosofia* na acepção que os antigos, e particularmente Aristóteles, lhe davam como designando o sistema geral das concepções humanas; e, acrescentando o termo *positivo*, anuncio que considero essa maneira especial de filosofar, que consiste em considerar as teorias em qualquer ordem de ideias, como tendo por objeto a coordenação dos fatos observados, o que constitui o terceiro estado da filosofia geral, primitivamente teológica e depois metafísica, assim como explico já na primeira aula.

   (*Curso de filosofia positiva*)

6. Nenhuma renovação mental pode realmente regenerar a sociedade, a não ser quando a sistematização das ideias conduz à sistematização dos sentimentos, a única decisiva socialmente e sem a qual jamais a filosofia substituiria a religião.

   (*Sistema de política positiva*)

7. Só os grandes poetas são eficazes, mesmo intelectualmente, e sobretudo moralmente; todos os outros fazem muito mais mal do que bem: ao passo que mesmo os menores filósofos podem ser realmente utilizados quando são suficientemente honestos, sensatos e corajosos.

   (*Catecismo positivista*)

COURNOT

8. Se a filosofia reina sobre as ciências, como lhe concedemos de bom grado, contanto que nos concedam em contrapartida que ela não as governa, é justamente porque ela própria não é *da madeira* com a qual se fazem as ciências, porque ela é a única em seu gênero, como a rainha na colmeia.

   (*Das instituições de instrução pública na França*)

DELEUZE

9. A filosofia não é comunicativa, assim como não é contemplativa ou reflexiva; é criadora ou até revolucionária por natureza na medida em que não cessa de criar novos conceitos.

   (*Signos e acontecimentos*)

DESCARTES

10. É propriamente ter os olhos fechados, sem jamais tentar abri-los, viver sem filosofar; e o prazer de ver todas as coisas que nossa visão descobre não é comparável à satisfação proporcionada pelo conhecimento daquelas que encontramos por meio da filosofia; e, finalmente, esse estudo é mais necessário para regrar nossos costumes e conduzir-nos por essa vida do que o uso de nossos olhos para orientar nossos passos.

(*Princípios da filosofia*)

11. Se desejamos seriamente ocupar-nos com o estudo da filosofia e com a busca de todas as verdades que somos capazes de conhecer, tratemos, em primeiro lugar, de nos libertar de nossos preconceitos, e estaremos em condições de rejeitar todas as opiniões que outrora recebemos em nossa crença até que as tenhamos examinado novamente; em seguida, passaremos em revista as noções que estão em nós, e só aceitaremos como verdadeiras as que se apresentarem clara e distintamente a nosso entendimento.

(*Id.*)

12. Quanto às verdades nas quais a teologia não se imiscui, não seria verossímil que um homem que quer ser filósofo aceitasse como verdadeiro o que não conheceu como tal, e que preferisse confiar em seus sentidos, ou seja, nos juízos inconsiderados de sua infância, mais do que em sua razão, quando está em condições de conduzi-la bem.

(*Id.*)

EPICTETO

13. *O filósofo não se anuncia como tal.* – Sócrates dissimulava-se à maioria; iam até ele para que os recomendasse a filósofos. Zangava-se então? Dizia: "E eu, não te pareço um filósofo?" Não, mas conduzia-os a eles e recomendava-os, satisfazendo-se apenas por ser realmente filósofo, feliz também por não se sentir magoado por não parecer filósofo; pois lembrava-se de sua função própria.

(*Dissertações*)

FEUERBACH
14. A filosofia é tomar conhecimento *do que é*. Pensar e conhecer as coisas e os seres *tais quais são*, é esta a lei suprema, é esta a tarefa suprema da filosofia.

(*Teses provisórias para a reforma da filosofia*)

15. *A arte, a religião, a filosofia ou a ciência* não passam dos fenômenos ou das revelações do *ser humano verdadeiro*. Só é homem, homem realizado e verdadeiro, aquele que possui o senso *estético* ou *artístico, religioso* ou *moral* e *filosófico* ou *científico*; só é absolutamente homem aquele que não exclui de si nada de *essencialmente humano*.

(*Princípios da filosofia do futuro*)

FONTENELLE
16. Os verdadeiros filósofos são como elefantes que, ao caminhar, jamais colocam o segundo pé no chão antes de o primeiro estar bem firme.

(*Colóquios sobre a pluralidade dos mundos*)

HEGEL
17. A arte, a religião e a filosofia só diferem pela forma; seu objeto é o mesmo.

(*Estética*)

18. Cada um é filho de seu tempo. O mesmo ocorre com a filosofia, ela resume seu tempo no pensamento. É tão insensato imaginar que uma filosofia qualquer possa ultrapassar o mundo contemporâneo quanto acreditar que um indivíduo possa saltar por cima de seu tempo, possa saltar o rochedo de Rhodes.

(*Princípios da filosofia do direito*)

19. A filosofia sempre vem demasiadamente tarde. Enquanto pensamento do mundo, só aparece quando a realidade realizou e terminou seu processo de formação.

(*Id.*)

20. A coruja de Minerva só alça voo quando a noite cai.

(*Ibid.*)

HUSSERL

21. Quem quiser realmente se tornar filósofo deverá, "uma vez na vida", voltar-se para si mesmo e, no seu interior, tentar derrubar todas as ciências admitidas até agora e tentar reconstruí-las. A filosofia – a sabedoria – é, de certa forma, um caso pessoal do filósofo. Deve constituir-se enquanto *sua*, ser *sua* sabedoria, *seu* saber que, embora tendendo ao universal, é adquirido por ele, e que ele deve poder justificar desde sua origem e em cada uma de suas etapas, baseando-se em suas intuições absolutas.
(Meditações cartesianas)

22. A Europa tem um local de nascimento. Não estou pensando em um território em termos de geografia, embora ela o possua, mas em um local espiritual de nascimento, uma nação ou coração de alguns homens isolados e de grupos de homens pertencentes a essa nação. Essa nação é a Grécia antiga dos séculos VII e VI antes de Cristo. Foi nela que surgiu uma atitude de um novo gênero com relação ao mundo que nos rodeia; daí resultou a irrupção de um tipo absolutamente novo de criações espirituais que rapidamente assumiram as proporções de uma forma cultural nitidamente delimitada. Os gregos deram-lhe o nome de filosofia; corretamente traduzido segundo seu sentido original, esse termo é um outro nome para a ciência universal, a ciência do todo do mundo, da única totalidade que abrange tudo o que é.
(A crise da humanidade europeia e a filosofia)

KANT

23. A filosofia é a ciência da relação que todo conhecimento tem com as finalidades essenciais da humana razão, e o filósofo não é um artista da razão, mas o legislador da razão humana.
(Crítica da razão pura)

24. Quero dizer que a natureza, no que interessa a todos os homens sem distinção, não pode ser acusada de distribuir parcialmente seus dons e que, com respeito às finalidades essenciais da natureza humana, a mais alta filosofia não pode conduzir mais longe do que o faz a direção que ela confiou ao senso comum.
(Ibid.)

25. Existe ainda um *conceito cósmico* da filosofia que sempre serviu de fundamento a essa denominação, sobretudo quando se o personificava, por assim dizer, e imaginava-o como um tipo no ideal do *filósofo*. Sob esse ponto de vista, a filosofia é a ciência da relação que todo conhecimento tem com as finalidades essenciais da humana razão, e o filósofo não é um artista da razão, mas o legislador da razão humana. Nesse sentido, é orgulho demais chamar a si mesmo de filósofo e se pretender ter chegado a igualar o tipo que só existe em ideia.

(*Id.*)

26. *Seria possível haver mais de uma filosofia?* Não apenas houve diferentes maneiras de filosofar e de remontar aos primeiros princípios da razão a fim de fundamentar com maior ou menor sucesso um sistema, como foi ainda necessário que acontecesse um grande número dessas tentativas, cada uma delas tendo algum mérito para a filosofia atual; no entanto, porque objetivamente só pode haver *uma* razão humana, não é possível haver muitas filosofias, ou seja, só existe um verdadeiro sistema racional possível segundo os princípios, por mais diversamente e contraditoriamente, muitas vezes, que se tenha podido filosofar sobre uma única e mesma proposição.

(*Metafísica dos costumes*)

27. A matemática é uma espécie de ramo da indústria, a filosofia é um produto do gênio.

(*Opus postumum*)

28. Nem todos os trabalhos filosóficos merecem o nome de filosofia como ciência, quando não foram apresentados unidos em um sistema.

(*Id.*)

29. Um fosso intransponível separa a filosofia da matemática, embora uma e outra partam de princípios *a priori*; mas uma parte de intuições, a outra de conceitos. Uma mesma razão transporta-nos para mundos diferentes; filosofar em matemática é tão absurdo quanto querer progredir em filosofia graças à matemática; pois entre essas ciências existe uma diferença específica.

(*Id.*)

30. O valor da matemática corresponde ao valor da razão *técnica* prática, o da filosofia, ao valor da razão *moral* prática, e ela tem em vista a finalidade última e categórica, que consiste em formar homens melhores. Para essa última finalidade, a cultura matemática para nada contribui.

(Ibid.)

La Bruyère

31. Bem longe de se assustar ou mesmo de enrubescer com o nome de filósofo, não existe ninguém no mundo que não devesse possuir fortes laivos de filosofia. Ela convém a todos; a sua prática é útil em todas as idades, para todos os sexos e para todas as condições: ela nos consola da felicidade do outro, das preferências indignas, dos fracassos, do declínio de nossas forças ou de nossa beleza; arma-nos contra a pobreza, a velhice, a doença e a morte, contra os tolos e os maus zombeteiros; faz-nos viver sem uma mulher ou faz-nos suportar aquela com quem vivemos!

(Do homem)

Lagneau

32. Decerto não é possível dizer que a filosofia cessa onde começa a clareza (pois uma certa clareza começa com a filosofia); pode-se pelo menos afirmar que, onde a clareza perdura e não se interrompe, a filosofia não começou.

(Da metafísica)

33. Digamos ousadamente: filosofar é explicar, no sentido vulgar dos termos, o claro pelo obscuro, *clarum per obscurius*.

(Id.)

34. A filosofia é a reflexão que resulta em reconhecer sua própria insuficiência e a necessidade de uma ação absoluta partindo de dentro.

(Fragmento 5)

35. A filosofia é a busca da realidade, em primeiro lugar pela reflexão e depois pela realização.

(Fragmento 6)

36. A filosofia é a busca da realidade pelo estudo do espírito considerado em si mesmo e em sua relação com todos os seus objetos.
(*Fragmento 7*)

MARX-ENGELS

37. Os filósofos só fizeram *interpretar* o mundo de diferentes maneiras, o que importa é *transformá-lo*.
(*A ideologia alemã*)

38. A filosofia é para o estudo do mundo real o que o onanismo é para o amor sexual.
(*Id.*)

39. Bastaria que os filósofos transpusessem sua linguagem para a linguagem comum da qual é abstraída para que reconhecessem que ela não passa da linguagem deformada do mundo real e percebessem que nem as ideias, nem a linguagem formam em si um domínio à parte, que elas são apenas as *expressões* da vida real.
(*Id.*)

MERLEAU-PONTY

40. Filosofar é uma maneira entre outras de existir, e ninguém pode se vangloriar de esgotar, como diz Marx, na "existência puramente filosófica" a "existência religiosa", a "existência política", a "existência jurídica", a "existência artística", nem em geral "a verdadeira existência humana". Mas, se o filósofo reconhecer isso, se ele se puser como tarefa acompanhar as outras experiências e as outras existências em sua lógica imanente em vez de se colocar em seu lugar, se abandonar a ilusão de contemplar a totalidade da história rematada e se sentir como todos os outros homens aprisionado nela e diante de um futuro *a fazer*, então a filosofia irá se realizar suprimindo-se como filosofia separada.
(*Sentido e não-sentido*)

41. O filósofo é o homem que desperta e que fala, e o homem contém silenciosamente os paradoxos da filosofia porque, para ser totalmente homem, é preciso ser um pouco mais e um pouco menos que homem.
(*Elogio da filosofia*)

42. A filosofia não é um certo saber, é a vigilância que não nos deixa esquecer a fonte de todo saber.

(*Signos*)

MONTAIGNE

43. Aconselhei na Itália a uma pessoa com dificuldade de falar italiano que, caso procurasse apenas ser compreendida, sem querer ser excelente em seu discurso, que empregasse as primeiras palavras que lhe viessem aos lábios, latinas, francesas, espanholas ou gascãs, e que, acrescentando-lhes a terminação italiana, jamais deixaria de cair em algum idioma do país, toscano, romano, veneziano, piemontês ou napolitano, e de chegar a alguma de tantas formas. Digo o mesmo da filosofia; ela tem tantas faces e variedade e disse tanto, que todos os nossos sonhos e devaneios nela se encontram.

(*Os ensaios*)

NIETZSCHE

44. Assim como a arte dos jardins rococó nasceu deste sentimento: "a natureza é feia, selvagem, enfadonha – vamos, tratemos de embelezá-la (embelezar a natureza)!", deste outro sentimento: "a ciência é feia, árida, desoladora, difícil, árdua – vamos, tratemos de embelezá-la!" renasce constantemente algo que se chama *a filosofia*.

(*Aurora*)

45. Perguntei-me muitas vezes se, afinal, a filosofia até então não teria simplesmente consistido em uma exegese do corpo e em um mal-entendido do corpo.

(*A gaia ciência*)

46. Para viver sozinho, é preciso ser um animal ou um deus, diz Aristóteles. Resta um terceiro caso: é preciso ser os dois ao mesmo tempo... *filósofo*...

(*Crepúsculo dos ídolos*)

47. A filosofia, tal como sempre a compreendi e concebi, consiste em viver voluntariamente nas geleiras e nos picos, em buscar tudo o que, na existência, desorienta e coloca dificuldade, tudo o que até então foi condenado pela moral.

(*Ecce homo*)

48. Como concebo o filósofo: como um aterrorizante explosivo que coloca o mundo todo em perigo; como situo a ideia que concebo do filósofo: a mil léguas de uma noção que engloba ainda até um Kant, sem mesmo falar dos "ruminantes" universitários e outros professores de filosofia...

(*Id.*)

Pio IX
49. Como uma coisa é o filósofo e outra a filosofia, o primeiro tem o direito e o dever de submeter-se a uma autoridade que ele próprio terá reconhecido como verdadeira, enquanto a filosofia não pode nem deve submeter-se a nenhuma autoridade.

(*Sílabo que encerra os principais erros de nosso tempo*)

Platão
50. São filósofos aqueles capazes de atingir o que sempre existe de maneira imutável.

(*A República*)

51. O filho de Clínias, seu jeito é dizer ora certas coisas, ora outras; enquanto o típico da filosofia é sempre dizer as mesmas coisas.

(*Górgias*)

52. Espantar-se: este é um sentimento que é totalmente de um filósofo. A filosofia não tem outra origem, e aquele que fez de Íris filha de Taumante parece não ter se enganado sobre a genealogia.

(*Teeteto*)

Schopenhauer
53. A filosofia é essencialmente a *ciência do mundo*; seu problema é o mundo; só tem de se haver com o mundo; deixa os deuses em paz, mas espera, em compensação, que os deuses a deixem em paz.

(*O mundo como vontade e representação*)

Serres
54. De que serve a filosofia se não abrir todas as aventuras sem proibir nenhuma, a ciência, a douta ignorância, a ingenuidade, a beleza, a embriaguez de Deus?

(*Estátuas*)

Valéry

55. A filosofia não consistiria afinal em fingir ignorar o que se sabe e saber o que se ignora? Ela duvida da existência; mas fala seriamente do "Universo"...

(*O homem e a concha*)

Voltaire

56. O filósofo não é entusiasta, não se erige em profeta, não se diz inspirado pelos deuses; assim não colocarei na categoria dos filósofos nem o antigo Zoroastro, nem Hermes, nem o antigo Orfeu, nem qualquer desses legisladores dos quais as nações da Caldeia, da Pérsia, da Síria, do Egito e da Grécia se vangloriavam. Os que se disseram filhos dos deuses eram os pais da impostura; e, se usaram a mentira para ensinar verdades, eram indignos de ensiná-las; não eram filósofos: eram no máximo mentirosos muito prudentes.

(*Dicionário filosófico*)

Wittgenstein

57. A maioria das proposições e das questões que foram escritas sobre as matérias filosóficas são não falsas, mas desprovidas de sentido. Por esse motivo não podemos absolutamente responder às questões desse gênero, mas somente estabelecer que são desprovidas de sentido.

(*Tratado lógico-filosófico*)

58. O objetivo da filosofia é o esclarecimento lógico do pensamento. A filosofia não é uma doutrina, mas uma atividade.
Uma obra filosófica consiste essencialmente em elucidações.
O resultado da filosofia não é um determinado número de "proposições filosóficas", mas o fato de as proposições serem esclarecidas.
O objetivo da filosofia é tornar claros e delimitar rigorosamente os pensamentos que de outra forma, por assim dizer, são confusos e vagos.

(*Id.*)

59. O método correto da filosofia seria em suma o seguinte: não dizer senão o que pode ser dito, portanto as proposições das

ciências da natureza – portanto algo que nada tem a ver com a filosofia –, e, em seguida, a cada vez que um outro quisesse dizer algo de metafísico, demonstrar-lhe que não deu significado a certos signos em suas proposições. Esse método não seria satisfatório para o outro – ele não teria a sensação de que estamos lhe ensinando filosofia –, mas seria o único rigorosamente correto.

(Id.)

14. HISTÓRIA

ALAIN
1. Em todas as questões, o espírito historiador remonta ao inventor principal e à circunstância decisiva, como se as ideias tivessem sua nascente como os rios. No que há verdade e mentira; pois, em um sentido, a história não prova absolutamente nada; ela nos interessa por uma ideia mostrando-a presa ao drama humano; convida-nos a pensar nela com seriedade.
(Preliminares à mitologia)

2. A meu ver, a lenda é mais verdadeira do que a história.
(História de meus pensamentos)

3. A história é um grande presente e não somente um passado.
(As aventuras do coração)

ARON (RAYMOND)
4. Conhecer o passado é uma maneira de se libertar dele, pois só a verdade permite assentir ou recusar com toda a lucidez.
(Dimensões da consciência histórica)

BAYLE
5. Tempera-se a história mais ou menos como as carnes em uma cozinha. Cada nação as prepara à sua maneira, de modo que a mesma coisa é colocada em tantos pratos diferentes quanto há países no mundo; e, quase sempre, achamos mais agradáveis os que estão de acordo com nossos hábitos.
(Notícias da República das Letras)

CHESTERTON
6. Não existe na história revolução que não seja uma restauração.
(O que há de errado com o mundo)

7. Todos os homens que, na história, exerceram uma verdadeira ação sobre o futuro tinham os olhos fixos no passado.
(*Id.*)

COURNOT

8. Trate-se da previsão do futuro ou da explicação do passado, os limites do poder da razão são os mesmos, daí o nome de *profeta do passado* dado ao historiador nesse sentido: em muitos casos podemos dizer *grosso modo* o que *deve* acontecer, como o que *deve ter* acontecido; levar a previsão ou a explicação teórica até certos detalhes que pertencem ao domínio das causas fortuitas é uma quimera.

(*Tratado do encadeamento das ideias fundamentais nas ciências e na história*)

9. De século em século, a história dos tempos passados é repetida, remanejada, fundida novamente, apropriada pelas ideias e pelas visões das novas gerações sem que haja termo a esse trabalho contínuo de crítica e de síntese, de demolições e de construções alternativas, cada geração construindo para si uma história, como para si constrói casas e, quando ela é rica o suficiente, cidades a seu gosto.

(*Das instituições de instrução pública na França*)

HEGEL

10. A natureza orgânica não tem história.

(*Fenomenologia do espírito*)

11. A verdadeira história objetiva de um povo começa quando ela se torna também uma história escrita.

(*Curso de 1822*)

12. A história não é o lugar da ventura. Os períodos de felicidade são suas páginas em branco.

(*Curso de 1830*)

KANT

13. Pode-se considerar a história da espécie humana aproximadamente como a realização de um plano oculto da natureza para produzir uma constituição política perfeita no plano interior e,

em função desse objetivo a ser atingido, igualmente no plano exterior; é o único estado de coisas no qual a natureza pode desenvolver por completo todas as disposições que ela colocou na humanidade.

(*Ideia de uma história universal de um ponto de vista cosmopolita*)

14. No momento em que o mais talentoso espírito está prestes a realizar as maiores descobertas, no momento em que sua habilidade, sua experiência permitem-lhe alimentar certas esperanças, a velhice já intervém; ele se debilita e deve ceder o lugar a uma segunda geração (que por sua vez retoma tudo desde o bê-a-bá e deve mais uma vez repetir todo o caminho já percorrido): a ela caberá transpor uma nova etapa rumo ao progresso da cultura.

(*Sobre os primórdios da história humana*)

KIERKEGAARD

15. Querer predizer o futuro (profetizar) e querer ouvir a necessidade do passado são uma única e mesma coisa, e é apenas um problema de gosto se determinada geração acha uma coisa mais plausível que a outra.

(*Migalhas filosóficas*)

16. O distanciamento no tempo engana o sentido do espírito como o afastamento no espaço provoca o erro dos sentidos. O contemporâneo não vê a necessidade do que vem a ser, mas, quando há séculos entre o vir a ser e o observador, este vê então a necessidade, tal como aquele que vê à distância o quadrado como redondo.

(*Id.*)

17. Tudo o que é histórico é contingente, pois justamente pelo fato de acontecer, de se tornar histórico, recebe seu momento de contingência, pois a contingência é precisamente o único fator de tudo o que vem a ser.

(*Pós-escrito às migalhas filosóficas*)

LÉVI-STRAUSS

18. Uma história verdadeiramente total neutralizaria a si mesma: seu produto seria igual a zero.

(*O pensamento selvagem*)

19. A história é um conjunto descontínuo formado de domínios de história, cada um dos quais é definido por uma frequência própria e por uma codificação diferencial do antes e do depois.

(Id.)

20. A história não é ligada ao homem, nem a qualquer objeto em particular. Consiste inteiramente em seu método; a experiência comprova que ele é indispensável para inventariar a integralidade dos elementos de uma estrutura qualquer, humana ou não humana. Longe portanto de a pesquisa da inteligibilidade resultar na história como seu ponto de chegada, é a história que serve de ponto de partida para toda busca de inteligibilidade. Assim como se diz de certas carreiras, a história leva a tudo, mas contanto que se saia dela.

(Id.)

MERCIER
21. Os homens conheceram tão pouco sua fraqueza que muitos ousaram empreender histórias universais, mais insensatos que esses bons indianos que atribuíam pelo menos quatro elefantes como base do mundo físico.

(O ano de 2440, sonho se é que houve)

MERLEAU-PONTY
22. De que serve perguntar-se se a história é feita pelos homens ou pelas coisas, já que, evidentemente, as iniciativas humanas não anulam o peso das coisas e que "a força das coisas" sempre opera através dos homens?

(Signos)

23. Estamos no campo da história como no campo da linguagem ou do ser.

(Ibid.)

24. Se a história nos envolve a todos, cabe a nós compreender que o que podemos ter de verdade não se obtém contra a inerência histórica, mas por meio dela. Superficialmente pensada, ela destrói toda verdade; pensada radicalmente, funda uma nova ideia da verdade.

(Id.)

25. O progresso não é necessário de uma necessidade metafísica: pode-se dizer apenas que muito provavelmente a experiência acabará por eliminar as falsas soluções e por se livrar dos impasses. Mas a que preço, por quantos meandros? Não se pode nem mesmo excluir, em princípio, que a humanidade, como uma frase que não consegue se concluir, fracasse no meio do caminho.

Decerto o conjunto dos seres conhecidos pelo nome de homens e definidos pelas características físicas que conhecemos tem também em comum uma luz natural, uma abertura ao ser que torna as aquisições da cultura comunicáveis a todos eles e somente a eles. Mas esse lampejo que encontramos em todo olhar dito humano é visto tanto nas formas mais cruéis do sadismo quanto na pintura italiana. É justamente ele que faz com que tudo seja possível da parte do homem, e até o fim.

(Id.)

NAPOLEÃO I

26. Essa verdade histórica, tão implorada, à qual todos se apressam a apelar, na maioria das vezes não passa de uma palavra: ela é impossível no próprio momento dos acontecimentos, no calor das paixões cruzadas; e se, mais tarde, nos pomos de acordo é porque os interessados, os contraditores não existem mais. Mas o que é então essa verdade histórica a maior parte das vezes? Uma fábula combinada...

(Memorial de Santa Helena)

NIETZSCHE

27. A história pertence ao ser vivo por três razões: porque ele é ativo e ambicioso; porque tem o gosto pela conservação e pela veneração; porque sofre e tem necessidade de libertação. A essa relação tripla corresponde a forma tripla da história, na medida em que é permitido distingui-las: história *monumental*, história *tradicionalista*, história *crítica*.

(Meditações inatuais)

28. Quando o homem que quer criar grandes coisas precisa do passado, usa a história *monumental*. Ao contrário, aquele que quer

perpetuar o que é habitual e há muito venerado se ocupa do passado mais como *antiquário* do que como historiador. Apenas aquele que a necessidade presente sufoca e quer a qualquer preço afastar seu peso sente a necessidade de uma história *crítica*, isto é, que julga e condena.

(*Id.*)

29. A história só é tolerável para personalidades fortes, ela sufoca as personalidade fracas.

(*Id.*)

30. O veredicto do passado é sempre o veredicto de um oráculo. Só o compreendereis se fordes os arquitetos do futuro, os conhecedores do presente.

(*Id.*)

31. A cultura histórica é uma maneira de nascer com os cabelos grisalhos, e os que carregam esse sinal desde a infância acabam necessariamente acreditando na *velhice da humanidade*.

(*Id.*)

32. As grandes guerras modernas são a consequência dos estudos históricos.

(*Aurora*)

33. Os franceses de Corneille e ainda os da Revolução apropriaram-se da antiguidade romana de uma maneira para a qual agora não teríamos mais coragem suficiente – graças a nosso senso histórico superior.

(*A gaia ciência*)

ROUSSEAU
34. Um dos grandes vícios da história é que ela descreve muito mais os homens pelos seus lados ruins do que pelos seus lados bons; como só é interessante pelas revoluções, pelas catástrofes, enquanto um povo cresce e prospera na calma de um governo pacífico, ela nada diz dele; só começa a mencioná-lo quando, não podendo mais bastar a si mesmo, participa dos negócios de seus vizinhos ou os deixa participar dos seus; só o cita quan-

do já está em seu declínio: todas as nossas histórias começam onde deveriam acabar.

(*Emílio ou Da educação*)

SARTRE
35. A noção de *história natural* é absurda: a história não se caracteriza nem pela mudança, nem pela ação pura e simples do passado; é definida pela retomada intencional do passado pelo presente; só poderia haver uma história humana.

(*Situações III*)

SCHOPENHAUER
36. Da mesma forma que um círculo de uma polegada de diâmetro e um círculo de quarenta milhões de milhas de diâmetro têm exatamente as mesmas propriedades geométricas, as aventuras e a história de uma aldeia e de um império são essencialmente as mesmas; e podemos, com tanta facilidade na história da primeira quanto na do segundo, estudar e conhecer a humanidade.

(*O mundo como vontade e representação*)

37. É estar nos antípodas da filosofia imaginar que se pode explicar a essência do mundo com procedimentos de história, por mais graciosamente disfarçados que estejam; e é o vício em que se cai a partir do momento em que, em uma teoria da essência universal considerada em si, introduz-se um devir, seja ele presente, passado ou futuro, a partir do momento em que o antes e o depois aí desempenham um papel, seja ele o menos importante do mundo, a partir do momento em que depois se admite, aberta ou furtivamente, no destino do mundo um ponto inicial e um ponto final, em seguida um caminho que os une e no qual, filosofando, o indivíduo descobre o lugar a que chegou.

(*Id.*)

38. A divisa geral da história deveria ser: *Eadem, sed aliter* – as mesmas coisas, mas de outra maneira.

(*Id.*)

VALÉRY
39. Na história, os personagens cujas cabeças não foram cortadas e os personagens que não mandaram cortar cabeças desaparecem sem deixar vestígios.
É preciso ser vítima ou carrasco, ou sem nenhuma importância.
(*Maus pensamentos e outros*)

40. O que a história pode nos ensinar de mais seguro é que nos enganávamos sobre um ponto de história.
(*Id.*)

41. A história justifica tudo o que se quiser. Não ensina rigorosamente nada, pois contém tudo e dá exemplos de tudo.
(*Da história*)

VIDAL-NAQUET
42. Não existe história possível onde um Estado, uma Igreja, uma comunidade, mesmo respeitável, impõem uma ortodoxia. Porém, inversamente, nenhum livro, por mais rico em documentos sensacionais e em considerações profundas que seja, é uma obra *definitiva*. Esse adjetivo que se lê com frequência demais nas dissertações: "Aqui temos um estudo definitivo sobre..." Não existe estudo definitivo. A história deve ser sempre revisada, refeita. Eu disse: *revisada, refeita*. Não disse: *destruída, desfeita*.
(*Prefácio a Arno Mayer*)

15. HOMEM

ARISTÓTELES
1. O homem é um animal político por natureza.
(A política)

2. O homem é o único animal a se manter ereto.
(Sobre a história dos animais)

BEAUMARCHAIS
3. Beber sem sede e fazer amor a qualquer momento, senhora, só isso nos distingue dos outros animais.
(O casamento de Fígaro)

CAMUS
4. O que é o homem? É essa força que sempre acaba por descartar os tiranos e os deuses.
(Cartas a um amigo alemão)

CHESTERTON
5. Super-homem: essa palavra basta para tornar absurda qualquer discussão em que penetre.
(O que há de errado com o mundo)

COMTE
6. Recomendo-vos a prática diária da Imitação, no original e em Corneille. Procurai um admirável poema sobre a natureza humana, e lede-o propondo-vos a nele substituir Deus pela Humanidade.
(Carta ao senhor de Blignières)

7. O homem propriamente dito, considerado em sua realidade fundamental e não segundo os sonhos materialistas ou espiritualis-

tas, não pode ser compreendido sem o conhecimento preliminar da humanidade da qual ele necessariamente depende.

(*Sistema de política positiva*)

8. Como os vivos são incessantemente e até cada vez mais dirigidos pelos mortos, o verdadeiro sacerdócio poderá constantemente dizer aos mais orgulhosos tiranos: *O homem agita-se, e a humanidade o conduz.*

(*Id.*)

DESCARTES
9. Mas o que é um homem? Direi acaso que é um animal racional? Não decerto, pois me seria necessário em seguida investigar o que é um animal e o que é racional; e, assim, de uma só questão, eu cairia insensivelmente em uma infinidade de outras mais difíceis e mais incômodas; e eu não gostaria de desperdiçar o pouco tempo e o pouco folgar que me resta empregando-os no deslindar de tais dificuldades.

(*Meditações metafísicas*)

DURKHEIM
10. O homem é duplo. Nele há dois seres: um ser individual, que tem sua base no organismo e cujo círculo de ação se encontra, por isso mesmo, estreitamente limitado, e um ser social, que representa em nós a mais elevada realidade na ordem intelectual e moral que podemos conhecer pela observação, isto é, a sociedade.

(*As formas elementares da vida religiosa*)

FEUERBACH
11. O materialista *desprovido de espírito* declara: "O homem distingue-se do animal *unicamente* por sua consciência, é um animal, mas *dotado* de consciência"; mas não observa que se produz dentro do ser que despertou para a consciência uma *modificação qualitativa* do ser inteiro.

(*A essência do cristianismo*)

GOETHE
12. O homem jamais compreende o quanto é antropomorfo.

(*Pensamentos*)

IBN KHALDOUN
13. O homem é filho de seus hábitos e de seus costumes e não de sua natureza e de seu temperamento.

(Prolegômenos)

KANT
14. Nenhuma criatura individual sob as condições individuais de sua existência ajusta-se por inteiro à ideia da maior perfeição de sua espécie (não mais do que o homem é adequado à ideia da humanidade que traz, é verdade, em sua alma como o arquétipo de suas ações).

(Crítica da razão pura)

15. Possuir o Eu em sua representação: esse poder eleva o homem infinitamente acima de todos os outros seres vivos na terra. Por essa razão, é uma pessoa: e, graças à unidade da consciência em todas as mudanças que podem lhe acontecer, ele é uma única e mesma pessoa, isto é, um ser inteiramente diferente, pela categoria e pela dignidade, de *coisas*, como o são os animais sem razão dos quais é possível dispor à vontade.

(Antropologia do ponto de vista pragmático)

LICHTENBERG
16. Valeria a pena investigar se não existe um certo inconveniente em cultivar exageradamente a educação das crianças. Ainda não conhecemos o homem bem o suficiente para retirar inteiramente essa tarefa do acaso, se ouso dizer. Acredito que, se nossos pedagogos conduzissem suas intenções a bom termo, ou seja, se conseguissem manter as crianças sob sua influência absoluta, não teríamos mais um único grande homem.

(Aforismos)

MARCO AURÉLIO
17. É próprio do homem amar mesmo aqueles que o ofendem.

(Pensamentos)

MONTAIGNE
18. O homem não tem nenhum outro animal a temer no mundo tanto quanto ao homem.

(Os ensaios)

PASCAL
19. Que quimera é então o homem? Que novidade, que monstro, que caos, que sujeito de contradição, que prodígio! Juiz de todas as coisas, minhoca imbecil; depositário da verdade, cloaca de incerteza e erro; glória e refugo do universo.
(Pensamentos)

PLATÃO
20. O sentido do termo *ánthropos*, "homem", é que, como os outros animais não são capazes de refletir sobre nada do que veem, ou de raciocinar sobre isso, ou de "estudá-lo", *anathrein*, o homem, ao contrário, ao mesmo tempo que vê, em outras palavras, que "viu", *ópôpe*, "estuda" também, *anathrei*, o que "viu", *ópôpe*, e raciocina sobre isso. Daí o fato de que o homem foi o único entre os animais a ser denominado merecidamente "homem", *ánthropos*: "estudando o que viu", *anathrôn-ha-ópôpe*.
(Crátilo)

PROTÁGORAS
21. O homem é a medida de todas as coisas, medida do ser das coisas que são, medida do não-ser das coisas que não são.
(Discursos aterradores)

SARTRE
22. Ser homem é tender a ser Deus; ou, caso se prefira, o homem é fundamentalmente desejo de ser Deus.
(O ser e o nada)

23. O homem é uma paixão inútil.
(Id.)

SCHOPENHAUER
24. O homem é um animal metafísico.
(O mundo como vontade e representação)

VALÉRY
25. Pensem que talvez não exista em toda a série animal um único ser além do homem que seja mecanicamente capaz de fazer um nó com um fio; e observem, por outro lado, que esse ato banal,

tão banal e fácil, oferece tamanha dificuldade à análise intelectual que os recursos da geometria mais refinada devem ser empregados para resolver só muito imperfeitamente os problemas que ele pode sugerir.

(*Discurso aos cirurgiões*)

WEIL (ÉRIC)
26. É provável que exista um número maior de definições do homem do que de qualquer outro animal, e com razão: não é ele que dá as definições?

(*Lógica da filosofia*)

16. IDEIA

ALAIN
1. Não é difícil ter uma ideia. O difícil é tê-las todas. E o mais difícil é misturá-las, fio e trama, como Platão ensina, para com elas fazer algo que seja quase real.

(Considerações II)

BERKELEY
2. Não posso absolutamente negar que haja ideias gerais, nego apenas que haja *ideias gerais abstratas*.

(Tratado sobre os princípios do conhecimento humano)

3. Não quero transformar as coisas em ideias e sim as ideias em coisas; pois os objetos imediatos da percepção que, segundo vós, são somente as aparências das coisas, considero-os como as próprias coisas reais.

(Três diálogos entre Hilas e Filonous)

DESCARTES
4. Pela palavra *idea*, entendo tudo o que pode estar em nosso pensamento.

(Carta a Mersenne)

5. Deve-se saber que sendo toda ideia uma obra do espírito, sua natureza é tal que não exige de si nenhuma outra realidade formal além daquela que recebe e toma emprestado do pensamento, ou do espírito, do qual ela é apenas um modo, ou seja, uma maneira ou modo de pensar.

(Meditações metafísicas)

6. Observei muitas vezes em muitos exemplos que havia uma grande diferença entre o objeto e sua ideia; como, por exemplo,

encontro em meu espírito duas ideias do sol bem diversas; uma extrai sua origem dos sentidos e deve ser colocada no gênero daquelas que mencionei acima virem de fora, e por ela ele me parece pequeno; a outra é tomada das razões da astronomia, ou seja, de certas noções nascidas comigo, ou enfim é formada por mim mesmo de alguma maneira, e por ela ele me parece muitas vezes maior do que toda a Terra.

(*Ibid.*)

ESPINOSA

7. Chama-se ideia verdadeira a que mostra uma coisa como ela é nela mesma; falsa, a que mostra uma coisa de forma diferente do que é na realidade. Pois as ideias nada mais são do que narrativas ou histórias da natureza no espírito.

(*Pensamentos metafísicos*)

8. Por ideia, entendo um conceito do espírito, formado pelo espírito, porque ele é uma coisa pensante.

(*Ética*)

HEGEL

9. Semelhante a Mercúrio, o condutor das almas, a ideia é na verdade o que conduz os povos e o mundo, e é o Espírito, sua vontade razoável e necessária que guiou e continua a guiar os acontecimentos do mundo.

(*Curso de 1822*)

HUME

10. Por *ideias* entendo as imagens esmaecidas das impressões no pensamento e no raciocínio.

(*Tratado da natureza humana*)

11. Quando aparecem pela primeira vez, todas as nossas ideias simples derivam das impressões simples que a elas correspondem e que elas representam com exatidão.

(*Ibid.*)

KANT

12. Que um homem jamais aja de maneira adequada com relação ao que a ideia pura da virtude contém, não prova que exista

nessa noção algo de quimérico. Isso não impede com efeito que todo juízo sobre o valor ou a falta de valor moral só seja possível por meio dessa ideia; consequentemente, essa ideia serve necessariamente de fundamento a todo progresso rumo à perfeição moral, por mais longe, aliás, que dela nos tenhamos mantido pelos obstáculos que encontramos na natureza humana e cujo grau nos é impossível determinar.

(*Crítica da razão pura*)

13. Entendo por ideia um conceito racional necessário ao qual nenhum objeto que lhe corresponda pode ser dado pelos sentidos.

(*Crítica da razão pura*)

14. A liberdade é uma simples ideia cuja realidade objetiva não pode ser evidenciada de nenhuma maneira segundo as leis da natureza, portanto em nenhuma experiência possível, que, em consequência, justamente porque jamais se pode colocar um exemplo sob ela, segundo alguma analogia, jamais pode ser compreendida nem mesmo apenas percebida.

(*Fundamentos da metafísica dos costumes*)

LEIBNIZ

15. As ideias das coisas nas quais não pensamos atualmente estão contudo em nosso espírito como a forma de Hércules no bloco de mármore.

(*Meditationes de cognitione, veritate et ideis*)

MALEBRANCHE

16. O objeto imediato de nosso espírito, quando vê o sol, por exemplo, não é o sol, mas algo intimamente unido a nossa alma, e é a isso que chamo de *ideia*. Assim, por esse termo *ideia*, não entendo aqui nada mais do que o objeto imediato ou o mais próximo do espírito quando este percebe algum objeto.

(*Procura da verdade*)

MARX-ENGELS

17. A produção das ideias, das representações e da consciência está, em primeiro lugar, direta e intimamente misturada à ativida-

de material e ao comércio material dos homens, ela é a linguagem da vida real.

(*A ideologia alemã*)

PLATÃO

18. No termo do mundo inteligível está a ideia do Bem, difícil de ver, mas que não se pode ver sem concluir que é universalmente a causa de todas as coisas boas e belas, ela que gerou, no mundo visível, a luz e o soberano da luz, sendo ela mesma soberana no mundo inteligível, provedora de verdade e inteligência; é ela que se deve ver quando se quer agir com sensatez na vida pública ou particular.

(*A República*)

19. Se Deus fizesse apenas dois leitos, daí surgiria, em compensação, um terceiro cuja ideia os dois primeiros, por sua vez, realizariam, e seria este, mas não os dois outros, que seria o leito essencial.

(*Id.*)

SCHOPENHAUER

20. A ideia, que é possível a rigor definir como representante adequado do conceito, é absolutamente concreta; por mais que represente uma infinidade de coisas particulares, nem por isso deixa de ser determinada em todas as suas faces; o indivíduo enquanto indivíduo jamais pode conhecê-la; para concebê-la é preciso despojar toda vontade, toda individualidade, e elevar-se ao estado de sujeito conhecedor puro; o que equivale a dizer que ela está escondida de todos, a não ser do gênio e daquele que, graças a uma exaltação de sua faculdade de conhecimento puro (devido, na maioria das vezes, às obras-primas da arte), encontra-se em um estado vizinho do gênio.

(*O mundo como vontade e representação*)

17. ILUSÃO

BAUDELAIRE
1. "As ilusões", dizia-me meu amigo, "talvez sejam em tão grande número quanto as relações dos homens entre si ou entre os homens e as coisas. E, quando a ilusão desaparece, ou seja, quando vemos o ser ou o fato tal como existe fora de nós, experimentamos um sentimento bizarro, metade dele complicada pela lástima da fantasia desaparecida, metade pela surpresa agradável diante da novidade, diante do fato real."
(Pequenos poemas em prosa)

CHAMFORT
2. Quis a natureza que as ilusões existissem tanto para os sábios quanto para os loucos, a fim de que os primeiros não fossem demasiadamente infelizes devido à sua própria sabedoria.
(Pensamentos, máximas e anedotas)

3. O gentil-homem, desenganado de todas as ilusões, é o homem por excelência. Por pouco espírito que tenha, sua companhia é muito agradável. Não poderia ser pedante, pois a nada dá importância. É indulgente, pois se lembra de que teve ilusões, como aqueles que ainda se ocupam com elas.
(Id.)

DELACROIX
4. O que existe de mais real para mim são as ilusões que crio com minha pintura. O resto é areia movediça.
(Diário)

ERASMO
5. O povo não suportaria por muito tempo seu príncipe, o criado seu senhor, a criada sua senhora, o estudante seu preceptor, o

amigo seu amigo, a mulher seu marido, o empregado seu patrão, o colega seu colega, o anfitrião seu hóspede, se um não mantivesse o outro na ilusão, se não houvesse entre eles embuste recíproco, adulação, conivência prudente, enfim, o lenitivo intercâmbio do mel da loucura.

(*Elogio da loucura*)

ESPINOSA

6. Se o grande segredo do regime monárquico e seu principal interesse é enganar os homens e colorir com o nome de religião o medo que deve dominá-los, a fim de que lutem por sua servidão como se se tratasse de sua salvação e acreditem que não é vergonhoso, mas honrado, em seu mais alto grau, derramar seu sangue e dar sua vida para satisfazer a vaidade de um único homem, não se pode, em compensação, nada conceber, nem tentar de mais lastimável em uma república livre, pois é inteiramente contrário à liberdade comum que o livre juízo particular seja submetido aos preconceitos ou sofra qualquer coerção.

(*Tratado teológico-político*)

FREUD

7. A crença na necessidade interna da morte talvez não passe de uma daquelas numerosas ilusões que criamos para tornar "suportável o fardo da existência".

(*Ensaios de psicanálise*)

8. Não, nossa ciência não é uma ilusão. Mas seria uma ilusão acreditar que pudéssemos encontrar em outra parte o que ela não pode nos dar.

(*O futuro de uma ilusão*)

KANT

9. É *ilusão* o engodo que subsiste mesmo quando se sabe que o objeto suposto não existe.

(*Antropologia do ponto de vista pragmático*)

LA BOÉTIE

10. Os tiranos doavam generosamente um quarto de trigo, um sesteiro de vinho e um sestércio; e então dava pena ouvir gritarem:

"Viva o rei!" Os broncos não percebiam que eles só estavam recuperando uma parcela do que era seu e que, exatamente aquilo que recuperavam, o tirano não poderia ter-lhes oferecido se antes não tivesse arrebatado deles próprios.

(*Discurso sobre a servidão voluntária*)

LAGNEAU

11. É característico do erro poder ser refutado pela experiência e pelo raciocínio. As ilusões dos sentidos não podem ser refutadas assim; são apenas maneiras de perceber que não são normais. Aliás, mesmo as maneiras normais de perceber são ilusões; toda percepção é, em suma, uma ilusão.

(*Curso sobre a percepção*)

MARX

12. A vida social, cuja base é formada pela produção material e pelas relações que ela implica, só será libertada da nuvem mística que lhe vela os traços no dia em que nela se manifestar a obra de homens livremente associados agindo conscientemente e senhores de seu próprio movimento social.

(*O capital*)

MONTAIGNE

13. Acreditando ter engolido um espinho com seu pão, uma mulher gritava e atormentava-se como se sentisse uma dor insuportável na goela, onde ela pensava senti-lo preso; porém, como não houvesse nem inchaço, nem qualquer alteração por fora, um homem hábil, julgando que aquilo fosse somente fantasia e sugestão, devidas a algum pedaço de pão que casualmente a espetara, fez com que a mulher o vomitasse e lançou às escondidas naquilo que ela devolvera um espinho torto. A mulher, achando que expulsara o espinho, logo sentiu sua dor aliviar-se.

(*Os ensaios*)

14. É uma pena nos lograrmos com nossas próprias macaquices e invenções, como as crianças que se assustam com o rosto do companheiro que elas próprias sujaram e escureceram.

(*Id.*)

NIETZSCHE

15. A vida precisa de ilusões, isto é, de não-verdades consideradas verdades.

(*O livro do filósofo*)

16. Deve-se estabelecer a proposição: só vivemos graças a ilusões – nossa consciência aflora à superfície.

(*Id.*)

17. Os homens não odeiam a ilusão, mas as consequências deploráveis e hostis de certas espécies de ilusão.

(*Id.*)

18. Quando reina *desenfreado* e leva suas consequências até o fim, o saber histórico desarraiga o futuro porque destrói as ilusões e priva as coisas presentes da atmosfera indispensável à sua vida.

(*Meditações inatuais*)

19. Aquele que destrói ilusões, as suas e as dos outros, a natureza o pune com todo o rigor de um tirano.

(*Id.*)

20. Os sinais distintivos que se atribuem ao "ser-verdade" das coisas são os sinais distintivos do não-ser, do *nada* – edificou-se o "mundo verdadeiro" tomando-se o sentido oposto do mundo real: é de fato um mundo de aparência, na medida em que é uma ilusão de *óptica e de moral*.

(*Crepúsculo dos ídolos*)

PASCAL

21. A vida humana não passa de ilusão perpétua; só fazemos nos entre-enganarmos e nos entre-adularmos. Ninguém fala de nós em nossa presença como fala em nossa ausência. A união que existe entre os homens só se baseia nesse engodo mútuo; e poucas amizades subsistiriam caso cada um de nós soubesse o que nosso amigo diz a nosso respeito quando estamos ausentes, embora fale então com sinceridade e sem paixão.

(*Pensamentos*)

22. E quem duvida que, se sonhássemos em companhia e por acaso os sonhos se harmonizassem, o que é bastante comum, e ficássemos acordados na solidão, não acreditaríamos estarem as coisas invertidas? Enfim, como sonhamos muitas vezes que sonhamos, empilhando um sonho sobre o outro, não seria possível que esta metade da vida em que acreditamos estar acordados fosse ela própria um sonho sobre o qual os outros estão enxertados, do qual despertamos quando da morte, durante a qual dispomos tão pouco dos princípios do bem e da verdade quanto durante o sono natural; esses diferentes pensamentos que nos agitam não seriam talvez apenas ilusões, semelhantes ao passar do tempo e das fantasias vãs de nossos sonhos?

(*Id.*)

PLATÃO
23. Quando julgamos contrariamente à realidade e somos enganados por uma ilusão, manifestamente é um mal que se insinuou em nós sob a ação de certas semelhanças.

(*Fedro*)

RENARD
24. Deve-se ter grandes gordas ilusões: tem-se menos dificuldade para alimentá-las.

(*Diário*)

ROSTAND (JEAN)
25. Neotenia humana: aquele que na idade adulta ainda conserva certas ilusões faz pensar naquelas salamandras mexicanas que até a idade adulta conservam as brânquias do estado larvar.

(*Pensamentos de um biólogo*)

SCHOPENHAUER
26. À verdade opõe-se o *erro*, que é a ilusão da razão, como a realidade tem como contrário a aparência, ilusão do entendimento.

(*O mundo como vontade e representação*)

27. É uma ilusão voluptuosa que engana o homem fazendo-o acreditar que encontrará nos braços de uma mulher cuja beleza o seduz um gozo maior do que nos braços de uma outra, ou inspi-

rando-lhe a firme convicção de que certo indivíduo determinado é o único cuja posse conseguirá proporcionar-lhe a suprema ventura. Imagina igualmente que realiza todos esses esforços e todos esses sacrifícios para sua satisfação pessoal, e é apenas para a conservação do tipo da espécie em toda a sua pureza ou para a procriação de uma individualidade bem determinada que só pode nascer daqueles pais.

(*Id.*)

28. A sedutora miragem do distante mostra-nos paraísos que desvanecem, semelhantes a ilusões de óptica, quando por ela nos deixamos arrebatar. A felicidade então sempre reside no futuro ou ainda no passado, e o presente parece uma nuvenzinha escura que o vento empurra por cima da planície ensolarada; diante dela e atrás dela, tudo é claro; só que ela própria não cessa de projetar uma sombra.

(*Id.*)

STIRNER

29. Que um pobre louco em sua cabana alimente a ilusão de ser Deus Pai, o Imperador do Japão, o Espírito Santo, ou que um bom burguês imagine que foi chamado por seu destino a ser bom cristão, fiel protestante, cidadão leal, homem virtuoso – é identicamente a mesma "ideia fixa"!

(*O único e sua propriedade*)

30. O quanto não se louvou em Sócrates o escrúpulo de probidade que o fez rejeitar o conselho de fugir de sua prisão! Foi de sua parte pura loucura dar aos atenienses o direito de condená-lo. Se foi fraco, foi precisamente *por não fugir*, por conservar a ilusão de que ainda tinha algo em comum com os atenienses e por imaginar ser apenas um membro, um simples membro desse povo... Sócrates deveria saber que os atenienses eram apenas seus inimigos e que ele e apenas ele era seu juiz. A ilusão de uma "justiça", de uma "legalidade", etc. deveria dissipar-se diante da consideração de que toda relação é uma relação de *força*, uma luta de poder contra poder.

(*Id.*)

VALÉRY
31. A clareza nas coisas não práticas *sempre* resulta de uma ilusão.
(*Tal qual I*)

32. A sociedade só vive de ilusões. Toda sociedade é uma espécie de sonho coletivo.
Essas ilusões tornam-se ilusões perigosas quando começam a parar de iludir.
O despertar desse tipo de sonho é um pesadelo.
(*Maus pensamentos e outros*)

18. IMAGINAÇÃO

Agostinho (Santo)
1. As imagens das volúpias oferecem-se a mim sem força no estado de vigília; mas, no sono, elas impõem a mim não somente o prazer, mas o consentimento ao prazer e a ilusão da própria coisa. Essas ficções têm tamanho poder sobre minha alma, sobre minha carne que, embora todas falsas, sugerem a meu sono o que as realidades não conseguem me sugerir quando estou desperto. Deixei então de ser eu mesmo, senhor meu Deus?
(Confissões)

Alain
2. O paradoxo da imaginação reside no fato de que o imaginário nada é e jamais parece. O olhar direto fez os deuses morrerem.
(As ideias e as épocas)

3. O homem de imaginação talvez seja um homem que não sabe se contentar com o que é informe, um homem que quer saber o que imagina.
(Vinte lições sobre as belas-artes)

4. É porque a imaginação é incapaz de criar somente no espírito, é por isso que existem as belas-artes.
(Vinte lições sobre as belas-artes)

Bachelard
5. Sempre se pretende que a imaginação seja a faculdade de *formar* imagens. Ela é antes a faculdade de *deformar* as imagens fornecidas pela percepção, é sobretudo a faculdade de nos liberar das imagens primeiras, de *mudar* as imagens.
(O ar e os sonhos)

6. A imaginação é uma das forças da audácia humana.

(*Id.*)

7. Imaginar é subir um tom na realidade.

(*Id.*)

BRETON

8. Não é o receio da loucura que nos obrigará a deixar enrolada a bandeira da imaginação.

(*Primeiro manifesto do surrealismo*)

COMTE

9. O estado normal da natureza humana subordina tanto a imaginação à razão quanto esta ao sentimento. Qualquer inversão prolongada dessa ordem fundamental é igualmente funesta ao coração e ao espírito. O pretenso reino da imaginação tornar-se-ia ainda mais corruptor que o da razão se não fosse ainda menos compatível com as condições reais da humanidade.

(*Sistema de política positiva*)

10. O próprio sentimento, princípio supremo de toda a nossa existência, subordina-se ao dogma objetivo que a filosofia constrói sobre a ordem exterior que domina a humanidade. Com mais motivos ainda, a imaginação deve submeter-se a ele.

(*Id.*)

11. Nossos aperfeiçoamentos artificiais sempre só podem consistir em modificar com sensatez a ordem natural, que se deve respeitar incessantemente antes de mais nada. Mas, embora mais extensos, nossos embelezamentos imaginários não são menos sujeitos a essa lei fundamental, imposta igualmente pela filosofia positiva à poesia e à política.

(*Id.*)

12. Para a arte social propriamente dita, as utopias são o que os tipos geométricos, mecânicos, etc. são para as artes correspondentes.

(*Id.*)

Descartes

13. Nossa imaginação só é apropriada para representar a si mesma coisas que são evidentes... E como os limites de nossa imaginação são bem curtos e estreitos, ao passo que nosso espírito quase não os tem, há poucas coisas, mesmo corporais, que podemos imaginar, ainda que sejamos capazes de concebê-las.
(Carta a Mersenne)

14. Que se eu quiser pensar em um quilógono, concebo bem na verdade que é uma figura composta de mil lados com tanta facilidade quanto concebo que um triângulo é uma figura composta de apenas três lados, mas não consigo imaginar os mil lados de um quilógono, como consigo imaginar os três de um triângulo, nem, por assim dizer, olhá-los como se estivessem presentes com os olhos de meu espírito.
(Meditações metafísicas)

15. É uma única e mesma força que, se aplicada com a imaginação ao senso comum, é denominada ver, tocar, etc.; se aplicada somente à imaginação, na medida em que esta é coberta de figuras variadas, é denominada lembrar-se; quando aplicada à imaginação para criar novas figuras, é denominada imaginar ou idear; quando, finalmente, age sozinha, é denominada compreender.
(Regras para a orientação do espírito)

Espinosa

16. Como os profetas captaram as revelações divinas com o auxílio da imaginação, não se duvida que puderam perceber muitas coisas que superavam os limites do entendimento; afinal, com palavras e imagens, é possível compor muito mais ideias do que unicamente com os princípios e as noções sobre os quais é construído todo o nosso conhecimento natural.
(Tratado teológico-político)

17. A imaginação é algo vago pelo que a alma padece.
(Tratado da reforma da inteligência)

18. Uma imaginação é uma ideia que indica mais o estado presente do corpo humano do que a natureza de um corpo exterior, decerto não de maneira distinta, mas confusamente.
(Ética)

FREUD
19. O reino da imaginação é uma "reserva" organizada quando da passagem dolorosamente experimentada do princípio do prazer ao princípio de realidade, a fim de permitir um substituto para a satisfação dos instintos à qual é preciso renunciar na vida real.
(Minha vida e a psicanálise)

GOETHE
20. Da mesma forma que havia em Roma, além dos romanos, um povo de estátuas, existe fora deste mundo real um mundo imaginário, talvez bem mais vasto, no qual vive a maioria dos homens.
(Pensamentos)

HOBBES
21. Da mesma forma que na água vemos as ondas, mesmo quando o vento para, ainda durante muito tempo não cessar de ondular, o mesmo acontece com esse movimento que se produz nas partes interiores do homem quando ele vê, quando sonha, etc., porque, após ter se retirado o objeto, ou terem se fechado os olhos, ainda conservamos uma imagem da coisa vista, no entanto menos distinta do que quando a vemos. E é a isto que os latinos dão o nome de *imaginação*, devido à imagem produzida pela visão; e aplicam a mesma palavra às outras sensações, embora impropriamente. Mas os gregos a isso chamam *fantasma*, o que significa aparição, e convém igualmente bem a todas as sensações. A IMAGINAÇÃO não é portanto nada além de uma *sensação em vias de degradação*; nós a encontramos entre os homens e entre muitas outras criaturas vivas, tanto no sono quanto na vigília.
(Leviatã)

HUME
22. Nada é mais livre do que a imaginação humana; embora ela não possa ultrapassar o estoque primitivo das ideias fornecidas pelos sentidos externos e internos, tem um poder ilimitado de mesclar, compor, separar e dividir essas ideias em todas as variedades da ficção e do devaneio.
(Pesquisa sobre o entendimento humano)

KANT

23. A leve pomba que, em voo livre, fende o ar do qual sente a resistência, poderia imaginar que voaria ainda bem melhor no vácuo.

(*Crítica da razão pura*)

24. A IMAGINAÇÃO é o poder de representar para si na intuição um objeto *mesmo em sua ausência*.

(*Id.*)

25. Talvez se possa perdoar à imaginação se às vezes ela divaga, isto é, se não se mantém com prudência nos limites da experiência, pois pelo menos ela é animada e fortalecida pela liberdade de semelhante impulso, e sempre será mais fácil moderar sua ousadia do que vir-lhe em socorro por sua lassidão; mas que o entendimento, que deve pensar, ao invés disso divague, eis o que jamais se poderá perdoar-lhe; pois só com a ajuda do entendimento é possível dar um fim às divagações da imaginação quando isto se torna necessário.

(*Prolegômenos a toda metafísica futura...*)

26. Nas trevas, a imaginação trabalha mais ativamente do que em plena luz.

(*O fim de todas as coisas*)

LICHTENBERG

27. Que importância tem, no mundo, a maneira de apresentar as coisas! Basta o exemplo do café que, *bebido* em um copo de vinho, é uma bebida abominável, ou da carne cortada na mesa com tesouras, ou até, o que vi uma vez, passar manteiga no pão com uma velha navalha muito limpa.

(*Aforismos*)

MALEBRANCHE

28. Os órgãos de nossos sentidos são compostos de filamentos que, de um lado, terminam nas partes externas do corpo e na pele e, do outro, chegam mais ou menos ao meio do cérebro. Ora, esses filamentos podem ser movimentados de duas maneiras, começando pelas pontas que terminam no cérebro ou por aquelas que terminam na parte externa. Como a agitação desses filamentos não

consegue ser transmitida até o cérebro sem que a alma perceba algo, se a agitação começa pela impressão que os objetos exercem sobre a superfície exterior dos filamentos de nossos nervos e se ela é transmitida até o cérebro, então a alma sente e julga que o que sente está do lado de fora, isto é, que percebe um objeto como presente. Mas, se apenas os filamentos interiores são levemente agitados pelo curso dos espíritos animais ou de alguma outra maneira, a alma imagina e julga que o que imagina não está fora, mas dentro do cérebro, ou seja, ela percebe um objeto como ausente. Esta é a diferença entre sentir e imaginar.

(*Sobre a busca da verdade*)

MARCO AURÉLIO
29. Suprime a imaginação. Cessa essa agitação de fantoche.

(*Pensamentos*)

MONTAIGNE
30. É verossímil que o principal crédito dos milagres, das visões, dos encantamentos e de tais efeitos extraordinários provenha do poder da imaginação agindo principalmente contra as almas do vulgar, mais frouxas.

(*Os ensaios*)

31. Que se aloje um filósofo em uma jaula feita de finos fios de ferro espaçados, que esta seja pendurada no alto das torres de Notre Dame de Paris, ele verá por razão evidente que é impossível dali cair e no entanto não conseguirá evitar (se não estiver acostumado ao ofício de telhador) que a vista daquela altura extrema o assuste e enregele.

(*Id.*)

PASCAL
32. É essa parte decepcionante no homem, essa mestra de erro e falsidade e tanto mais embusteira quanto nem sempre o é; pois ela seria regra infalível de verdade, se a fosse infalível da mentira. Mas, como é na maioria das vezes falsa, não oferece nenhuma marca de sua qualidade, marcando com o mesmo caractere o verdadeiro e o falso.

(*Pensamentos*)

33. A imaginação aumenta os pequenos objetos até com eles preencher nossa alma por uma estimação fantástica; e, por uma insolência temerária, ela diminui os grandes até sua medida, como ao falar de Deus.

(*Id.*)

ROUSSEAU

34. O país das quimeras é neste mundo o único digno de ser habitado; e tal é o nada das coisas humanas que, fora o Ser existindo por ele mesmo, não há nada de belo senão o que não é.

(*Júlia ou a Nova Heloísa*)

35. É impossível aos homens e difícil à própria natureza superar minha imaginação em riqueza.

(*Confissões*)

SCHOPENHAUER

36. O homem dotado de imaginação pode de certa forma evocar os espíritos apropriados para lhe revelarem no momento em que quer verdades que a realidade nua das coisas só lhe oferece debilitadas, raramente e quase sempre inoportunamente. Existe entre ele e o homem desprovido de imaginação a mesma relação que entre o animal livre em seus movimentos ou mesmo dotado de asas e a concha soldada em seu rochedo e reduzida a esperar o que o acaso vai de fato lhe trazer.

(*O mundo como vontade e representação*)

VALÉRY

37. O homem inventou o poder das coisas ausentes – pelo que se tornou "poderoso e miserável"; mas, enfim, só por elas é que ele é *homem*.

(*Tal qual I*)

19. INCONSCIENTE

ALAIN

1. Os sonhos seriam inexprimíveis e de imediato sem interesse, ou seja, logo esquecidos sem uma complacência de imaginação. E é esta fraqueza de espírito que faz os loucos.

(Considerações II)

2. Essa ideia do inconsciente, tão louvada e tão bem vendida, de nada me serve; jamais me comportei naturalmente com relação a ela; quando quis usá-la com o intuito de entrar na moda, ela nada captou do homem, nem nada esclareceu.

(Considerações I)

3. O engenhoso sistema de Freud, por um momento célebre, já perde seu crédito pelo seguinte: é demasiado fácil fazer um espírito inquieto acreditar em tudo o que se quiser, a ele que, como diz Stendhal, já tem sua imaginação como inimiga.

(Considerações sobre a felicidade)

4. Nas discussões sobre o inconsciente nas quais, contra todas as autoridades estabelecidas e reconhecidas, jamais cedo uma polegada de terreno, existe mais do que um problema de palavras. Que um mecanismo semelhante ao instinto dos animais nos faça muitas vezes falar e agir e em seguida pensar, isto é conhecido e nem se discute. Mas trata-se de saber se o que sai assim de minhas entranhas, sem que eu o tenha composto, nem deliberado, é uma espécie de oráculo, isto é, um pensamento vindo das profundezas; ou se devo antes considerá-lo como um movimento de natureza que não tem mais sentido do que o movimento da folhagem ao vento.

(Considerações II)

5. Eu devia ser severamente julgado por todos os doutores posto que não me prosternei ante o inconsciente, o subconsciente, o limiar da consciência e outros artigos da filosofia simiesca.

(*História de meus pensamentos*)

FREUD

6. O inconsciente é o próprio psíquico e sua realidade essencial. Sua natureza íntima nos é tão desconhecida quanto a realidade do mundo exterior, e a consciência nos informa a seu respeito de uma maneira tão incompleta quanto nossos órgãos dos sentidos sobre o mundo exterior.

(*A interpretação dos sonhos*)

7. Minha experiência mostrou-me muitas vezes que os que combatem o inconsciente como uma coisa absurda ou impossível não extraíram suas impressões das fontes que me obrigaram, pelo menos a mim, a reconhecer sua existência.

(*A palavra espirituosa e suas relações com o inconsciente*)

8. Adquiri, ademais, a impressão de que a teoria do "inconsciente" deparava principalmente com resistências de ordem afetiva, que se explicam pelo fato de que ninguém quer conhecer seu inconsciente e portanto acha mais expediente negar sua possibilidade.

(*Id.*)

9. Tudo o que é recalcado é inconsciente, mas não podemos afirmar que tudo o que é inconsciente seja recalcado.

(*Delírio e sonhos na Gradiva de Jensen*)

LACAN

10. O inconsciente é essa parte do discurso concreto enquanto transindividual que falta à disposição do sujeito para restabelecer a continuidade de seu discurso consciente.

(*Escritos I*)

11. O inconsciente é o discurso do Outro.

(*Escritos II*)

LAGNEAU
12. O único inconsciente que existe é o que foi agregado automaticamente, sem pensamento no sentido estrito, consequentemente sem consciência e, não tenha estado antes na consciência, não é suscetível de nela tornar a entrar.

(*Lições e fragmentos célebres*)

LEIBNIZ
13. Toda alma conhece o infinito, conhece tudo, mas confusamente. Como, ao passear à beira do mar e ao ouvir o grande barulho que ele faz, ouço os barulhos particulares de cada onda a partir dos quais se compõe o barulho total, mas sem discerni-los; nossas percepções confusas são o resultado das impressões que todo o universo exerce sobre nós.

(*Princípios da natureza e da graça fundamentados na razão*)

MERLEAU-PONTY
14. O *inconsciente* de Freud: basta acompanhar as transformações dessa noção – Proteu na obra de Freud, a diversidade de seus usos, as contradições às quais ela conduz – para se ter certeza de que esta não é uma noção madura e que ainda resta, como Freud dá a entender nos *Ensaios de psicanálise*, formular corretamente o que ele visava sob essa designação provisória.

(*Signos*)

15. O inconsciente não pode ser um processo "em terceira pessoa", pois é ele que escolhe o que de nós será admitido na existência oficial, que evita os pensamentos ou as situações às quais resistimos e que portanto não é um *não saber*, mas antes um saber não reconhecido, não formulado, que não queremos assumir. Numa linguagem aproximativa, Freud está aqui a ponto de descobrir o que outros denominaram melhor *percepção ambígua*.

(*Ibid.*)

16. Enquanto nossa filosofia não nos der os meios de exprimir melhor esse *intemporal*, esse *indestrutível* em nós que é, diz Freud, o próprio inconsciente, talvez seja preferível continuar a chamá-lo de inconsciente – com a única condição de saber que o termo é o indicador de um enigma –, pois conserva, como a

alga ou o seixo que se leva para casa, algo do mar onde foi pego.

(Prefácio à obra de A. Hesnard)

NIETZSCHE

17. Por longos períodos, considerou-se o pensamento consciente como pensamento no sentido absoluto: somente a partir de agora surge em nós a verdade de que a maior parte de nossa atividade intelectual se desenvolve inconsciente e insensível a nós mesmos.

(A gaia ciência)

SCHOPENHAUER

18. Há algo de bem particular na seriedade profunda e inconsciente com a qual dois jovens de sexo diferente, que se veem pela primeira vez, consideram-se um ao outro, no olhar perscrutador e penetrante que lançam um ao outro, nesse exame atento a que submetem reciprocamente todos os traços e todas as partes de sua pessoa. Essa análise tão minuciosa é a *meditação do gênio da espécie* sobre o indivíduo que pode nascer deles e sobre a combinação de suas qualidades. Do resultado dessa meditação depende a força de sua simpatia e de seus desejos recíprocos.

(O mundo como vontade e representação)

20. IRRACIONAL

ALAIN
1. Se eu procurasse algum milagre no mundo, não seriam os acontecimentos extraordinários que eu chamaria de milagres, mas bem mais o curso normal das estações e a forma invariável das constelações. Se algo pudesse provar que há um deus, seria a ordem e não a desordem, e o retorno constante dos dias e das estações, mais do que o espetáculo de um homem caminhando sobre o mar.

(Considerações II)

2. Se considerado em sua singularidade, todo acontecimento é inverossímil antes de ser, mas natural e explicável assim que é. Não insisto nessa ideia, que é bem difícil para todos e para mim; quero apenas mostrar que nesse sentido o milagroso depende de nossos desejos.

(A mitologia humana)

ARNAULD E NICOLE
3. Após se ver tanta gente embevecida com as loucuras da Astrologia judiciária, e pessoas graves tratando essa modalidade seriamente, mais nada surpreende. Há uma constelação no céu que aprouve a algumas pessoas denominar Balança e que se parece tanto com uma balança quanto com um moinho de vento; a balança é o símbolo da justiça: portanto os que nascerem sob essa constelação serão justos e equitativos. Há três outros signos no Zodíaco, um denominado Carneiro, outro Touro, outro Capricórnio, que poderiam também ter sido chamados de Elefante, Crocodilo e Rinoceronte: o Carneiro, o Touro e o Capricórnio são animais que ruminam: portanto, os que tomam medicamentos quando a lua está sob essas constelações correm o risco de

vomitá-los. Por mais extravagantes que sejam esses raciocínios, existem pessoas que os divulgam e outras que se deixam convencer por eles.

(*A lógica ou a arte de pensar*)

BACHELARD
4. A história das ciências é a história das derrotas do irracionalismo.

(*A atividade racionalista da física contemporânea*)

BÍBLIA (A)
5. Jesus Cristo não me enviou para batizar, mas para pregar o Evangelho, e pregá-lo sem utilizar a sabedoria da palavra, para não aniquilar a virtude da cruz de Jesus Cristo. Pois a palavra da cruz é uma loucura para os que se perdem; mas para os que se salvam, ou seja, para nós, ela é o instrumento do poder de Deus.

(*Novo Testamento*)

COMTE
6. Seria supérfluo insistir na tendência involuntária que, mesmo hoje, nos arrasta a todos evidentemente às explicações essencialmente teológicas assim que tentamos penetrar diretamente no mistério inacessível do modo fundamental de produção de quaisquer fenômenos, e sobretudo com relação àqueles dos quais ainda ignoramos as leis reais. Os pensadores mais eminentes podem então constatar sua própria disposição natural ao fetichismo mais ingênuo quando essa ignorância se encontra combinada momentaneamente com alguma paixão acentuada.

(*Discurso sobre o espírito positivo*)

DIDEROT
7. É tão certo que dois mais dois são quatro quanto César ter existido; é tão certo que Jesus Cristo existiu quanto o fato de César ter existido. Portanto, é tão certo Jesus Cristo ter ressuscitado quanto ele ou César terem existido. Oh, isso é que não! A existência de Jesus Cristo e de César não é um milagre.

(*Adição aos pensamentos filosóficos*)

ESPINOSA
8. Quanto aos milagres, estou convencido de que se pode fundamentar a certeza da revelação divina unicamente na sabedoria de seus ensinamentos e não em milagres, ou seja, em ignorância.
(*Carta LXXIII*)

9. Cessai, repito, de chamar de mistérios erros absurdos e de confundir lastimavelmente o desconhecido, o não conhecido ainda com crenças cujo absurdo está demonstrado, como os terríveis segredos dessa Igreja que acreditais ultrapassar tanto mais o entendimento quanto mais chocam a razão íntegra.
(*Carta LXXVI*)

HUME
10. Acredito realmente que nenhum dogma pagão conseguiria dar melhor ensejo ao ridículo do que o dogma da *presença real*. Pois este último é tão absurdo que está além das forças de qualquer argumento. Existem até algumas histórias divertidas desse tipo que, embora bastante sacrílegas, são muitas vezes contadas pelos próprios católicos. Um dia, dizem, um padre deu por inadvertência, à guisa de sacramento, uma ficha que caíra acidentalmente no meio das santas hóstias. O comungante esperou pacientemente por algum tempo, pois esperava que ela se dissolvesse sob sua língua. Porém, ao descobrir que continuava inteira, tirou-a da boca. *Espero*, gritou ao padre, *que não vos tenhais enganado; espero que não me tenhais dado Deus, o Pai: ele é tão duro e coriáceo que não consigo engoli-lo*.
(*A história natural da religião*)

KIERKEGAARD
11. Proponho-me agora extrair da história de Abraão, sob forma de problemas, a dialética que ela comporta para ver que paradoxo inaudito é a fé, paradoxo capaz de fazer de um crime um ato santo e agradável a Deus, paradoxo que devolve a Abraão seu filho, paradoxo que nenhum raciocínio pode reduzir, porque a fé começa precisamente onde a razão termina.
(*Tremor e temor*)

LICHTENBERG
12. Certas pessoas consideram divinas as coisas que não têm qualquer sentido racional. O prazer que sentimos ao contemplar cálculos algébricos inúteis que nós mesmos fizemos entra nessa categoria.

(*Aforismos*)

MONTAIGNE
13. É provável que o principal crédito dos milagres, das visões, dos encantamentos e de tais efeitos extraordinários provenha do poder da imaginação que age principalmente contra as almas do vulgo, mais frouxas.

(*Os ensaios*)

PASCAL
14. Quando considero a curta duração de minha vida, absorvida dentro da eternidade precedente e seguinte, o pequeno espaço que preencho e mesmo que vejo, precipitado na infinita imensidão dos espaços que ignoro e que me ignoram, assusto-me e surpreendo-me de me ver aqui e não lá, pois não há motivos para aqui em vez de lá, para no presente em vez de outra época. Quem me colocou aqui? Por ordem e conduta de quem este lugar e este tempo foram a mim destinados? *Memoria hospitis unius diei praetereuntis*.

(*Pensamentos*)

15. Por que meu conhecimento é limitado? Meu tamanho? Minha duração de cem anos em vez de mil? Que motivo teve a natureza de me concedê-la assim e de escolher esse número e não um outro, na infinidade dos quais não existe motivo para optar entre um ou outro, um não apetecendo mais que o outro?

(*Id.*)

16. A última atitude da razão é reconhecer que há uma infinidade de coisas que a ultrapassam; ela é apenas fraca se não chega a conhecer isso.
Se as coisas naturais a ultrapassam, o que se dirá das sobrenaturais?

(*Id.*)

17. Os milagres são mais importantes do que pensais; serviram para a fundação e servirão para o prosseguimento da Igreja, até o Anticristo, até o fim.

(Id.)

PUTNAM

18. O fato de tomar sem outra explicação, de maneira deliberada e arbitrária, uma decisão que afeta negativamente a vida dos outros (e talvez também nossa própria vida), é um exemplo paradigmático de irracionalidade, e não somente de irracionalidade, mas de perversão.

(Razão, verdade e história)

ROSTAND (JEAN)

19. Trabalhando para o nada, todos nós nos parecemos mais ou menos com aqueles insetos que, movidos pelo instinto estúpido, obstinam-se em depor seus ovos em ninhos estripados.

(Pensamentos de um biólogo)

ROUSSEAU

20. É tão impossível ao homem conceber certos mistérios quanto neles acreditar, e não vejo o que se ganha ensinando-os às crianças, a não ser instruí-las a mentir desde cedo.

(Emílio ou Da educação)

VALÉRY

21. *Significação dos milagres* – O desprezo do deus pelos espíritos humanos assinala-se pelos milagres. Ele julga-os indignos de serem movidos em direção a ele por outras vias que não a do estupor e dos modos mais grosseiros da sensibilidade.

Ele sabe de fato que um corpo que se eleva surpreende-os bem mais do que um corpo que cai; que um morto ressuscitado os arrebata infinitamente mais do que mil crianças que nascem. Ele os toma pelo que são. Desespera de sua inteligência; e, assim, tenta alguns deles a desesperar da sua.

(Tal qual)

21. JUÍZO

ALAIN
1. A partir do momento em que o mais fraco dos homens compreende que pode conservar seu poder de julgar, todo poder externo cai diante deste.
(Considerações II)

2. Nada no mundo tem poder sobre o juízo interior; se é possível te forçar a dizer em plena luz do dia que é noite, nenhum poder pode obrigar-te a pensar isso.
(Ibid.)

ARNAUD E NICOLE
3. Chama-se *julgar* a ação de nosso espírito pela qual, unindo diversas ideias, ele afirma de uma que é a outra, ou nega de uma que seja a outra, como quando, tendo a ideia da Terra e a ideia do redondo, afirmo da Terra que é redonda, ou nego que seja redonda.
(A lógica ou a arte de pensar)

COMTE
4. Nem sempre é possível ou conveniente suspender o juízo.
(Sistema de política positiva)

DESCARTES
5. Experimento em mim mesmo um certo poder de julgar, o qual sem dúvida recebi de Deus, da mesma forma que todo o resto das coisas que possuo.
(Meditações metafísicas)

6. É certo que jamais tomaremos o falso por verdadeiro enquanto julgarmos somente sobre o que percebemos clara e distintamente.
(Os princípios da filosofia)

EPICTETO
7. O que perturba os homens não são os acontecimentos, mas os juízos que fazem dos acontecimentos.
(*Manual*)

HUME
8. Por uma necessidade absoluta e incontrolável, a natureza nos determinou a julgar tanto quanto a respirar e a sentir.
(*Tratado da natureza humana*)

9. O juízo é o conhecimento mediato de um objeto, consequentemente a representação de uma representação desse objeto.
(*Crítica da razão pura*)

10. Podemos reduzir a juízos todos os atos do entendimento, de tal modo que o entendimento em geral pode ser representado como um *poder de julgar*.
(*Id.*)

11. Um juízo não é nada além da maneira de submeter determinados conhecimentos à unidade *objetiva* da apercepção.
(*Id.*)

12. A crença, ou o valor subjetivo do juízo, com relação à convicção (que tem ao mesmo tempo um valor objetivo), apresenta os três graus seguintes: a *opinião*, a *fé* e a *ciência*. A *opinião* é uma crença que tem consciência de ser insuficiente *tanto* subjetiva quanto objetivamente. Se a crença é apenas subjetivamente suficiente e se é ao mesmo tempo considerada objetivamente insuficiente, chama-se *fé*. Enfim, a crença suficiente tanto subjetiva quanto objetivamente chama-se *ciência*.
(*Id.*)

13. O juízo em geral é a faculdade de pensar o particular como compreendido sob o universal.
(*Crítica do juízo*)

LAGNEAU
14. No fundo de todo juízo, encontra-se esta asserção: é verdade que...
(*Curso sobre o juízo*)

Montaigne

15. Não são somente as febres, as bebidas e os grandes acidentes que turvam nosso juízo; as menores coisas do mundo o abalam.

(*Os ensaios*)

16. Todos os juízos em geral são covardes e imperfeitos.

(*Id.*)

Nietzsche

17. O "é" no juízo sintético é falso, comporta uma transposição, duas esferas de ordem diferente são comparadas, entre as quais uma equação jamais pode ser estabelecida.

(*O livro do filósofo*)

Sexto Empírico

18. A fórmula "suspendo meu juízo" significa para nós que o sujeito é incapaz de dizer a que coisa convém conceder ou, ao contrário, recusar crédito. Por isso entendemos que os objetos nos proporcionam representações dignas e indignas de fé. Observemos bem que nada afirmamos quanto à sua igualdade efetiva; mas que essa igualdade se refere somente a nossa representação, tal como acaba de nos afetar. O termo "suspensão de juízo", ou "epoché", provém do estado de suspensão próprio do juízo que se encontra na impossibilidade de afirmar ou negar em virtude da força igual própria aos objetos de sua pesquisa.

(*Hipotiposes pirrônicas*)

22. JUSTIÇA

ALAIN
1. A justiça é o poder estabelecido da parte razoável sobre a parte rapace, ávida, cúpida, ladra, o que conduz a resolver esses problemas do seu e do meu como um árbitro ou pelo árbitro.
Como a parte rapace é bem ardilosa e de início transtorna o juízo, a justiça só se mantém por ardis ou precauções contrárias. O principal é o contrato, que é estabelecido na época em que cupidez ainda não tem objetos presentes. Alguém inventou esse contrato de partilha entre dois herdeiros: "Você divide e eu escolho, ou então eu divido e você escolhe." Isso pode sugerir outros ardis.

(Definições)

2. A injustiça é maquilada como uma prostituta velha. É preciso vê-la antes de ela se arrumar.

(Considerações II)

3. A justiça não existe; a justiça pertence à ordem das coisas que se deve fazer justamente porque não existem.

(Considerações II)

ARISTÓTELES
4. A ação injusta comporta dois extremos: um deles, o menos importante, consiste em sofrer a injustiça; o outro, mais grave, em cometê-la.

(Ética a Nicômaco)

5. Há uma justiça e uma injustiça de que todos os homens têm como que uma intuição e cujo sentimento lhes é natural e comum, mesmo quando não existe entre eles nenhuma comunidade nem nenhum contrato.

(Retórica)

BÍBLIA (A)
6. Bem-aventurados os que têm fome e sede de justiça, pois eles serão saciados!...
Bem-aventurados os que são perseguidos por defenderem a justiça, pois deles é o reino dos céus!
(Novo Testamento)

CHAMFORT
7. O que está exatamente no meio, entre nosso inimigo e nós, parece-nos mais próximo de nosso inimigo. É um efeito das leis da óptica, como aquele pelo qual o jato de água de uma fonte parece mais afastado da borda contrária em que estais.
(Pensamentos, máximas e anedotas)

COMTE
8. Existem organizações viciosas, das quais a humanidade deve se proteger dignamente, sem jamais esperar retificá-las o suficiente. Gall até observou com sabedoria que a abolição total do último suplício, sonhada por uma vaga filantropia, seria diretamente contrária às leis positivas de nossa natureza individual. Ouso acrescentar que ela chocaria ainda mais as que são próprias ao organismo coletivo.
(Sistema de política positiva)

DIDEROT
9. A promulgação pública da graça é uma contradição formal com relação ao objetivo do castigo. A graça sempre mostra um ser abaixo da lei que deve estar sem exceção acima de todos.
(Observações sobre a instrução de S.M.I. aos deputados para a confecção das leis)

EPICURO
10. A justiça nada é em si, só tem sentido nos contratos que ligam as partes e redigidos para declarar que evitaremos nos prejudicar mutuamente.
(Carta a Meneceu)

ESPINOSA
11. A justiça é uma disposição constante de atribuir a cada um o que lhe cabe segundo o direito civil.
(Tratado teológico-político)

12. Não existe nada na natureza que se possa dizer pertencer de direito a um e não a outro, mas tudo é de todos, ou seja, cada um tem direito na medida em que tem poder. Ao contrário, em um Estado, em que a lei comum decide o que é de um e o que é de outro, é chamado de justo aquele que tem uma vontade constante de atribuir o seu a cada um, e injusto, ao contrário, aquele que se esforça por tornar seu o que é de um outro.

(*Tratado político*)

Freud
13. Se o Estado proíbe que o indivíduo recorra à injustiça não é porque queira suprimir a injustiça, mas porque quer monopolizar esse recurso, como monopoliza o sal e o fumo.

(*Ensaios de psicanálise*)

Heráclito
14. Se não houvesse injustiça, ignorar-se-ia até o nome da justiça.

(*Os pensadores gregos antes de Sócrates*)

Hobbes
15. Antes de existir um governo, não há *justo* nem *injusto*, porque a natureza das coisas é relativa a um mando, e toda ação é em si mesma indiferente. A *justiça* ou a *injustiça* provêm do direito daquele que governa.

(*Do cidadão*)

16. Antes que as palavras justo e injusto possam ser utilizadas, é preciso haver um poder coercitivo, por um lado, para obrigar igualmente os homens à execução de seus pactos pelo terror de algum castigo maior do que o benefício que esperam do fato de rompê-los, por outro, para confirmar-lhes a propriedade do que adquirem por contrato mútuo, que compensa o direito universal que abandonam; e tal poder, ele não existe antes do estabelecimento de um Estado.

(*Id.*)

Ibn Khaldoun
17. A existência de um grande bem não pode ocorrer sem que nele se encontre um pouco de mal, o que se deve à matéria (cuja

forma é esse bem). O bem nem por isso está perdido: existe realmente, apesar da pequena quantidade de mal que contém. Eis como se explica a introdução da injustiça na criação.

(*Prolegômenos*)

KANT

18. Se a justiça desaparece, é algo sem valor o fato de viverem os homens sobre a terra. – O que se deve pensar do seguinte projeto: conservar a vida de um criminoso condenado à morte, se ele aceitar que sobre ele se pratiquem experiências perigosas e se for feliz o bastante para delas sair são e salvo, de tal modo que, ao fazerem isso, os médicos adquiram um novo conhecimento, precioso para a coisa pública? É com desprezo que um tribunal rejeitaria o colégio médico que fizesse tal proposta; pois a justiça deixa de ser a justiça a partir do momento em que ela se dá por um preço qualquer.

(*Metafísica dos costumes*)

19. Se o criminoso cometeu um assassinato, deve *morrer*. Não existe aqui qualquer comutação de pena que possa satisfazer a justiça. Não há qualquer *medida comum* entre uma vida, por mais penosa que possa ser, e a morte, e, consequentemente, qualquer igualdade do crime e da reparação, a não ser pela execução legal do culpado com a condição de que a morte seja liberada de qualquer mau tratamento que possa aviltar a humanidade na pessoa do paciente.

(*Id.*)

LA BRUYÈRE

20. O dever dos juízes é fazer justiça; seu ofício, adiá-la. Alguns sabem seu dever e exercem seu ofício.

(*Caracteres*)

LEIBNIZ

21. Como a justiça, considerada de um modo geral, não passa da bondade em conformidade com a sensatez, deve haver de fato também uma justiça soberana em Deus.

(*Princípios da natureza e da graça fundamentados na razão*)

Maquiavel

22. Na época em que se reuniram em sociedade, os homens começaram a conhecer o que é bom e honesto e a distingui-lo do que é vicioso e ruim. Viu-se um homem prejudicar seu benfeitor. Dois sentimentos surgiram no mesmo instante em todos os corações; o ódio pelo ingrato, o amor pelo homem que faz o bem. Censuraram o primeiro e louvaram tanto mais aqueles que, ao contrário, mostraram-se gratos, que cada um deles sentiu que podia experimentar semelhante injúria. Para evitar semelhantes males, os homens determinaram-se a fazer leis e a ordenar punições para quem cometesse contravenções contra elas. Esta foi a origem da justiça.

(*Discursos sobre a primeira década de Tito Lívio*)

Merleau-Ponty

23. Xenofonte fez que dissessem a Sócrates: é possível obedecer às leis desejando que mudem, como se serve na guerra desejando a paz. Não se trata, portanto, de serem boas as leis, mas elas são a ordem, e a ordem é necessária para mudá-las. Quando Sócrates se recusou a fugir, não foi porque reconhecesse o tribunal, foi para melhor recusá-lo. Ao fugir, tornar-se-ia inimigo de Atenas, tornaria a sentença verdadeira. Ao ficar, venceu, absolvido ou condenado, seja por provar sua filosofia fazendo com que fosse aceita pelos juízes, seja por prová-la, ainda uma vez, aceitando a sentença.

(*Elogio da filosofia*)

Montaigne

24. O luto da mulher de Sócrates exacerbava-se diante de tal circunstância: Oh, como esses perversos juízes o fazem morrer injustamente! – Preferirias que fosse justamente? – ele replicou.

(*Os ensaios*)

Montesquieu

25. Não existe tirania mais cruel do que a que se exerce à sombra das leis e com a coloração da justiça, como quando se vai, por assim dizer, afogar infelizes sobre a própria tábua sobre a qual se salvaram.

(*Considerações sobre as causas da grandeza dos romanos e de sua decadência*)

PASCAL
26. A justiça sem a força é impotente; a força sem a justiça é tirânica.

(*Pensamentos*)

27. É necessário que nasçamos culpados – ou Deus seria injusto.

(*Id.*)

PLATÃO
28. Quando se quer realmente combater pela justiça e viver algum tempo, é absolutamente necessário confinar-se na vida privada e não abordar a vida pública.

(*Apologia de Sócrates*)

29. O homem justo não permite que nenhuma parte dele mesmo faça algo que lhe seja alheio, nem que os três princípios de sua alma usurpem suas respectivas funções; ele estabelece, ao contrário, uma verdadeira ordem dentro de si, comanda a si mesmo, disciplina-se, torna-se amigo de si mesmo, harmoniza absolutamente as três partes de sua alma como os três termos da escala musical, o mais alto, o mais baixo, o médio, e todos os tons intermediários que possam existir, reúne todos esses elementos e torna-se uno de múltiplo que era, é conciliador e cheio de harmonia e, a partir desse momento, em tudo que empreende, quer trabalhe para enriquecer, quer marque seu corpo, quer se ocupe de política, quer trate com particulares, julga e sempre denomina justa e bela a ação que mantém esse estado de alma e contribui para realizá-lo, e considera sabedoria a ciência que inspira essa ação; ao contrário, chama injusta a ação que destrói esse estado, e ignorância a opinião que inspira essa ação.

(*A República*)

RENARD
30. Ao contrário do que é dito no Sermão da Montanha, se tens sede de justiça, continuarás a ter sede.

(*Diário*)

31. Sono do justo! O justo não deveria conseguir dormir.

(*Id.*)

Rousseau

32. Toda justiça vem de Deus, só ele é fonte de justiça; porém, se soubéssemos recebê-la de tão alto, não necessitaríamos nem de governo, nem de leis. Decerto existe uma justiça universal que emana unicamente da razão; mas, para ser admitida entre nós, essa justiça deve ser recíproca. Considerando humanamente as coisas, na falta de sanção natural, as leis da justiça são inúteis entre os homens; elas só fazem o bem do mau e o mal do justo, quando este as observa com todo o mundo sem que ninguém as observe com ele. Portanto, são necessárias convenções e leis para unir os direitos aos deveres e reconduzir a justiça a seu objeto.

(O contrato social)

33. No estado de natureza, há uma igualdade de fato real e indestrutível porque é impossível nesse estado que apenas a diferença entre um homem e outro seja grande o suficiente para tornar um dependente do outro. No estado civil, há uma igualdade de direito quimérica e vã, porque os próprios meios destinados a mantê-la servem para destruí-la, e a força pública acrescentada ao mais forte para oprimir o fraco rompe a espécie de equilíbrio que a natureza estabelecera entre eles.

(Emílio ou Da educação)

34. Um inocente perseguido toma, durante muito tempo, por puro amor da justiça, o orgulho de seu pequeno indivíduo.

(Devaneios do caminhante solitário)

Serres

35. Os processos de Sócrates, de Jesus, de Galileu... não são nem de longe exceção... Os arcontes de Atenas, os pontífices de Pôncio Pilatos, os cardeais da cúria, nossa herança consente que se os coloque no pelourinho, onde a eles se juntam os membros do tribunal revolucionário que mandaram cortar a cabeça de Lavoisier, químico, ou os do júri inglês que acuaram Türing, lógico, até o suicídio, quando suas invenções em informática contribuíram de maneira decisiva para salvar as ilhas britânicas da invasão nazista, ou os da justiça soviética, cuja ignomínia freou a biologia em seu país no caso Lyssenko.

(O contrato natural)

STIRNER
36. O quanto não se louvou em Sócrates o escrúpulo de probidade que o fez rejeitar o conselho de fugir de sua prisão! Foi de sua parte pura loucura dar aos atenienses o direito de condená-lo... Se foi fraco, foi precisamente *por não fugir*, por manter a ilusão de que ainda tinha alguma coisa em comum com os atenienses e por imaginar ser apenas um membro, um simples membro, desse povo... Sócrates deveria saber que os atenienses eram apenas seus inimigos e que ele e apenas ele era seu juiz. A ilusão de uma "justiça", de uma "legalidade", etc. deveria dissipar-se diante da consideração de que toda relação é uma relação de *força*, uma luta de poder com poder.

(O único e sua propriedade)

VALÉRY
37. A ideia de justiça é no fundo uma ideia de teatro, de desenlace, de volta ao equilíbrio; depois do que não há mais nada. Todos se vão. Acabou o drama.

(Maus pensamentos e outros)

38. O Justo é uma espécie de ideal do homem que Deus construiu para si.

(Id.)

23. LIBERDADE

ALAIN
1. Pode-se também chamar de destino esse poder interior que acaba por manifestar-se; mas a única coisa em comum entre essa vida tão bem armada e composta e essa telha casual que matou Pirro é o nome. Foi assim que se expressou um sábio, dizendo que a predestinação de Calvino até que se parecia com a própria liberdade.

(Considerações I)

ARISTÓTELES
2. Aquele que lançou uma pedra não pode mais recuperá-la; e, no entanto, dele dependia lançá-la ou deixá-la cair, pois o movimento inicial estava nele. O mesmo ocorre com o homem injusto e com o devasso que, a princípio, poderiam evitar tornar-se assim: daí serem dessa maneira voluntariamente; mas, uma vez que se tornaram injustos e devassos, não podem mais abandonar esse modo de ser.

(Ética a Nicômaco)

BERGSON
3. Chama-se liberdade a relação do eu concreto com o ato que realiza. Essa relação é indefinível, precisamente porque somos livres.

(Ensaio sobre os dados imediatos da consciência)

4. Somos livres quando nossos atos emanam de nossa personalidade inteira, quando eles a exprimem, quando têm com ela essa semelhança indefinível que às vezes se encontra entre a obra e o artista.

(Ibid.)

5. Se somos livres todas as vezes que queremos entrar em nós mesmos, raramente nos acontece querermos entrar.
(*Id.*)

BLUM
6. Toda sociedade que pretende garantir a liberdade aos homens deve começar por garantir-lhes a existência.
(*Novas conversas de Goethe com Eckermann*)

COMTE
7. O espírito só pode realmente optar entre dois mestres, a personalidade e a sociabilidade. Quando se acredita livre, sofre apenas o jugo mais poderoso e menos nobre, que lhe esconde o ascendente do exterior fixando seu destino no interior.
(*Sistema de política positiva*)

DECLARAÇÃO DOS DIREITOS DO HOMEM E DO CIDADÃO
8. A liberdade consiste em poder fazer tudo o que não prejudica o outro, de modo que os únicos limites do exercício dos direitos naturais de cada homem são aqueles que garantem aos outros membros da sociedade o gozo desses mesmos direitos; esses limites só podem ser determinados pela lei.
(*Art. IV*)

DESCARTES
9. Se eu sempre conhecesse com clareza o que é verdadeiro e o que é bom, jamais teria dificuldade de deliberar qual juízo e qual escolha deveria fazer; e assim eu seria inteiramente livre sem jamais ser indiferente.
(*Meditações metafísicas*)

DIDEROT
10. Considerai a palavra liberdade de perto e vereis que é uma palavra vazia de sentido, que não existem e não podem existir seres livres, que somos o que convém à ordem geral, à organização, à educação e à cadeia dos acontecimentos.
(*Correspondência*)

11. Somos fatalistas e a cada instante pensamos, falamos, escrevemos como se perseverássemos no preconceito da liberdade,

preconceito com que fomos ninados, que instituiu a língua vulgar que balbuciamos e da qual continuamos a nos servir sem percebermos que ela não convém mais a nossas opiniões.

(*Refutação metódica da obra de Helvetius intitulada: O homem*)

EPICTETO

12. Se quiseres, és livre; se quiseres, não censurarás ninguém, não te queixarás de ninguém, tudo acontecerá ao mesmo tempo segundo tua vontade e segundo a vontade de Deus.

(*Dissertações*)

13. Diógenes disse em algum lugar: "O único meio de ser livre é estar disposto a morrer"; e escreveu ao rei da Pérsia: "Não podes reduzir à escravidão a cidade de Atenas, não mais do que os peixes do mar." "Como? Não a tomarei?" "Se a tomares, os atenienses farão como os peixes, abandonar-te-ão e irão embora. E, de fato, o peixe que pegas morre; e, se morrem assim que são pegos, de que te servem todos os teus preparativos?" Estas são as palavras de um homem livre que examinou a questão com cuidado e que provavelmente encontrou a resposta.

(*Dissertações*)

ESPINOSA

14. Essa liberdade humana que todos se vangloriam de possuir consiste apenas em que os homens têm consciência de seus apetites e ignoram as causas que os determinam.

(*Carta LVIII*)

15. Quanto a mim, chamo de livre uma coisa que é e age apenas pela necessidade de sua natureza; de coagida, a que é determinada por uma outra a existir e a agir de uma maneira determinada.

(*Ibid.*)

16. Os homens enganam-se quando se acreditam livres; essa opinião consiste apenas em que eles são conscientes de suas ações e ignorantes das causas pelas quais são determinados.

(*Ética*)

17. O homem que é conduzido pela razão é mais livre na cidade onde vive segundo a lei comum do que na solidão, onde só obedece a si mesmo.
(Id.)

18. A liberdade não exclui a necessidade de agir; ao contrário, coloca-a.
(Tratado político)

FOURIER
19. A liberdade é ilusória se não for geral: só existe opressão onde a livre atividade das paixões está restrita à extrema minoria.
(Tratado da associação doméstica e agrícola)

GREGÓRIO XVI
20. Para destruir os Estados mais ricos, mais poderosos, mais gloriosos, bastou unicamente a liberdade excessiva das opiniões, a licença dos discursos e o amor das novidades.
A isto se relaciona a liberdade mais funesta, a liberdade execrável pela qual jamais se sentirá suficiente horror e que alguns ousam com tanto estardalhaço e instância exigir e estender por toda a parte. Queremos dizer a liberdade de imprensa e de publicação.
(Encíclica "Mirari Vos")

21. Da fonte putrefata do indiferentismo decorre esta máxima absurda e errônea, ou antes, este delírio: que se deve buscar e garantir a todos a *liberdade de consciência*.
(Ibid.)

HEGEL
22. A matéria tem sua substância fora dela; mas o Espírito é o que permanece em seu próprio elemento, e é nisso que a liberdade consiste, pois, se sou dependente, reporto-me a outra coisa que não sou eu, e não posso existir sem essa coisa exterior. Sou livre quando estou em meu próprio elemento.
(A razão na história)

23. O direito, a ordem ética, o Estado constituem a única realidade positiva e a única satisfação da liberdade.
(Id.)

HOLBACH
24. A liberdade é a faculdade de fazer por sua própria felicidade tudo o que não prejudica a felicidade de seus associados.
(*O sistema da natureza*)

HUME
25. Normalmente, concorda-se que os loucos não têm liberdade. Porém, a julgar por suas ações, estas têm menos regularidade e constância que as ações dos homens sensatos: portanto, são mais afastadas da necessidade. Nossa maneira de pensar a esse respeito é portanto absolutamente incoerente.
(*Tratado da natureza humana*)

JAURÈS
26. Dar liberdade ao mundo pela força é um empreendimento estranho pleno de acasos ruins. Dando-a, retira-se-a.
(*O novo exército*)

KANT
27. Compreendo por liberdade, no sentido cosmológico, a faculdade de começar de *si mesmo* um estado cuja causalidade não é, por sua vez, subordinada, de acordo com a lei da natureza, a uma outra causa que a determina quanto ao tempo.
(*Crítica da razão pura*)

28. A liberdade é uma ideia simples cuja realidade objetiva não pode ser de maneira alguma colocada em evidência segundo as leis da natureza; portanto, em nenhuma experiência possível, e que, por conseguinte, justamente por jamais ser possível colocar um exemplo sob ela, de acordo com alguma analogia, jamais pode ser compreendida nem mesmo apenas percebida.
(*Fundamentos da metafísica dos costumes*)

29. Suponhamos que alguém afirme, falando de sua inclinação pelo prazer, que lhe é totalmente impossível resistir a ele quando o objeto amado e a oportunidade se apresentam: se, diante da casa onde ele encontra essa ocasião, se erguesse uma forca para pendurá-lo assim que satisfizesse sua paixão, será que não dominaria sua inclinação? Não precisamos pensar muito para saber o que ele responderia. Mas pergunte-lhe se, no caso de

seu príncipe ordenar-lhe, ameaçando-o de morte imediata, prestar sob um pretexto plausível falso testemunho contra um homem honesto que o governante quer perder, ele consideraria possível vencer seu amor pela vida por maior que fosse. Talvez não ousasse garantir que o faria ou não o faria, mas concordaria sem hesitar que isto lhe seria possível. Julga portanto que pode fazer uma coisa porque tem a consciência de que deve fazê-la e reconhece assim nele a liberdade que, sem a lei moral, permaneceria para ele desconhecida.

(*Crítica da razão prática*)

30. Seria possível definir a liberdade prática, a independência da vontade com relação a qualquer lei que não a lei moral.

(*Id.*)

31. É impossível compreender a produção de um ser dotado de liberdade por uma operação física. Não se pode nem mesmo compreender como é possível *Deus criar* seres livres; de fato, parece que todas as suas ações futuras deveriam ser predeterminadas por esse primeiro ato e compreendidas na cadeia da necessidade natural e, consequentemente, elas não seriam livres.

(*Metafísica dos costumes*)

32. *Liberdade* e *lei* (pela qual a liberdade é limitada) são os dois eixos em torno dos quais gira a legislação civil. Mas, a fim de que a lei seja eficaz, em vez de ser uma simples recomendação, deve ser acrescentado um meio-termo, *o poder*, que, ligado aos princípios da liberdade, garanta o sucesso dos da lei. É possível conceber apenas quatro formas de combinação desse último elemento com os dois primeiros:
A. Lei e liberdade sem poder (Anarquia).
B. Lei e poder sem liberdade (Despotismo).
C. Poder sem liberdade nem lei (Barbárie).
D. Poder com liberdade e lei (República).

(*Antropologia do ponto de vista pragmático*)

33. O conceito de liberdade deriva do imperativo categórico do dever.

(*Opus postumum*)

34. O conceito de liberdade fundamenta-se em um fato: o imperativo categórico.

(Id.)

LA BRUYÈRE
35. A liberdade não é ociosidade; é o emprego livre do tempo, é escolher o trabalho e o exercício. Ser livre, em suma, não é não fazer nada, é ser o único árbitro do que se faz ou do que não se faz. Que bem é a liberdade nesse sentido!

(Dos juízos)

LACORDAIRE
36. A liberdade não pode ser aprisionada, e mesmo as correntes que para ela se forjam às vezes servem para estender seu domínio.

(Cartas a um rapaz)

LAGNEAU
37. Um espírito que toma consciência da discordância que sempre existe entre o que afirma e o que é verdadeiramente não pode mais se desfazer de uma espécie de dúvida filosófica. Somos livres na medida em que conservamos um pensamento de fundo. Em todos os casos, a perfeita liberdade de espírito consiste em um ato pelo qual ele compreende a absoluta impossibilidade em que está de encontrar a certeza na experiência.

(Curso sobre o juízo)

LEIBNIZ
38. A liberdade consiste na *inteligência*, que envolve um conhecimento distinto do objeto da deliberação; na *espontaneidade* com a qual nos determinamos; e na *contingência*, isto é, na exclusão da necessidade lógica ou metafísica. A inteligência é como a alma da liberdade, e o resto é como seu corpo e sua base.

(Ensaios de Teodiceia sobre a bondade de Deus, a liberdade do homem e a origem do mal)

LÉVI-STRAUSS
39. Que não haja oposição entre a coerção e a liberdade, que, ao contrário, elas se auxiliem – toda liberdade exercendo-se para contornar ou superar uma coerção, e toda coerção apresentando fissuras ou pontos de menor resistência que são incitações à

criação –, nada, sem dúvida, consegue dissipar melhor a ilusão contemporânea de que a liberdade não suporta entraves e de que a educação, a vida social, a arte requerem para desabrochar um ato de fé na onipotência da espontaneidade: ilusão que certamente não é a causa, mas na qual é possível ver um aspecto significativo da crise que o Ocidente atravessa hoje.

(*O olhar distante*)

LICHTENBERG
40. A doutrina da liberdade humana fornece a prova de que às vezes uma hipótese errônea é preferível a uma hipótese exata.

(*Aforismos*)

41. O homem busca a liberdade onde ela o faria infeliz, ou seja, na vida política, e a rejeita onde ela o faz feliz: fantasia-se cegamente com as opiniões que toma dos outros.

(*Id.*)

MICHELET
42. Para quem conhece os vícios obrigatórios do escravo, a liberdade é *a virtude possível*.

(*O povo*)

MILL
43. A natureza humana não é uma máquina a se construir a partir de um modelo e montada para realizar exatamente a tarefa prescrita, mas uma árvore que exige crescer e desenvolver-se de todos os lados segundo a tendência das forças internas que fazem dela um ser vivo.

(*A liberdade*)

MONTAIGNE
44. A verdadeira liberdade é poder qualquer coisa sobre si.

(*Os ensaios*)

MONTESQUIEU
45. Em um Estado, isto é, em uma sociedade onde há leis, a liberdade só pode consistir em poder fazer o que se deve querer e em não ser obrigado a fazer o que não se deve querer.

(*O espírito das leis*)

46. A liberdade filosófica consiste no exercício de nossa vontade, ou pelo menos (se é preciso falar em todos os sistemas) na opinião que temos de que exercemos nossa vontade. A liberdade política consiste na segurança, ou pelo menos na opinião que temos de nossa segurança.

(Id.)

47. A liberdade, esse bem que faz usufruir os outros bens.

(Meus pensamentos)

48. Um antigo comparou as leis a essas teias de aranha que, só tendo força para deter as moscas, são rompidas pelos pássaros. Quanto a mim, compararia as boas leis a essas grandes redes nas quais os peixes são pegos, mas acreditam estar livres, e as ruins a essas redes nas quais estão tão apertados que logo se sentem presos.

(Ibid.)

NIETZSCHE

49. À BEIRA DA CASCATA – Contemplando uma queda-d'água, acreditamos ver nas inúmeras ondulações, serpenteares, quebras de ondas, liberdade da vontade e capricho; mas tudo é necessidade, cada movimento pode ser calculado matematicamente. O mesmo acontece com as ações humanas; poder-se-ia calcular antecipadamente cada ação, caso se fosse onisciente, e, da mesma maneira, cada progresso do conhecimento, cada erro, cada malvadeza. O homem, agindo ele próprio, tem a ilusão, é verdade, do livre-arbítrio; se por um instante a roda do mundo parasse e houvesse uma inteligência calculadora omnisciente para aproveitar essa pausa, ela poderia continuar a calcular o futuro de cada ser até os tempos mais distantes e marcar cada rasto por onde essa roda a partir de então passaria. A ilusão sobre si mesmo do homem atuante, a convicção de seu livre-arbítrio, pertence igualmente a esse mecanismo, que é objeto de cálculo.

(Humano, demasiado humano)

50. As instituições liberais deixam de ser liberais a partir do momento em que são estabelecidas; em seguida, nada é mais sistema-

ticamente nefasto à liberdade do que as instituições liberais. Sabemos melhor do que ninguém no que resultam: minam a vontade de potência, erigem em sistema moral o nivelamento dos cumes e dos vales, tornam mesquinho, covarde e estroina – nelas, é o animal gregário que sempre triunfa.

(*Crepúsculo dos ídolos*)

PIO IX
51. Todo homem tem liberdade para abraçar e professar a religião que julgar verdadeira à luz da razão.

(*Sílabo que encerra os principais erros de nosso tempo*)

PLATÃO
52. O excesso de liberdade só pode converter-se em excesso de servidão, tanto para um indivíduo em particular quanto para um Estado.

(*A República*)

ROUSSEAU
53. O homem nasceu livre e está acorrentado por toda parte. Um determinado indivíduo acredita-se senhor dos outros e não deixa de ser mais escravo do que eles.

(*O contrato social*)

SARTRE
54. De fato, somos uma liberdade que escolhe, mas não escolhemos ser livres: estamos condenados à liberdade.

(*O ser e o nada*)

55. Só existe liberdade em *situação* e só existe situação por meio da liberdade.

(*Id.*)

56. O que denominamos liberdade é a irredutibilidade da ordem cultural à ordem natural.

(*Crítica da razão dialética*)

TOCQUEVILLE
57. As pequenas nações sempre foram o berço da liberdade política. Aconteceu de a maioria delas perder essa liberdade ao

crescer; o que mostra bem que a liberdade se devia à exiguidade do povo e não ao próprio povo.

(*A democracia na América*)

58. Em vão encarregareis esses mesmos cidadãos que tornastes tão dependentes do poder central de escolher os representantes desse poder de vez em quando; essa utilização tão importante, mas tão curta e rara, de seu livre-arbítrio não impedirá que percam aos poucos a faculdade de pensar, de sentir e de agir por conta própria e que caiam assim gradualmente abaixo do nível da humanidade.

(*Id.*)

Vallès
59. A liberdade de falar, de escrever, de se reunir, com ou sem bandeira – propriedade legítima dos que choraram e sangraram para dá-la de presente à Pátria e que só possuem essa fortuna, os pobres –, é ao mesmo tempo a garantia da paz comum e da segurança pública.

Nos países em que existe livre manifestação, só casualmente há jornadas de tumulto e nunca ocorrem noites de carnificina.

(*O brado do povo*)

Weil (Simone)
60. É bem injusto dizer, por exemplo, que o fascismo aniquila o livre pensamento; na realidade, é a ausência de livre pensamento que torna possível impor pela força doutrinas oficiais totalmente desprovidas de significado.

(*Opressão e liberdade*)

Zenão de Cício
61. Seu escravo roubava, ele fustigava-o. O escravo disse-lhe: "Foi meu destino que me levou a roubar." "E também a ser espancado", tornou Zenão.

(*Vida, doutrina e sentenças dos mais ilustres filósofos*)

24. LINGUAGEM

ALAIN
1. Seja narrativa, poesia ou oração, o discurso constrói um outro mundo, coisas, animais e homens e tudo o que é possível denominar; um mundo que jamais aparece.

(*As artes e os deuses*)

2. Por mais estranho que seja, somos dominados pela necessidade de falar sem saber o que vamos dizer; e esse estado sibilino é originário em cada um de nós; a criança fala naturalmente antes de pensar e é compreendida pelos outros bem antes de compreender a si mesma.

(*Elementos de filosofia*)

ARISTÓTELES
3. A nosso ver, a natureza nada faz em vão; e o homem é o único entre todos os animais a ter o dom da palavra. Ora, enquanto a voz (*phoné*) só serve para indicar a alegria e o sofrimento e, por esse motivo, também pertence aos outros animais (pois sua natureza chega a experimentar as sensações de prazer e de dor e a exprimi-las uns aos outros), o discurso (*lógos*) serve para exprimir o útil e o prejudicial e portanto também o justo e o injusto: pois é característica própria do homem em relação aos outros animais ser o único a ter o sentimento do bem e do mal, do justo e do injusto e outras noções morais, e é a comunidade desses sentimentos que gera família e cidade.

(*A política*)

BACHELARD
4. A linguagem está nos postos de comando da imaginação.

(*A terra e os devaneios da vontade*)

BERGSON
5. Falamos mais do que pensamos.
   (Ensaios sobre os dados imediatos da consciência)

BÍBLIA (A)
6. *A torre de Babel*:
   Toda a terra tinha uma única língua e as mesmas palavras... Disseram: Vamos, edifiquemos para nós uma cidade e uma torre, e que seu cume chegue aos céus, e tornemos célebre nosso nome, para que não sejamos dispersados pela face de toda a terra. E desceu o Eterno para ver a cidade e a torre que os filhos dos homens edificavam. E disse o Eterno: "Ei-los que formam um mesmo povo e têm uma mesma língua para todos eles; e aí está o que empreenderam; agora nada os impedirá de fazer tudo o que projetaram. Vamos, desçamos e confundamos ali sua língua, para que um não entenda mais a língua do outro. E o Eterno os dispersou para longe dali sobre a face de toda a terra, e eles cessaram de edificar a cidade. Por isso, foi chamada pelo nome de Babel, pois ali o Eterno confundiu a linguagem de toda a terra; e dali o Eterno dispersou-os pela face de toda a terra.
   (Antigo Testamento)

7. No início era o Verbo, e o Verbo estava com Deus; e o Verbo era Deus.
   (Novo Testamento)

8. Jesus disse todas essas coisas ao povo por parábolas; não lhes falava sem parábolas; para que esta palavra do profeta se realizasse: Abrirei minha boca para falar em parábolas; publicarei coisas que estiveram ocultas desde a criação do mundo.
   (Novo Testamento)

BLOY
9. Quando um funcionário da administração ou um fabricante de tecidos observa, por exemplo: "que pau que nasce torto morre torto; que não se pode ter tudo; que negócios são negócios; que a medicina é um sacerdócio; que Paris não foi construída em um dia; que as crianças não pedem para vir ao mundo, etc., etc., etc.", o que aconteceria se lhe provássemos instantânea-

mente que um ou outro desses clichês centenários corresponde a alguma Realidade divina, tem o poder de fazer os mundos oscilarem e desencadear impiedosas catástrofes?

(Exegese dos lugares-comuns)

CÉLINE

10. Talvez só haja de terrível entre nós e sobre a terra e no céu aquilo que ainda não foi dito. Só se estará sossegado quando tudo for dito, de uma vez por todas; então, finalmente, far-se-á silêncio e não se terá mais medo de ficar calado. Assim será.

(Viagem ao fundo da noite)

CHAMFORT

11. Para ter uma ideia correta das coisas, deve-se entender as palavras com o significado oposto ao que lhes dão no mundo. Misantropo, por exemplo, quer dizer filantropo; mau francês quer dizer bom cidadão, que indica alguns abusos monstruosos; filósofo, homem simples, que sabe que dois e dois são quatro, etc.

(Pensamentos, máximas e anedotas)

COMTE

12. É sobretudo à religião que a linguagem deve ser diretamente comparada, pois uma e outra se reportam espontaneamente ao conjunto de nossa existência; elas surgem identicamente das próprias funções que são destinadas a regularizar. Sua emanação se realiza de maneira semelhante, segundo duas fontes naturais, uma moral, que dirige, outra intelectual, que assiste, completa e desenvolve. De fato, a linguagem é, como a religião, inspirada pelo coração e construída pelo espírito.

(Sistema de política positiva)

13. Os maiores esforços dos gênios mais sistemáticos não conseguiriam construir pessoalmente qualquer língua real.

(Id.)

14. O público humano é o verdadeiro autor da linguagem, assim como é seu verdadeiro conservador. Uma justa repugnância pelas inovações inoportunas garante assim a conveniência que sempre caracteriza essas aquisições graduais quando se remon-

ta à sua etimologia, porque elas emanam de uma necessidade há muito sentida. Mesmo as ambiguidades, atribuídas com desdém à penúria popular, atestam com frequência paralelos profundos, apreendidos com felicidade pelo instinto comum muitos séculos antes que a razão sistemática possa alcançá-los.

(*Id.*)

15. Em meio às lutas mais renhidas, o homem sempre experimentou uma repugnância involuntária de destruir o inimigo que lhe pedia misericórdia em sua própria língua.

(*Id.*)

16. Era indubitavelmente absurdo esperar a língua universal deixando prevalecer crenças divergentes e costumes hostis. Mas seria também contraditório conceber todas as populações humanas unidas por uma fé positiva dirigindo uma atividade pacífica e falando ou escrevendo línguas ainda diferentes.

(*Id.*)

COURNOT
17. Termos cuja acepção não pode ser ou pelo menos não foi claramente circunscrita até o presente nem de longe deixam de circular no discurso com a indeterminação a eles inerente e com vantagem para o movimento e a manifestação do pensamento.

(*Ensaio sobre os fundamentos do conhecimento*)

18. O pensamento filosófico está bem menos sob a influência das formas da linguagem do que o pensamento poético, mas delas ainda depende, enquanto a ciência é transmitida sem qualquer modificação de um idioma para outro.

(*Id.*)

DERRIDA
19. Quanto aos desafios da escrita, esses não são delimitáveis. Demonstrando que ela não se deixa sujeitar à palavra, pode-se abrir e generalizar o conceito da escrita, estendê-lo até a voz e a todos os traços de diferença, todas as relações com o outro.

(*Entrevistas ao "Le Monde"*)

Descartes

20. Pode-se de fato conceber que uma máquina seja feita de tal forma que profira palavras e até que profira algumas a respeito das ações corporais que provocarão alguma mudança em seus órgãos; de tal forma que, se for tocada em tal lugar, ela pergunte o que querem lhe dizer, se em um outro, ela grite que a estão machucando e coisas semelhantes; mas não conseguirá organizá-las diversamente para corresponder ao sentido de tudo o que for dito em sua presença, como os homens mais embrutecidos podem fazer.
(Discurso do método)

21. Todos os homens dão mais atenção às palavras do que às coisas; o que faz com que concordem muitas vezes com termos que não entendem e que não se preocupam em entender, ou porque acreditam tê-los entendido em outros tempos, ou porque lhes pareceu que aqueles que lhos ensinaram conheciam-lhe o significado e que eles o aprenderam pelo mesmo meio.
(Os princípios da filosofia)

22. Enfim, não existe nenhuma de nossas ações externas que possa garantir àqueles que as examinam que nosso corpo não é apenas uma máquina que se mexe por conta própria, mas que também há nele uma alma que tem pensamentos, com exceção das palavras ou outros sinais feitos a respeito dos assuntos que se apresentam, sem se reportar a nenhuma paixão.
(Carta ao marquês de Newcastle)

23. A palavra tem muito mais força para persuadir do que a escrita.
(Carta a Chanut)

Diderot

24. Não se retém quase nada sem o auxílio das palavras, e as palavras quase nunca bastam para transmitir precisamente o que se sente.
(Pensamentos isolados sobre a pintura, a escultura e a poesia)

Eco

25. Embora todas as coisas desapareçam, delas conservamos nomes puros. Lembro também que Abelardo utilizava o exemplo

do enunciado *nulla rosa est* (não há rosa) para demonstrar até que ponto a linguagem podia falar tanto das coisas suprimidas quanto das coisas inexistentes.

(*Apostila ao "Nome da rosa"*)

ESPINOSA
26. A essência das palavras e das imagens é constituída apenas pelos movimentos corporais que não envolvem de maneira alguma o conceito do pensamento.

(*Ética*)

GADAMER
27. Quanto mais uma conversa é realmente uma conversa, menos seu desenrolar depende da vontade de um ou de outro parceiro. Assim, portanto, a conversa efetivamente mantida jamais é a que queremos manter. Ao contrário, em geral é mais exato dizer que somos arrastados, para não dizer enredados, em uma conversa.

(*Verdade e método*)

GOETHE
28. Todo homem, porque fala, acredita poder falar da palavra.

(*Pensamentos*)

HEGEL
29. Linguagem e trabalho são exteriorizações nas quais o indivíduo não se conserva mais e não se possui mais nele mesmo; mas deixa o interior ir completamente para fora de si e abandona-o à mercê de algo de Outro.

(*Fenomenologia do espírito*)

KANT
30. Não se lesa ninguém com simples palavras, mesmo falsas; basta não acreditar nelas.

(*Opus postumum*)

LAMY (R. P.)
31. Os mudos do grande Senhor falam-se e ouvem-se mesmo na noite mais escura, tocando uns aos outros de diferentes maneiras.

(*A retórica ou a arte de falar*)

LICHTENBERG
32. Na medida em que se distinguem mais coisas em uma língua pela razão, torna-se mais difícil falá-la.

(*Aforismos*)

MALEBRANCHE
33. É realmente preciso distinguir a força e a beleza das palavras da força e da evidência das razões.

(*Procura da verdade*)

MALLARMÉ
34. Dar um sentido mais puro às palavras da tribo.

(*Poesias*)

MERCIER
35. A ciência das línguas desenvolve muito pouco o círculo dos conhecimentos humanos. Consome-se a maior parte da vida sobrecarregando a cabeça de palavras sem aumentar grande coisa do número de ideias próprias. Não seria preferível ter sete pensamentos em uma só língua do que um único pensamento em sete línguas?

(*O ano de 2440, sonho se é que houve*)

MERLEAU-PONTY
36. A palavra não é o "signo" do pensamento, se compreendermos por isso um fenômeno que anuncia outro, como a fumaça anuncia o fogo. A palavra e o pensamento só admitiriam essa relação exterior se uma e outro fossem dados tematicamente; na realidade estão envolvidos uma no outro, o sentido está preso na palavra, e a palavra é a existência exterior do sentido.

(*Fenomenologia da percepção*)

37. As estátuas de Olímpia, que tanto contribuem para nos ligar à Grécia, alimentam contudo também, no estado em que chegaram até nós – esbranquiçadas, quebradas, isoladas da obra integral –, um mito fraudulento da Grécia, não sabem resistir ao tempo como um manuscrito, mesmo incompleto, rasgado, quase ilegível. O texto de Heráclito lança-nos clarões como nenhuma estátua em pedaços pode fazer, porque o significado é nele

deposto de maneira diferente, concentrado de forma diferente do que nelas, e porque nada iguala a ductilidade da palavra. Enfim, a linguagem diz, e as vozes da pintura são as vozes do silêncio.

(*Signos*)

MONTAIGNE

38. Quanto ao falar, é certo que, se não é natural, não é necessário. Todavia, acredito que uma criança que tenha sido criada em plena solidão, afastada de todo comércio (o que seria uma tentativa penosa de se fazer), teria alguma espécie de palavra para exprimir suas concepções; e não é crível que a natureza nos tenha recusado esse meio que deu a muitos outros animais: afinal, o que seria senão falar, essa faculdade que neles vemos de se queixar, de se alegrar, de chamar um ao outro em seu auxílio, de se convidar ao amor, como eles fazem usando sua voz?

(*Os ensaios*)

39. Aconselhei na Itália a uma pessoa com dificuldade de falar italiano que, caso procurasse apenas ser compreendida, sem querer ser excelente em seu discurso, que empregasse as primeiras palavras que lhe viessem aos lábios, latinas, francesas, espanholas ou gascãs, e que, acrescentando-lhes a terminação italiana, jamais deixaria de cair em algum idioma do país, toscano, romano, veneziano, piemontês ou napolitano, e de chegar a alguma de tantas formas.

(*Id.*)

MONTESQUIEU

40. Um príncipe poderia fazer uma bela experiência. Alimentar três ou quatro crianças como animais, com cabras ou amas de leite surdas e mudas. Elas fariam uma língua para si. Examinar essa língua. Ver a natureza em si mesma e desvinculada dos preconceitos da educação; por elas saber, após sua instrução, o que pensariam; exercitar seu espírito dando-lhes todas as coisas necessárias para inventar; enfim, fazer sua história.

(*Cadernos*)

NIETZSCHE

41. Todas as *figuras de retórica* – isto é, a essência da linguagem – são *falsos silogismos*. E é com eles que a razão começa!
    (O livro do filósofo)

42. A linguagem é a expressão adequada de todas as realidades?
    (Id.)

43. Comparadas entre si, as diferentes línguas mostram que jamais se chega pelas palavras à verdade, nem a uma expressão adequada: não fosse isso, não haveria tão grande número de línguas.
    (Id.)

44. A importância da linguagem para o desenvolvimento da civilização reside no fato de que nela o homem colocou um mundo próprio ao lado do outro, posição que julgava bastante sólida para dali erguer o resto do mundo sobre seus eixos e se tornar senhor do mundo.
    (Humano, demasiado humano)

45. Aquele que se sabe profundo esforça-se por ser claro; aquele que gostaria de parecer profundo à multidão esforça-se por ser obscuro.
    (A gaia ciência)

PASCAL

46. As palavras organizadas de maneira diversa produzem um sentido diverso, e os sentidos organizados de maneira diversa produzem efeitos diferentes.
    (Pensamentos)

47. Em amor um silêncio vale mais do que uma linguagem. É bom ficar sem palavras; há uma eloquência no silêncio que penetra mais do que a língua o conseguiria.
    (Discurso sobre as paixões do amor)

PLATÃO

48. O meio mais radical de abolir qualquer espécie de discurso é isolar cada coisa de todas as outras; pois foi a combinação recíproca das formas que deu entre nós origem ao discurso.
    (O sofista)

49. O sentido do termo *ánthropos*, "homem", é que, como os outros animais não são capazes de refletir sobre nada do que veem, ou de raciocinar sobre isso, ou de "estudá-lo", *anathreīn*, o homem, ao contrário, ao mesmo tempo que vê, em outras palavras, que "viu", *opôpé*, "estuda" também, *anathreī*, o que "viu", *opôpé*, e raciocina sobre isso. Daí o fato de que o homem foi o único entre os animais a ser denominado merecidamente "homem", *ánthropos*: "estudando o que viu", *anathrôn-ha-opôpé*.

(*Crátilo*)

50. Quando se está em condições de julgar por qual discurso determinado homem pode ser persuadido e quando se pode, ao ver um indivíduo, penetrá-lo e dizer a si mesmo: Eis o homem, eis o caráter que me ensinaram outrora; está aqui diante de mim, e é necessário aplicar-lhe discursos de tal espécie para persuadi-lo de tal coisa; quando se dominam todos esses meios, quando se sabe, ademais, discernir as ocasiões para falar ou para calar, para ser conciso, comovente, veemente, e se é o caso ou não de recorrer a determinada espécie de discurso aprendido na escola, então ter-se-á alcançado a perfeição da arte; não antes.

(*Fedro*)

Pradines
51. A linguagem parece ter sido sobretudo para a técnica um instrumento de pesquisa... Não há diferença entre a curiosidade silenciosa que faz a criança pesquisar o gesto que abre infalivelmente uma porta aferrolhada e essa curiosidade falante que a faz perguntar: *O que é isso?* E satisfazer-se com a resposta: *É um ferrolho.*

(*Tratado de psicologia geral*)

Quine
52. O empreendimento de tradução revela-se afetado por uma certa indeterminação sistemática... A indeterminação da tradução afeta até a questão de saber quais objetos devem ser dados a um termo como correlato.

(*A palavra e a coisa*)

53. As pessoas ponderadas que não confundem seus desejos com realidades podem ter de tempos em tempos motivos para se per-

guntar sobre o que estão falando e se realmente existe algo sobre o que estão falando.

(*Id.*)

RENARD

54. As palavras são como uma abóbada sobre o pensamento subterrâneo.

(*Diário*)

RETZ (CARDEAL DE)

55. É menos imprudente agir como senhor do que não falar como súdito.

(*Considerações sobre os homens e o governo dos homens*)

ROUSSEAU

56. A linguagem humana não é bastante clara. Caso se dignasse a nos falar em nossas línguas, o próprio Deus nada nos diria que não pudéssemos contestar.

(*Carta a monsenhor de Beaumont*)

57. Para entendermos a linguagem dos inspirados, seria necessário sermos nós mesmos inspirados. Não sendo assim, tudo o que nos dizem de obscuro e inconcebível não passa para nós de palavras sem ideias. É como se nada nos dissessem.

(*Fragmentos preparatórios para a carta a Beaumont*)

SARTRE

58. A linguagem não é um fenômeno superposto ao ser-para-o-outro: é originalmente o ser-para-o-outro, ou seja, o fato de que uma subjetividade se experimenta como objeto para o outro.

(*O ser e o nada*)

SAUSSURE

59. Considerado em si mesmo, o pensamento é como uma nebulosa onde nada é necessariamente delimitado. Não há ideias preestabelecidas, e nada é distinto antes do surgimento da língua.

(*Curso de linguística geral*)

VALÉRY
60. A maioria ignora o que não tem nome; e a maioria acredita na existência de tudo o que tem um nome.

(*Maus pensamentos e outros*)

WEIL (SIMONE)
61. Caso se queira, é possível reduzir toda a arte de viver a um uso correto da linguagem.

(*Lições de filosofia*)

WITTGENSTEIN
62. Tudo o que pode ser dito pode ser dito claramente; e aquilo de que não se pode falar, deve ser calado.

(*Tratado lógico-filosófico*)

63. *Os limites de minha linguagem* significam os limites de meu próprio mundo.

(*Id.*)

64. A linguagem disfarça o pensamento. E principalmente de tal forma que, segundo a forma exterior da vestimenta, não é possível concluir sobre a forma do pensamento disfarçado; porque a forma exterior da vestimenta visa a algo bem diferente do que permitir reconhecer a forma do corpo.
Os arranjos tácitos para a compreensão da linguagem cotidiana são de uma enorme complicação.

(*Id.*)

25. LÓGICA E MATEMÁTICA

ALAIN
1. Assim que entrou na lógica pura, o velho Parmênides nela se encontrou preso e levantou a parca caça do ser e do não-ser.
(Considerações II)

2. A lógica mais rigorosa não passa de um inventário das ligações que fazem uma maneira de dizer depender de uma outra.
(As artes e os deuses)

3. Lógica: ciência que ensina ao espírito o que ele deve a si mesmo, qualquer que seja o objeto que considere. Deve a si mesmo pensar universalmente, ou seja, por provas independentes da experiência.
(Definições)

ARNAUD E NICOLE
4. A lógica é a arte de conduzir bem a razão no conhecimento das coisas, tanto para instruir-se quanto para com ele instruir os outros.
(A lógica ou a arte de pensar)

BACHELARD
5. É pela matemática que se pode verdadeiramente explorar o real até o fundo de suas substâncias e em toda a extensão de sua diversidade.
(O pluralismo coerente da física moderna)

6. A informação matemática nos dá mais que o real, dá-nos o plano do possível, ultrapassa a experiência efetiva da coerência; entrega-nos o compossível.
(A experiência do espaço da física contemporânea)

7. O pensamento lógico tende a apagar sua própria história. Parece, de fato, que as dificuldades da invenção deixam de aparecer a partir do momento em que se pode fazer seu inventário lógico.
(*A atividade racionalista da física contemporânea*)

BERGSON
8. Geometria e lógica são rigorosamente aplicáveis à matéria. Nela sentem-se em casa, podem andar sozinhas. Mas, fora dessa área, o raciocínio puro precisa ser vigiado pelo bom senso, que é algo bem diferente.
(*A evolução criadora*)

9. É da essência do raciocínio encerrar-nos no círculo do dado. Mas a ação rompe o círculo. Se nunca tivéssemos visto um homem nadar, talvez disséssemos que nadar é uma coisa impossível, já que, para aprender a nadar, seria necessário começar mantendo-se sobre a água e, portanto, já saber nadar. O raciocínio fixar-me-ia sempre, de fato, na terra firme.
(*Id.*)

CAVAILLÈS
10. A matemática constitui um devir, isto é, uma realidade irredutível a outra coisa que não ela mesma.
(*Boletim da Sociedade Francesa de Filosofia*)

COMTE
11. Hoje, a ciência matemática é bem menos importante pelos conhecimentos contudo muito reais e muito preciosos que a compõem diretamente do que como o instrumento mais poderoso que o espírito humano pode empregar para a pesquisa das leis dos fenômenos naturais.
(*Curso de filosofia positiva*)

12. A filosofia positiva começou a formar-se pela matemática: é dela que nos vem o *método*.
(*Id.*)

DESCARTES
13. Aqueles que procuram o justo caminho da verdade não devem ocupar-se de nenhum objeto do qual não possam ter uma certeza igual à das demonstrações da aritmética e da geometria.

(Regras para a orientação do espírito)

GOETHE
14. A matemática não pode apagar nenhum preconceito.

(Pensamentos)

HUSSERL
15. A matemática – a ideia de infinito, de tarefas infinitas – é como uma torre babilônia: embora inacabada, continua sendo uma tarefa cheia de sentido, aberta para o infinito; essa infinidade tem por correlato o homem novo com metas infinitas.

(A crise da humanidade europeia e a filosofia)

KANT
16. O critério simplesmente lógico da verdade, isto é, o acordo de um conhecimento com as leis gerais e formais do entendimento e da razão, é, decerto, a *condition sine qua non* e, portanto, a condição negativa de qualquer verdade; mas a lógica não pode ir mais além; nenhuma pedra de toque lhe permite descobrir o erro que atinge não a forma, mas o conteúdo.

(Crítica da razão pura)

17. Desde os tempos mais remotos pelos quais se estende a história da razão humana, a matemática entrou, entre o admirável povo grego, no caminho seguro de uma ciência. Mas não se deve acreditar que lhe tenha sido tão fácil quanto para a lógica, na qual a razão só tem de tratar consigo mesma, encontrar esse caminho direto, ou melhor, traçá-lo para si mesma.

(Crítica da razão pura)

18. A matemática é uma espécie de ramo da indústria, a filosofia é um produto do gênio.

(Opus postumum)

19. Um fosso intransponível separa a filosofia da matemática, embora ambas partam de princípios *a priori*; uma, porém, parte de

intuições, a outra de conceitos. Uma mesma razão transporta-nos para mundos diferentes: filosofar em matemática é tão absurdo quanto querer progredir em filosofia graças à matemática; pois há entre essas ciências uma diferença específica.

(*Id.*)

KIERKEGAARD

20. Se Hegel tivesse publicado sua *Lógica* com o título "o pensamento puro", sem nome de autor, sem data, sem prefácio, sem observações, sem contradição interna professoral, sem explicação incômoda do que só é possível se explicar por si mesmo, se a tivesse publicado como um correlato dos ruídos da natureza no Ceilão: os próprios movimentos do pensamento puro, isso teria sido grego. Assim agiria um grego, caso lhe ocorresse tal ideia. A arte consiste na reduplicação do conteúdo na forma, e, a esse respeito, devemos abster-nos particularmente de todas as reflexões feitas numa forma inadequada. Ora, *a lógica*, com todas as suas observações, provoca uma impressão tão esquisita quanto se um homem mostrasse uma carta do céu, e ele próprio deixasse nela o mata-borrão que só revelaria com demasiada clareza que a carta do céu se originou na terra.

(*Pós-escrito*)

LEIBNIZ

21. A matemática é como a lógica da física.

(*Carta a Frederico Schrader*)

22. De resto, as regras da *lógica comum* não devem ser desprezadas como critérios da verdade das proposições; os geômetras usam-nas, de forma a nada admitir como certo sem a prova de uma experiência minuciosa ou de uma demonstração sólida; ora, é sólida a demonstração que observa a forma prescrita pela lógica.

(*Meditações sobre o conhecimento, a verdade e as ideias*)

LICHTENBERG

23. A matemática é uma ciência muito bela. Os matemáticos porém, muitas vezes, nada valem. Acontece com a matemática quase o mesmo que com a teologia. Da mesma maneira que os homens

que se dedicam à última, por pouco que exerçam uma função pública, pretendem ter um crédito particular de santidade e um parentesco mais estreito com Deus, ainda que entre eles haja um grande número de autênticos tratantes, os pretensos matemáticos exigem com muita frequência ser considerados profundos pensadores, embora entre eles se encontrem as mentes mais entulhadas de mixórdias, incapazes de fazer qualquer trabalho que exija reflexão e que não possa ser reduzido de imediato a essa combinação fácil de sinais que é mais obra da rotina do que do pensamento.

(*Aforismos*)

NIETZSCHE

24. As "verdades" são demonstradas por seus efeitos, não por provas lógicas, mas pelo teste da força.

(*O livro do filósofo*)

25. Vivemos e pensamos unicamente em meio aos efeitos do *ilogismo*, no não saber e no falso saber.

(*Id.*)

PASCAL

26. Para falar-vos com franqueza da geometria, considero-a o mais elevado exercício do espírito; mas ao mesmo tempo reconheço-a como tão inútil, que estabeleço pouca diferença entre um homem que não passa de geômetra e um hábil artesão. Por isso, chamo-o o mais belo ofício do mundo; mas, afinal, não passa de um ofício.

(*Carta a Fermat*)

27. Não é *barbara* e *baralipton* que formam o raciocínio.

(*Do espírito geométrico*)

THOM

28. A matemática é do domínio da abstração, pode ditar coisas no domínio do abstrato, mas não deve ter qualquer pretensão em si mesma à realidade.

(*Entrevistas ao "Le Monde"*)

VALÉRY
29. A lógica só amedronta os lógicos.

(*Tal qual II*)

WITTGENSTEIN
30. A matemática é um método lógico.
    As proposições da matemática são equações, portanto pseudo-proposições.

(*Tratado lógico-filosófico*)

31. A lógica do mundo, mostrada pelas proposições de lógica nas tautologias, a matemática a mostra nas equações.

(*Id.*)

26. MEMÓRIA

AGOSTINHO (SANTO)
1. Ainda não esquecemos totalmente o que nos lembramos de ter esquecido. Não poderíamos buscar uma lembrança perdida se a tivéssemos esquecido por completo.
(*Confissões*)

ALAIN
2. Poderíamos chamar de memória diligente a memória que só faz esclarecer o presente e o futuro próximo sem jamais desdobrar o passado diante de nós; e poderíamos chamar de memória sonhadora a que, ao contrário, agarra a oportunidade do presente para remontar, vagando, o transcorrer dos anos e nos fazer passear pelo reino das sombras.
(*Elementos de filosofia*)

3. Em outros tempos, o rito exigia que não se plantasse qualquer marco sem a presença de uma criança pequena, em quem, de repente, se aplicava um bom tapa; era garantir uma boa testemunha; era fixar uma lembrança.
(*As artes e os deuses*)

CHATEAUBRIAND
4. Uma coisa me humilha: a memória é muitas vezes a qualidade da tolice; pertence em geral aos espíritos grosseiros, os quais torna mais pensantes pela bagagem com a qual os sobrecarrega. E, no entanto, sem a memória, o que seríamos? Esqueceríamos nossas amizades, nossos amores, nossos prazeres, nossos negócios; o gênio não poderia reunir suas ideias; o coração mais afetuoso perderia sua ternura, caso não se recordasse mais dela; nossa existência reduzir-se-ia aos momentos sucessivos de um presente que transcorre sem cessar; não haveria mais passa-

do. Ó que miséria a nossa! Nossa vida é tão vã que não passa de um reflexo de nossa memória.

(*Memórias de além-túmulo*)

DESCARTES
5. No que diz respeito à memória, acredito que a das coisas materiais depende dos vestígios que permanecem no cérebro após alguma imagem ser nele imprimida; e que a das coisas intelectuais depende de alguns outros vestígios que permanecem no próprio pensamento. Mas os últimos são de um gênero completamente distinto dos primeiros, e eu não conseguiria explicá-los por nenhum exemplo inspirado em coisas corporais que não seja bem diferente deles; enquanto os vestígios do cérebro o tornam próprio a agitar a alma da mesma maneira que a agitara antes, e assim a fazê-la lembrar-se de alguma coisa; como as dobras em um pedaço de papel ou em uma roupa fazem com que seja mais fácil dobrá-la agora como já o fora antes do que se jamais tivesse sido assim dobrada.

(*Carta ao padre Mesland*)

ESPINOSA
6. A *Memória* nada mais é do que um certo encadeamento de ideias que envolve a natureza de coisas exteriores ao corpo humano e que acontece segundo a ordem e o encadeamento das afecções desse corpo.

(*Ética*)

7. A alma nada pode imaginar, nem se lembrar de coisas passadas a não ser enquanto o corpo perdura.

(*Id.*)

HUME
8. O papel principal da memória é conservar não simplesmente as ideias, mas sua ordem e sua posição.

(*Tratado da natureza humana*)

JAMES (WILLIAM)
9. Lembrar-se de tudo seria em muitas circunstâncias tão desagradável quanto de nada se lembrar; para recordar uma determinada

porção de nosso passado, seria necessário exatamente o tempo que foi preciso para vivê-la, e jamais acabaríamos de pensar.

(*Compêndio de psicologia*)

JANET

10. A memória é uma reação social na condição de ausência.

(*A evolução da memória e a noção de tempo*)

KANT

11. A memória difere da imaginação puramente reprodutora pelo fato de ter o poder de reproduzir voluntariamente a representação anterior: o espírito, portanto, não é um mero joguete.

(*Antropologia do ponto de vista pragmático*)

LEIBNIZ

12. A memória fornece uma espécie de *consecução* às almas, que imita a razão, mas dela deve ser distinguida.

(*Monadologia*)

MALEBRANCHE

13. Da mesma forma que os galhos de uma árvore que permaneceram por algum tempo curvados de uma determinada forma conservam certa facilidade para serem curvados novamente da mesma maneira, as fibras do cérebro, uma vez tendo recebido certas impressões por intermédio dos espíritos animais e pela ação dos objetos, conservam por bastante tempo alguma facilidade para receber essas mesmas disposições. Ora, a memória consiste apenas nessa facilidade, já que se pensa nas mesmas coisas quando o cérebro recebe as mesmas impressões.

(*Procura da verdade*)

NIETZSCHE

14. Sem cessar, uma folha após a outra se desprende do rolo do tempo, cai, flutua por um momento, depois torna a cair nos joelhos do homem. O homem então diz: "Lembro-me", e inveja o animal que se esquece de imediato e que vê de fato morrer o instante assim que ele torna a cair na bruma e na noite e se apaga para sempre.

(*Meditações inatuais*)

15. É possível viver quase sem lembranças e viver feliz, como demonstra o animal, mas é impossível viver sem esquecer.
(*Id.*)

16. Talvez não exista nada de mais terrível e de mais inquietante na pré-história do homem do que sua *mnemotécnica*. "Aplica-se uma coisa com um ferro incandescente para que ela permaneça na memória: só o que não cessa de *fazer sofrer* permanece na memória" – este é um dos principais axiomas da psicologia mais antiga que existiu sobre a terra (e infelizmente também da psicologia que mais tempo durou).
(*A genealogia da moral*)

RENARD
17. As águas verdes da memória, onde tudo cai. E é necessário remexer. Algumas coisas tornam a subir à superfície.
(*Diário*)

REUCHLIN
18. Foram realizadas algumas pesquisas sobre as bases bioquímicas da memória. A informação colocada na memória poderia ser "codificada" por certas modificações de estrutura das moléculas das substâncias químicas que compõem as células em geral e os neurônios em particular. Esses mecanismos bioquímicos poderiam explicar o funcionamento da memória a longo prazo.
Outras pesquisas interessam-se sobretudo pelo funcionamento de um conjunto de células nervosas ligadas umas às outras, mas que podem estar dispersas topograficamente... Todas essas pesquisas são muitas vezes ligadas às pesquisas psicofisiológicas sobre o aprendizado. Constituem, no entanto, um campo próprio que se desenvolveu bastante nos últimos anos.
(*Psicologia*)

ROUSSEAU
19. Embora a memória e o raciocínio sejam duas faculdades essencialmente diferentes, uma só se desenvolve completamente com a outra.
(*Emílio ou Da educação*)

SARTRE
20. Toda teoria sobre a memória implica uma pressuposição sobre o ser do passado.
(O ser e o nada)

SCHOPENHAUER
21. A memória age como a lente convergente na câmara escura: reduz todas as dimensões e produz, dessa forma, uma imagem bem mais bela do que o original.
(Aforismos para a sabedoria de vida)

VALÉRY
22. Se só houvesse no mundo cinco ou seis pessoas que tivessem o dom da lembrança, como existem as que têm visões sobrenaturais e percepções extraordinárias, delas se diria: Aqui estão os seres admiráveis nos quais reside o que foi...
Esses videntes seriam colocados acima dos profetas, e a pura memória, acima do maior gênio. Uma amnésia geral mudaria os valores do mundo intelectual.
(Tal qual I)

27. METAFÍSICA

ADORNO
1. Exigir da filosofia que ela aborde a questão do ser ou outros temas principais da metafísica ocidental é alimentar uma crença primitiva na virtude do assunto tratado.
(Dialética negativa)

BERGSON
2. A metafísica nada tem em comum com uma generalização da experiência e, contudo, ela poderia definir-se como a *experiência integral*.
(O pensamento e o movente)

COMTE
3. A metafísica deriva, tanto dogmática quanto historicamente, da própria teologia, da qual jamais poderia constituir senão uma modificação dissolvente.
(Discurso sobre o espírito positivo)

DESCARTES
4. Toda a filosofia é como uma árvore, cujas raízes são a metafísica, o tronco é a física, e os galhos que saem do tronco são todas as outras ciências, que se reduzem a três principais, a saber, a medicina, a mecânica e a moral.
(Os princípios da filosofia)

HEIDEGGER
5. A metafísica é platônica de cima a baixo.
(O fim da filosofia e a tarefa do pensamento)

6. Se consciente das questões que lhe são próprias e das pressuposições que elas implicam, nenhuma antropologia poderia ter nem

mesmo a pretensão de desenvolver o *problema* do fundamento sobre o qual a metafísica deve repousar; com mais motivos ainda, qualquer esperança de conduzir esse problema a bom termo lhe é proibida. A questão inevitável, a partir do momento em que se trata de colocar o fundamento da metafísica – ou seja: o que é o homem? –, assume-a a metafísica da realidade humana.

(*O que é a metafísica*)

KANT
7. A *filosofia primeira*, que contém *os princípios* do uso do *entendimento puro*, é a METAFÍSICA.

(*Dissertação de 1770*)

8. Um sistema *a priori* do conhecimento por simples conceitos chama-se *metafísica*.

(*Metafísica dos costumes*)

LAGNEAU
9. A psicologia em sua origem e em seu fundamento é a própria metafísica.

(*Fragmento 10*)

LEIBNIZ
10. Quanto a mim, concordo inteiramente com que todos os fenômenos particulares da natureza poderiam ser explicados pela mecânica se dela tivéssemos conhecimento suficiente e com que não há outro meio de explicar as causas das coisas materiais; mas penso que jamais se deve cessar de considerar que esses próprios Princípios Mecânicos, isto é, as Leis gerais da natureza, nascem de princípios mais elevados e não podem ser explicados unicamente pela consideração da quantidade e das relações geométricas; que, bem ao contrário, há neles algo de Metafísica, independente das noções que a imaginação nos fornece e que se deve relacionar a uma substância sem extensão.

(*Animadversiones in parten generalem Principiorum Cartesianorum*)

11. Parece-me que a metafísica tem ainda mais necessidade de luz e de certeza que a própria matemática, porque as verdades matemáticas carregam consigo seus controles e suas confirmações, o que é a principal causa de seu sucesso, enquanto em metafísica somos privados dessa vantagem.

(Da reforma da filosofia primeira e da noção de substância)

NIETZSCHE

12. Mundo metafísico – por melhor que se provasse a existência de semelhante mundo, ainda continuaria estabelecido que seu conhecimento é o mais indiferente de todos os conhecimentos, mais indiferente ainda do que deve ser para o navegador na tempestade o conhecimento da análise química da água.

(Humano, demasiado humano)

SCHOPENHAUER

13. Os templos e as igrejas, os pagodes e as mesquitas em todos os países, em todas as épocas, em sua magnificência e em sua grandeza, testemunham essa necessidade metafísica do homem que, onipotente e indelével, vem imediatamente após a necessidade física.

(O mundo como vontade e representação)

VALÉRY

14. A metafísica consiste em fingir que se pensa A enquanto se pensa B e se opera sobre B.

(Tal qual II)

15. O pássaro Metafísica afugentado de um lugar para o outro, importunado na torre, fugindo da natureza, incomodado em seu ninho, vigiado na linguagem, indo aninhar-se na morte, nas mesas, na música...

(Maus pensamentos e outros)

VATTIMO

16. Quando Emmanuel Lévinas opõe ao fundamento metafísico o deus autoritário, sai da metafísica, mas pela porta dos fundos, por um recurso a algo que nem mesmo sofreu a primeira secula-

rização, a transformação do deus autoritário em um fundamento metafísico, lógico, argumentável.
(*Elogio do pensamento fraco*)

WITTGENSTEIN
17. Os problemas mais profundos não são *absolutamente* problemas.
(*Tratado lógico-filosófico*)

28. MORAL

ARISTÓTELES
1. Não se deve escutar as pessoas que nos aconselham, sob o pretexto de que somos homens, de só pensar nas coisas humanas e, sob pretexto de que somos mortais, de renunciar às coisas imortais. Mas, na medida do possível, devemos nos tornar imortais e tudo fazer para viver conforme à parte mais excelente de nós mesmos, pois o princípio divino, por mais fraco que seja por suas dimensões, prevalece, e muito, sobre qualquer outra coisa por seu poder e seu valor.
(Ética a Nicômaco)

CHAMFORT
2. O princípio de qualquer sociedade é fazer justiça a si mesma e aos outros. Se devemos amar o próximo como a nós mesmos, é pelo menos tão justo amar a nós mesmos como ao próximo.
(Pensamentos, máximas e anedotas)

CHESTERTON
3. O homem mais importante deste mundo terreno é o homem perfeito que não está nele.
(O que há de errado com o mundo)

CÍCERO
4. Quando se está em desacordo quanto ao bem soberano, é quanto a toda a filosofia que se está em desacordo.
(De finibus)

COMTE
5. As principais dificuldades sociais não são hoje essencialmente políticas, mas sobretudo morais, de modo que sua solução possível depende realmente muito mais das opiniões e dos costumes do que

das instituições; o que tende a aniquilar uma atividade perturbadora, transformando a agitação política em movimento filosófico.
(*Discurso sobre o espírito positivo*)

DESCARTES
6. É verdade que tenho o hábito de recusar-me a escrever meus pensamentos referentes à moral, e isto por duas razões: a primeira é que não existe assunto no qual os astuciosos possam encontrar com mais facilidade pretextos para calúnias; a segunda é que acredito que só cabe aos soberanos, ou àqueles autorizados por eles, pôr-se a regulamentar os costumes dos outros.
(*Carta a Chanut*)

DIDEROT
7. Existe uma única virtude, a justiça; um único dever, ser feliz; um único corolário, às vezes desprezar a vida.
(*Conversas com Catarina II*)

EPICTETO
8. Todas as coisas têm duas alças, uma que permite segurá-la, outra que não permite isso.
(*Manual*)

ESPINOSA
9. Deixo cada um viver segundo sua compleição, e aceito que os que assim o queiram morram pelo que acreditam ser seu bem, contanto que me seja permitido, a mim, viver pela verdade.
(*Carta XXX a Oldenburg*)

KANT
10. Tratemos agora de limpar e consolidar, para nele erguermos o majestoso edifício da moral, o solo perfurado por todo tipo de buracos de toupeira escavados sem proveito, apesar de suas boas intenções, pela razão em busca de tesouros, e que ameaçam a solidez desse edifício a ser construído.
(*Crítica da razão pura*)

11. Duas coisas enchem o coração de uma admiração e de uma veneração sempre renovadas e sempre crescentes, à medida que

a reflexão nelas se detém e a elas se aplica: *O céu estrelado acima de mim e a lei moral em mim.*

(*Crítica da razão prática*)

MARCO AURÉLIO
12. Assemelhar-se ao promontório sobre o qual as vagas quebram sem cessar.

(*Pensamentos*)

13. Nem ator trágico, nem cortesã!

(*Id.*)

NIETZSCHE
14. Nós, os imoralistas, *prejudicamos* realmente a virtude? Tão pouco quanto os anarquistas prejudicam os príncipes. Estes só se fortalecem em seus tronos depois que levam um tiro. Moral da história: *é necessário dar um tiro na moral.*

(*Crepúsculo dos ídolos*)

15. A moral não passa de uma interpretação – ou mais exatamente de uma *falsa* interpretação – de certos fenômenos.

(*Id.*)

ROSTAND (JEAN)
16. A moral é o que resta do medo quando se o esqueceu.

(*Pensamentos de um biólogo*)

SARTRE
17. Não há um único de nossos atos que, ao criarem o homem que queremos ser, não crie ao mesmo tempo uma imagem do homem tal como estimamos que ele deve ser.

(*O existencialismo é um humanismo*)

WEBER
18. É possível se perguntar se existe no mundo uma ética capaz de impor obrigações idênticas, quanto a seu conteúdo, ao mesmo tempo às relações sexuais, comerciais, particulares e públicas, às relações de um homem com sua esposa, sua quitandeira, seu filho, seu concorrente, seu amigo e seu inimigo.

(*Politik als Beruf*)

29. MORTE

ALAIN
1. A morte não se imagina. Pode-se somente na inação, no cansaço, na tristeza, aguardar algo de desconhecido, de inusitado, de único, contra o que não se encontra arma nem defesa.
(*Considerações II*)

2. A morte é uma doença da imaginação.
(*Considerações I*)

BACHELARD
3. A *morte* é, em primeiro lugar, uma imagem, permanece uma imagem. Só pode ser consciente em nós caso se exprima, e só pode se exprimir por metáforas.
(*A terra e os devaneios da vontade*)

BAUDELAIRE
4. A Morte, que não consultamos a respeito de nossos projetos e a quem não podemos pedir a aquiescência, a Morte, que nos deixa sonhar com felicidade e fama e que não diz nem sim, nem não, sai bruscamente de sua emboscada e varre num bater de asas nossos planos, nossos sonhos e as arquiteturas ideais em que abrigávamos em pensamento a glória de nossos últimos dias!
(*Os paraísos artificiais*)

BECCARIA
5. O espetáculo horrível mas momentâneo da morte de um celerado é para o crime um freio menos forte do que o exemplo longo e contínuo de um homem privado de sua liberdade, que se tornou de certa forma um animal de carga; e reparando por trabalhos penosos os danos que provocou à sociedade. Esse retorno frequente do espectador a si mesmo: "*Se eu cometesse um crime,*

estaria reduzido por toda a minha vida a essa condição miserável", essa ideia terrível assustaria com mais força os espíritos do que o medo da morte, que só se vê por um instante a uma distância obscura que debilita seu horror.

(*Dos delitos e das penas*)

BOSSUET
6. Só me mandaram para fazer número; porém não tinham o que fazer comigo, e a peça não deixaria de ser representada se eu ficasse nos bastidores.

(*Sermão sobre a morte*)

BUFFON
7. Quando se reflete que o europeu, o negro, o chinês, o americano, o homem policiado, o homem selvagem, o rico, o pobre, o habitante da cidade, o do campo, tão diferentes entre si por todo o resto, assemelham-se a esse respeito e têm todos o mesmo limite, o mesmo intervalo de tempo a percorrer desde o nascimento até a morte; que a diferença das raças, dos climas, dos alimentos, das comodidades não faz qualquer diferença para a duração da vida; que os homens que se alimentam de carne crua ou de peixe seco, de sagu ou de arroz, de caça ou de raízes, vivem tanto tempo quanto os que se alimentam de pão ou de iguarias preparadas, reconhecer-se-á com ainda mais clareza que a duração da vida não depende nem dos costumes, nem da qualidade dos alimentos; que nada pode mudar as leis da mecânica que regulam o número de nossos anos, que só é possível alterar por excesso de alimentos ou por dietas demasiado rigorosas.

(*Do homem*)

CANGUILHEM
8. A vida tenta ganhar da morte, em todos os sentidos do termo ganhar e, em primeiro lugar, no sentido de que o ganho é o que se conquista pelo jogo.

(*O normal e o patológico*)

CHAMFORT
9. Uma mulher de 90 anos dizia ao senhor de Fontenelle, com 95 anos: "A morte esqueceu-nos." "Psiu!", respondeu-lhe o senhor de Fontenelle, colocando o dedo sobre os lábios.

(*Pensamentos, máximas e anedotas*)

10. Perguntou-se ao senhor de Fontenelle moribundo: "Como vai indo?", "Não vou indo, estou indo embora."

(*Id.*)

CHATEAUBRIAND
11. O primeiro morto que vi foi um cônego de Saint-Malo; jazia após expirar em seu leito, o rosto distorcido pelas últimas convulsões. A morte é bela, é nossa amiga; contudo não a reconhecemos porque ela se apresenta a nós mascarada, e sua máscara nos apavora.

(*Memórias de além-túmulo*)

COMTE
12. Aprofundando a noção de *morte*, é reconhecido que ela concerne diretamente apenas à existência corporal, ou até somente à vida vegetativa. Ela só se estende às fronteiras cerebrais devido à fatal dependência das últimas relativamente à economia nutritiva. Por isso esses atributos eminentes perpetuam-se pela existência subjetiva, quando seu órgão pessoal obtém uma sucessão objetiva que, multiplicando-se cada vez mais, o incorpora definitivamente à Humanidade.

(*Sistema de política positiva*)

13. A partir do momento em que acreditarem que cessei de viver, deverão deixar-me na cama como um simples doente até que meu corpo esteja em um estado pronunciado de putrefação, único sinal de morte realmente certo, na ausência do qual acontecem com frequência inumações deploráveis. Ninguém devendo ser submetido à exploração anatômica sem sua própria autorização, proíbo com relação a mim essa curiosidade vã que sempre julguei tão estéril para a inteligência quanto funesta ao sentimento. Esse respeito deve ser levado até o ponto de me preservar de qualquer operação de embalsamamento.

(*Testamento*)

Descartes

14. Se e como o homem foi imortal antes da queda, não é uma questão para o filósofo; deve-se deixá-la aos teólogos... Agora, de que a vida humana poderia ser prolongada se conhecêssemos a arte da medicina, não se deve duvidar; afinal, já que podemos desenvolver e prolongar a vida das plantas, etc., conhecendo a arte da cultura, por que então não se daria o mesmo com o homem? Mas a melhor maneira de prolongar a vida e o método a ser seguido para conservar um bom regime é viver como os animais e, entre outras coisas, comer o que nos agrada, deleita nosso gosto e somente enquanto isso nos agradar.

(Conversa com Burman)

Diderot

15. Nascer, viver e morrer é mudar de formas.

(O sonho de d'Alembert)

16. E o que importa qual nome será impresso no cabeçalho de teu livro ou gravado em teu túmulo? Acaso lerás teu epitáfio?

(Refutação metódica da obra de Helvetius intitulada: O homem)

Epicteto

17. Tem a cada dia diante dos olhos a morte, o exílio e tudo o que parece assustador, principalmente a morte: jamais terás então qualquer pensamento baixo ou qualquer desejo excessivo.

(Manual)

18. A morte, o que é? Um espantalho. Vira-o e verás; olha, ele não morde. Agora ou mais tarde, teu corpo miserável deve ser separado de teu pobre sopro de vida, como era separado outrora. Por que então te irritar se for agora? Pois, se não for agora, será mais tarde.

(Id.)

19. Não percebes que aquilo que para o homem é o princípio de todos os males, e de sua baixeza de alma, e de sua covardia não é a morte, mas muito mais o temor da morte?

(Id.)

Espinosa

20. Um homem livre pensa menos do que tudo na morte; e sua sabedoria é uma meditação não sobre a morte, mas sobre a vida.

(Ética)

21. Sentimus experimurque nos aeternos esse. (Sentimos e sabemos por experiência que somos eternos.)

(Id.)

Freud

22. A crença na necessidade interna da morte talvez não passe de uma dessas numerosas ilusões que criamos para nós mesmos a fim de tornar "suportável o fardo da existência".

(Ensaios de psicanálise)

23. O fato é que nos é absolutamente impossível imaginar nossa própria morte, e todas as vezes que tentamos imaginá-la, percebemos que a ela assistimos como espectadores. Por isso foi possível à escola psicanalítica declarar que, no fundo, ninguém acredita na própria morte ou, o que é a mesma coisa, que, em seu inconsciente, todos estão convencidos de sua imortalidade.

(Id.)

Goethe

24. Se fosse possível abolir a morte, concordaríamos de bom grado com isso; mas abolir a pena de morte será difícil; se tomarmos essa decisão, tornaremos a restabelecê-la na primeira oportunidade.

(Pensamentos)

Hegel

25. A morte – o senhor absoluto.

(Fenomenologia do espírito)

Heidegger

26. A Morte, enquanto fim da realidade-humana, é sua possibilidade absolutamente própria, incondicional, certa e, como indeterminada, insuperável.

(O ser e o tempo)

HERÁCLITO
27. O que aguarda os homens após a morte não é nem o que esperam, nem o que acreditam.

(*Os pensadores gregos antes de Sócrates*)

HUME
28. Quando eu morrer, os princípios de que sou composto continuarão exercendo seu papel no universo e serão tão úteis no grande edifício quanto nesta criatura individual que eles constituem. A diferença para o todo não será maior se eu estiver em um quarto em vez de estar ao ar livre. Uma dessas mudanças tem para mim mais importância que a outra, mas o mesmo não acontece para o universo.

(*O suicídio*)

JACOB
29. O programa genético prescreve a morte do indivíduo desde a fecundação do óvulo.

(*A lógica do ser vivo*)

JANKÉLÉVITCH
30. Quando se pensa até que ponto a morte é familiar e quão total é nossa ignorância e que jamais houve nenhum vazamento de informação, deve-se confessar que o segredo é bem guardado!

(*A morte*)

31. O moribundo está na situação do homem que sai de casa sem sua chave e não pode mais tornar a entrar porque a porta fechada só pode ser aberta por dentro.

(*Ibid.*)

32. A luz reflete-se no aquém no último instante; esse último instante não é portanto o vidro transparente através do qual veríamos a paisagem do além-mundo e a face oculta de nosso destino, mas antes o espelho que devolve a nosso mundo terreno sua própria imagem.

(*Id.*)

Kant

33. A morte, ninguém pode experimentá-la em si mesma (pois experimentar é da alçada da vida), só é possível percebê-la nos outros.

(Antropologia do ponto de vista pragmático)

La Bruyère

34. A morte só chega uma vez e faz-se sentir em todos os momentos da vida: é mais difícil apreendê-la do que sofrê-la.

(Caracteres)

35. Se de todos os homens alguns morressem e os outros não, seria uma aflição desoladora morrer.

(Caracteres)

Landsberg

36. Um grande número de observadores notou que a experiência da morte exerceu apenas um efeito ínfimo nos soldados da guerra mundial, ou seja, enquanto durou o combate em si. Um médico militar disse nesse sentido que a morte é uma ideia de civil.

(Ensaio sobre a experiência da morte)

La Rochefoucauld

37. Não é possível olhar fixamente para o sol nem para a morte.

(Máximas, reflexões morais)

Leibniz

38. A natureza mostrou-nos no sono e nos desmaios uma amostra que nos deve fazer julgar que a morte não é um cessar de todas as funções, mas somente uma suspensão de certas funções mais notáveis.

(Considerações sobre a doutrina de um espírito universal)

39. Como os animais não nascem inteiramente na concepção ou na geração, tampouco perecem inteiramente no que chamamos de morte; afinal, é razoável que aquilo que não começa naturalmente tampouco acabe na ordem da natureza. Assim, abandonando sua máscara ou seus farrapos, eles somente retornam a um palco mais sutil, onde podem contudo ser tão sensíveis e tão bem regrados quanto no maior.

(Princípios da natureza e da graça fundamentados na razão)

40. Não há jamais nem geração integral, nem morte perfeita considerada a rigor, consistindo na separação da alma. E aquilo que chamamos de *gerações* são desenvolvimentos e crescimentos; como aquilo que chamamos de mortos são envolvimentos e diminuições.

(*Monadologia*)

LÉVINAS
41. A morte em Heidegger não é, como diz Wahl, "a impossibilidade da possibilidade", mas "a possibilidade da impossibilidade". Essa distinção, aparentemente bizantina, tem uma importância fundamental.

(*O tempo e o outro*)

LICHTENBERG
42. É decerto medonho viver quando não se quer, mas seria ainda mais pavoroso ser imortal quando se quer morrer.

(*Aforismos*)

LUCRÉCIO
43. Nenhuma desgraça pode atingir aquele que deixou de ser; em nada ele difere do que seria se jamais tivesse nascido, pois sua vida mortal lhe foi arrebatada por uma morte imortal.

(*Da natureza*)

MARCO AURÉLIO
44. Mesmo se devesses viver três vezes mil anos, e mesmo tantas vezes dez mil, lembra-te sempre de que todos só perdem a existência que vivem e que só se vive a que se perde.

(*Pensamentos*)

45. A morte não passa da dissolução dos elementos dos quais é formado cada ser vivo.

(*Id.*)

46. Um auxílio vulgar, mas de qualquer forma eficaz, para que se consiga desprezar a morte é examinar os que se demoraram vivendo sem nunca esmorecer.

(*Id.*)

MONTAIGNE
47. Não nos tornamos outros por morrer. Sempre interpreto a morte pela vida.

(*Os ensaios*)

48. Em todo o resto é possível mascarar-se... Mas nesse último papel da morte e nosso, não há mais o que fingir, é preciso falar francês, é preciso mostrar o que há de bom e claro no fundo do pote.

(*Id.*)

49. A premeditação da morte é premeditação da liberdade. Quem aprendeu a morrer, desaprendeu a servir.

(*Id.*)

50. É a condição de vossa criação, é uma parte de vós, a morte; fugis de vós mesmos. Esse ser que é o vosso, que usufruís, participa igualmente da morte e da vida. O primeiro dia de vosso nascimento vos encaminha tanto para a morte quanto para a vida.

(*Ibid.*)

51. A meu ver, não há nada de mais ilustre na vida de Sócrates do que ele ter disposto de trinta dias inteiros para ruminar o decreto de sua morte; de tê-la digerido todo esse tempo com uma espera muito confiante, sem comoção, sem alteração e com ações e palavras antes contidas e chãs que tensas e elevadas pelo peso de tal cogitação.

(*Id.*)

52. Perturbamos a vida pela preocupação com a morte, e a morte pela preocupação com a vida. Uma nos entristece, a outra nos amedronta. Não é contra a morte que nos preparamos; é uma coisa demasiado momentânea. Quinze minutos de paixão sem consequência, sem incômodo, não merecem preceitos particulares. A bem dizer, preparamo-nos contra os preparativos da morte.

(*Id.*)

53. Não morres por estares doente; morres por estares vivo.

(*Id.*)

MONTHERLAND

54. *Memento quia pulvis es.* É exatamente o contrário. Uma vez decidida nossa atitude diante da morte, a única conduta razoável é jamais pensar nela. São os homens incapazes de refletir sobre a vida que refletem sobre a morte. Como nela não há material para reflexão, estão aí à vontade. O que caracteriza todos os "pensamentos sobre a morte" é que jamais há pensamento neles.

(*Mors et Vita*)

55. "Preparação para a morte." Só há uma preparação para a morte: estar satisfeito. Na alma. No coração. No espírito. Na carne. Totalmente.
E só existe uma imortalidade que valeria a pena desejar: a da vida.

(*Ibid.*)

NIETZSCHE

56. O cristianismo transformou o imenso desejo de suicídio que reinava na época de seu nascimento na própria alavanca do seu poder: enquanto proibia de maneira terrível todas as outras formas de suicídio, deixou subsistir apenas duas que revestiu de suprema dignidade e envolveu com esperanças supremas: o martírio e a lenta condenação à morte do asceta por ele mesmo.

(*A gaia ciência*)

57. Que estranho a única certeza, a única sorte comum não ter quase nenhum domínio sobre os homens e que aquilo de que estão mais afastados é sentir-se como uma confraria da morte! O que me faz feliz é ver que os homens recusam absolutamente pensar o pensamento da morte! E eu contribuiria de bom grado para tornar-lhes o pensamento da vida *cem vezes ainda mais válido*!

(*Id.*)

PASCAL

58. A morte é mais fácil de suportar sem nela se pensar do que o pensamento da morte sem risco.

(*Pensamentos*)

59. Que se imagine um certo número de homens acorrentados e todos condenados à morte; como alguns deles são todos os dias degolados diante dos outros, os que permanecem veem sua própria condição na de seus semelhantes, e, entreolhando-se com dor e sem esperança, aguardam sua vez. É a imagem da condição humana.

(*Id.*)

60. O último ato é sangrento, por mais belo que seja todo o resto da comédia: joga-se finalmente terra sobre a cabeça, e está tudo acabado para sempre!

(*Id.*)

PLATÃO

61. Temer a morte, atenienses, não é nada além de se acreditar sábio quando não se é, pois é acreditar que se sabe o que não se sabe. Com efeito ninguém sabe o que é a morte e se ela não é para o homem justamente o maior dos bens, e é temida como se se tivesse certeza de que é o maior dos males. E acaso isso não seria essa ignorância repreensível que consiste em acreditar que se sabe o que não se sabe?

(*Apologia de Sócrates*)

RENAN

62. Sentir-me-ia desolado de atravessar um desses períodos de debilitação em que o homem que teve força e virtude nada mais é do que a sombra e a ruína de si mesmo, e em que muitas vezes, para a grande alegria dos tolos, se ocupa em destruir a vida que laboriosamente edificou. Tal velhice é o pior dom que os deuses podem oferecer ao homem. Se tal sorte me foi reservada, protesto antecipadamente contra as fraquezas que um cérebro embotado poderiam me fazer dizer ou assinar. É no Renan são de espírito e de coração, como sou hoje, não no Renan semidestruído pela morte e que não será mais ele mesmo como serei se me decompuser lentamente, que quero que acreditem e a quem quero que ouçam.

(*Memórias da infância e da juventude*)

Renard
63. A morte dos outros nos ajuda a viver.

(Diário)

64. Quando se lê a narrativa de uma vida "exemplar" como a de Balzac, sempre se chega à narrativa da morte. Então, de que serve?

(Id.)

65. A morte é doce: livra-nos do pensamento da morte.

(Id.)

66. Diante da morte de um ancião, estamos como em uma eclusa: muda-se de nível com relação à morte.

(Id.)

67. Seria impressionante, esse corpo nessa caixa sob essas abóbadas imensas e sonoras, se os padres ridículos não eliminassem toda a gravidade.

(Id.)

68. Os que melhor falaram sobre a morte estão mortos.

(Id.)

69. A morte aparece-me como um grande lago do qual me aproximo e cujos contornos se esboçam.

(Id.)

Rostand (Jean)
70. Não consigo chegar a crer que, morto, está-se menos morto do que quando se está adormecido.

(Pensamentos de um biólogo)

71. Que o último ato seja "sempre sangrento", ainda vá lá. Mas que durante toda a comédia seja preciso receber o sangue das outras vítimas...

(Id.)

Rousseau
72. Existe fim mais triste que o de um moribundo que oprimem com cuidados inúteis, que tabelião e herdeiros não deixam respirar, que os

médicos assassinam à vontade em seu leito e a quem sacerdotes bárbaros fazem saborear a morte com arte? Quanto a mim, vejo por toda a parte que os males aos quais a natureza nos sujeita são muito menos cruéis do que aqueles que a ela acrescentamos.

(Carta ao senhor de Voltaire)

SARTRE

73. Estar morto é estar entregue aos vivos.

(O ser e o nada)

SEVIGNÉ (SENHORA DE)

74. Acho a morte tão terrível que odeio mais a vida porque me conduz à morte do que pelos espinhos de que está semeada.

(Cartas)

VALÉRY

75. A morte é uma surpresa que o inconcebível faz ao concebível.

(Tal qual II)

76. A morte é a união da alma e do corpo, dos quais a consciência, o estado de alerta e o sofrimento são a desunião.

(Id.)

77. A morte tira toda a seriedade da vida.

(Id.)

78. As meditações sobre a morte (gênero Pascal) são feitas por homens que não têm de lutar pela vida, de ganhar seu pão, de sustentar filhos.
A eternidade ocupa aqueles que têm tempo a perder. É uma forma do lazer.

(Maus pensamentos e outros)

79. A morte pode dar ensejo a dois sentimentos opostos: ou fazer pensar que morrer é tornar-se o mais vulnerável dos seres, sem defesa contra o desconhecido; ou que é tornar-se invulnerável e afastado de todos os males possíveis. Em quase todos, esses dois sentimentos existem e alternam-se. Passa-se a vida temendo ou desejando a morte.

(Id.)

VAUVENARGUES
80. Não se pode julgar a vida por uma regra mais falsa do que a morte.

(Reflexões e máximas)

81. Para executar grandes coisas, é preciso viver como se não se devesse jamais morrer.

(Reflexões e máximas)

VOLTAIRE
82. Respeitamos mais os mortos que os vivos. Seria necessário respeitar a ambos.

(Dicionário filosófico)

WITTGENSTEIN
83. A morte não é um acontecimento da vida. A morte não pode ser vivida.
Caso se compreenda por eternidade não uma duração temporal infinita, mas a intemporalidade, quem vive no presente é quem vive eternamente.
Nossa vida é tanto mais sem fim quanto mais nosso campo de visão não tem limites.

(Tratado lógico-filosófico)

30. MUNDO
(O HOMEM E O MUNDO)

BACHELARD
1. Na batalha do homem e do mundo, não é o mundo que começa.
   (*A água e os sonhos*)

COMTE
2. O homem depende do mundo, mas não resulta dele.
   (*Catecismo positivista*)

3. Cada um de nós, indubitavelmente, sofre diretamente todas as fatalidades exteriores, que só podem atingir a espécie afetando os indivíduos. No entanto, sua pressão principal só se aplica pessoalmente de uma maneira indireta, por intermédio da humanidade. É sobretudo por meio da ordem social que cada homem suporta o jugo da ordem material e da ordem vital, cujo peso individual se acresce assim de toda a influência exercida sobre o conjunto dos contemporâneos e até dos predecessores.
   (*Sistema de política positiva*)

4. Toda disposição habitual a complicar em demasia as explicações constitui realmente uma tendência à loucura introduzindo um excesso de subjetividade. Um espírito ativo não encontra, a partir de então, qualquer limite à extravagância de suas criações arbitrárias. Cada desmentido que recebe do mundo exterior pode ser sempre eludido complicando-se ainda mais suas construções interiores.
   (*Id.*)

DESCARTES
5. Minha terceira máxima era de sempre tentar vencer mais a mim mesmo do que a fortuna e mudar meus desejos mais do que a ordem do mundo.
   (*Discurso do método*)

6. Meu pensamento não impõe qualquer necessidade às coisas.
(*Meditações metafísicas*)

EPICTETO
7. Não se coloca um objetivo para não alcançá-lo. Do mesmo modo o mal não é uma realidade no mundo.
(*Manual*)

ESPINOSA
8. É impossível que o homem não seja uma parte da Natureza e só possa experimentar as mudanças que é possível conhecer apenas por sua natureza e das quais é causa adequada.
(*Ética*)

9. Os homens, como os outros seres, não passam de uma parte da natureza, e ignoro como cada uma dessas partes combina-se com o todo, como ela se liga às outras.
(*Carta XXX*)

GOETHE
10. O homem é, como ser real, colocado no meio de um mundo real e dotado de órgãos que lhe permitem reconhecer e produzir o real e, além disso, o possível. Todos os homens com saúde têm o sentimento de sua existência e de um mundo exterior que os cerca. No entanto, encontra-se também no cérebro um lugar vazio, isto é, um lugar em que nenhum objeto se reflete, assim como no próprio olho encontra-se um lugar pequenino que não enxerga: se o homem volta sua atenção particularmente a esse lugar e nele se fixa, sucumbe em uma doença mental; ali adivinha "coisas de um outro mundo" que são propriamente quimeras sem forma, sem limites, mas que angustiam como um espaço tenebroso e vazio e perseguem com mais obstinação que espectros o homem que não sabe se livrar delas.
(*Pensamentos*)

LAGNEAU
11. Antes do homem, o espírito dormia, por assim dizer, na natureza. Dormia, e o mundo era seu sonho: sonho obscuro e gigantesco, admirável no que vai se tornar, mas que se impõe àquele

que dorme, como todo sonho faz e, embora uma razão o conduza, não lhe mostra essa razão, portanto não se desliga dele e não o revela a si mesmo. Mas o homem aparece, e eis que tudo muda. Com ele, desperta o espírito, o sonho adquire corpo e torna-se coisa, e o espírito que olha essa coisa separa-se dela. É que a misteriosa Razão que o conduzia se fez luz para esclarecê-lo a seus próprios olhos.

(*Discurso de Vanves*)

LEIBNIZ
12. Entre uma infinidade de mundos possíveis, há o melhor de todos; não fosse assim, Deus não se teria determinado a criar nenhum.

(*Ensaios de Teodiceia sobre a bondade de Deus,
a liberdade do homem e a origem do mal*)

MONTAIGNE
13. O mundo não passa de um balanço perene.

(*Os ensaios*)

NIETZSCHE
14. O caráter do conjunto do mundo é desde sempre o caos, em virtude não da ausência de necessidade, mas da ausência de ordem, de articulação, de forma, de beleza, de sabedoria e quaisquer que sejam nossas humanas categorias estéticas.

(*A gaia ciência*)

15. Caímos na gargalhada só de ver "o homem e o mundo" colocados um ao lado do outro e separados pela sublime pretensão da palavrinha "e"!

(*Id.*)

PASCAL
16. O que é o homem na natureza? Um nada em relação ao infinito, um tudo em relação ao nada, um meio entre nada e tudo. Infinitamente longe de compreender os extremos, a finalidade das coisas e seu princípio estão para ele invencivelmente ocultos em um segredo impenetrável, igualmente incapaz de ver o nada de onde é tirado, e o infinito onde está submerso.

(*Pensamentos*)

SCHOPENHAUER
17. Aos sofismas palpáveis empregados por Leibniz para demonstrar que este mundo é o melhor dos mundos possíveis, pode-se opor a prova séria e lealmente estabelecida de que ele é dos mundos o pior. Possível, na verdade, significa não o que pode se apresentar à imaginação sonhadora de cada um, mas o que pode existir e subsistir de uma vida real. Ora, este mundo foi disposto tal como deveria ser para poder simplesmente existir: se fosse um pouco pior, não poderia mais subsistir. Consequentemente, um mundo pior, sendo incapaz de subsistir, é absolutamente impossível, e, dos mundos possíveis, nosso mundo é assim o pior.

(*O mundo como vontade e representação*)

SPENGLER
18. Os "homens-enquanto-tais" dos quais falam os filósofos não existem. Há apenas os homens de uma época, de uma localidade, de uma raça, fundidos em um molde congenital pessoal, indivíduos que enfrentam em combate um DETERMINADO mundo e triunfam ou sucumbem, enquanto o universo ambiente continua a girar sossegadamente com divina indiferença.

(*O homem e a técnica*)

WITTGENSTEIN
19. O mundo é tudo o que acontece.
O mundo é o conjunto dos fatos, não das coisas.

(*Tratado lógico-filosófico*)

20. O mundo é independente de minha vontade.

(*Id.*)

31. NATUREZA E CULTURA

ALAIN
1. Um homem culto assemelha-se a uma caixa de música. Tem duas ou três cançõezinhas na barriga.
(*Considerações II*)

2. Entre os problemas humanos, não existe nenhum mais urgente do que compreender o que o adversário pensa, e por que pensa aquilo. Por exemplo, entre nós, diante de nós, quando um homem vai à missa e comunga, quero saber no que acredita. E, em muitos casos, adivinhei que esses atos de culto eram muito aparentados ao que se chama a cultura.
(*As artes e os deuses*)

3. Parece bem simples que se quebre a resistência de um país pelos bombardeios de aviões sobre as cidades, ou que se ataquem adversários políticos; e, ao mesmo tempo, que as formas antigas da tortura sejam abolidas pela mudança de costumes. Isto provém do fato de a civilização se fixar como um uso cego que nos dispensa de julgar. O que não deixa de ter suas vantagens, nem tampouco graves inconvenientes.
(*Definições*)

BACON
4. Só se dão ordens à natureza obedecendo-lhe.
(*Novum Organum*)

BUFFON
5. A puberdade é a primavera da natureza, a estação dos prazeres. Seria possível escrever a história dessa idade com circunspecção suficiente para só despertar ideias filosóficas na imaginação? A puberdade, as circunstâncias que a acompanham, a circuncisão,

a castração, a virgindade, a impotência são contudo demasiadamente essenciais à história do homem para que possamos suprimir os fatos que têm relação com isso; tentaremos unicamente entrar nesses detalhes com essa sábia moderação que faz a decência do estilo e apresentá-los como nós próprios os vimos, com essa indiferença filosófica que destrói qualquer sentimento na expressão e só deixa às palavras sua simples significação.

(*Do homem*)

CHAMFORT

6. A condição dos homens é tão miserável, que eles precisam buscar consolo para os males da natureza na sociedade e consolo para os males da sociedade na natureza. Quantos homens não encontraram nem em uma nem em outra distrações para seus pesares!

(*Pensamentos, máximas e anedotas*)

COMTE

7. O egoísmo fundamental divide-se em primeiro lugar em instinto de conservação e instinto de aperfeiçoamento... Meu quadro final qualifica o primeiro de *nutritivo* a partir de sua principal atribuição, mas jamais se deve esquecer que ele tem outras que devem em geral compreender tudo o que interessa imediatamente à conservação material do indivíduo. É o único instinto plenamente universal, nenhum animal conseguindo subsistir sem ele. Por toda parte continua sendo o mais fundamental, mesmo em nossa espécie. O incomparável Dante caracteriza profundamente sua preponderância necessária no verso tão filosófico que termina a admirável narrativa de Ugolino, opondo as necessidades nutritivas às angústias paternas: "Poscia, piu che'l dolor potè'l digiuno."

(*Sistema de política positiva*)

COURNOT

8. A ideia da Natureza é a ideia de um poder e de uma arte divinos, inexprimíveis, sem comparação ou medida com o poder e a indústria do homem, que imprime em suas obras um caráter próprio de majestade e graça, que opera todavia sob o domínio de condições necessárias, que tende fatal e inexoravelmente a um fim que nos ultrapassa, de maneira contudo que essa

cadeia de finalidade misteriosa, da qual não podemos demonstrar cientificamente nem a origem, nem o termo, aparece a nós como um fio condutor com a ajuda do qual a ordem é introduzida nos fatos observados e que nos coloca no rastro dos fatos a pesquisar. A ideia da natureza, esclarecida assim tanto quanto pode ser, não passa da concentração de todos os clarões que a observação e a razão nos fornecem sobre o conjunto dos fenômenos da vida, sobre o sistema dos seres vivos.

(Tratado do encadeamento das ideias fundamentais nas ciências e na história)

9. A ideia de Deus é a ideia da natureza personalizada e moralizada, não à semelhança do homem, mas por uma indução motivada na consciência da personalidade e da moralidade humana; a ideia da natureza é a ideia de Deus mutilada pela supressão da personalidade, da liberdade e da moralidade: daí a profunda contradição de haver, na ideia da natureza, ao mesmo tempo muito mais e muito menos do que na ideia que o homem constrói para si mesmo de suas próprias faculdades.

(Ibid.)

DIDEROT

10. Ao que quer que seja que o homem se dedique, a natureza a isso o predestinava.

(O sobrinho de Rameau)

11. Quereis saber a história resumida de quase toda a nossa miséria? É a seguinte. Existia um homem natural: dentro desse homem introduziram um homem artificial; e, dentro da caverna, iniciou-se uma guerra contínua que dura a vida inteira.

(Suplemento à viagem de Bougainville)

12. Preferis então o estado selvagem ao estado policiado? Não. A população da espécie cresce o tempo todo nos povos policiados e diminui nas nações selvagens. A duração média da vida do homem policiado excede a duração média da vida do homem selvagem. Não é preciso dizer mais nada.

(Refutação metódica da obra de Helvetius intitulada: O homem)

ESPINOSA
13. Embora tendo diversos atributos, a natureza não passa contudo de um só ser do qual são afirmados todos os atributos.
(*Curto tratado*)

14. Como a natureza inteira é uma única substância cuja essência é infinita, todas as coisas são unidas pela natureza em uma única, que é Deus.
(*Id.*)

FEUERBACH
15. A religião repousa nesta *diferença essencial* que distingue o homem do animal: os animais *não têm* religião. É verdade que os antigos zoologistas, destituídos de sentido crítico, reconheciam no elefante, entre outros méritos, a virtude da religiosidade: mas a religião dos elefantes pertence ao domínio das fábulas.
(*A essência do cristianismo*)

FINKIELKRAUT
16. Vivemos a hora dos *feelings*: não há mais verdade nem mentira, nem estereótipo nem invenção, nem beleza nem feiura, mas uma paleta infinita de prazeres, diferentes e iguais. A democracia, que implicava o acesso de todos à cultura, define-se a partir de agora pelo direito de cada um à cultura de sua escolha (ou a denominar de cultura sua pulsão do momento).
(*A derrota do pensamento*)

FREUD
17. Um antropólogo teria condições de dar o índice cefálico de um povo no qual reinasse o costume de deformar a cabeça das crianças com bandagens desde seus primeiros anos? Pensem no contraste entristecedor que existe entre a inteligência radiante de uma criança saudável e a fraqueza mental de um adulto médio. É completamente impossível ser justamente a educação religiosa em grande parte a causa dessa espécie de estiolamento?
(*O futuro de uma ilusão*)

18. O recuo, para o plano de fundo, do poder excitante do olfato parece ser ele próprio consecutivo ao fato de que o homem se

ergueu do chão, resolveu caminhar de pé, estágio em que, ao tornar visíveis os órgãos genitais disfarçados até então, fez com que eles exigissem ser protegidos e assim se gerasse o pudor. Consequentemente, o aprumo ou a "verticalização" do homem seria o início do processo inelutável da civilização.

(*Mal-estar na civilização*)

HEGEL

19. O estado de natureza é, antes, o estado da injustiça, da violência, do instinto natural desenfreado, das ações e dos sentimentos desumanos.

(*A razão na história*)

20. Um povo que considera a natureza seu deus não pode ser um povo livre.

(*Id.*)

HOLBACH

21. A vida selvagem ou o *estado de natureza*, ao qual os especuladores amargos quiseram reconduzir os homens, *a idade do ouro* tão louvada pelos poetas são, na verdade, apenas estados de miséria, de imbecilidade, de desatino.

(*O sistema social*)

HUME

22. Há um curso geral da natureza nas ações humanas, tanto quanto nas operações do sol e do clima.

(*Tratado da natureza humana*)

HUSSERL

23. É absurdo considerar a natureza como alheia em si mesma ao espírito e em seguida edificar as ciências do espírito sobre o fundamento das ciências da natureza, com a pretensão de torná-las ciências exatas.

(*A crise da humanidade europeia e a filosofia*)

24. No sentido das ciências da natureza, a natureza verdadeira é obra do espírito que a explora e consequentemente pressupõe a ciência do espírito.

(*Id.*)

KANT

25. Por natureza (no sentido empírico), entendemos o encadeamento dos fenômenos, quanto à sua existência, segundo regras necessárias, ou seja, segundo leis. Há portanto certas leis e portanto leis *a priori* que tornam antes de mais nada possível uma natureza.

(Crítica da razão pura)

26. Quis a natureza que o homem tirasse inteiramente de si mesmo tudo o que ultrapassa o arranjo mecânico de sua existência animal e que só participasse da felicidade ou da perfeição que ele criasse para si mesmo, independentemente do instinto, por sua própria razão.

(Ideia de uma história universal de um ponto de vista cosmopolita)

27. Em uma floresta, as árvores, justamente pelo fato de que uma tenta arrebatar da outra o ar e o sol, esforçam-se à porfia por ultrapassar umas às outras e, portanto, crescem belas e eretas. Porém, ao contrário, as que lançam em liberdade seus galhos segundo sua vontade, afastadas de outras árvores, crescem mirradas, contorcidas e curvadas. Toda cultura, toda arte, que ornamentam a humanidade, assim como a ordem social mais bela, são frutos da falta de sociabilidade, que é forçada por si mesma a se disciplinar e a desabrochar com isso por completo, impondo-se tal artifício, os germes da natureza.

(Id.)

28. No sentido mais geral, a natureza é a existência das coisas sob leis.

(Crítica da razão prática)

LEIBNIZ

29. Parece-me que os povos que cultivaram seu espírito têm alguma razão ao atribuir a si mesmos, mais do que aos bárbaros, o uso do bom senso, pois, ao domar os últimos com quase tanta facilidade quanto domam os animais, mostram o suficiente sua superioridade. Se não o conseguem sempre é porque, ainda, como os animais, eles fogem para as densas florestas, de onde é difícil forçá-los a sair, o que faz com que o jogo não valha a pena.

No entanto, deve-se confessar que há pontos importantes em que os bárbaros nos superam, sobretudo quanto ao vigor do corpo, e, quanto à própria alma, é possível dizer que com respeito a certas coisas sua moral prática é melhor do que a nossa, porque não têm a avareza de acumular, nem a ambição de dominar.

(*Novos ensaios sobre o entendimento humano*)

LÉVY-STRAUSS
30. Todo casamento é um encontro dramático entre a natureza e a cultura, entre a aliança e o parentesco.

(*As estruturas elementares do parentesco*)

LICHTENBERG
31. Somos tão tolos que sempre insistimos no natural. Outros são mais prudentes: em Londres, *he is a natural* significa, nada mais nada menos, que se trata de um *imbecil*.

(*Aforismos*)

MERLEAU-PONTY
32. O progresso não é necessário de uma necessidade metafísica: pode-se dizer apenas que muito provavelmente a experiência acabará eliminando as falsas soluções e se livrando dos impasses. Mas a que preço, por quantos meandros? Não se pode nem mesmo excluir, em princípio, que a humanidade, como uma frase que não consegue se concluir, fracasse no meio do caminho.

Decerto o conjunto dos seres conhecidos pelo nome de homens e definidos pelas características físicas que conhecemos têm também em comum uma luz natural, uma abertura ao ser que torna as aquisições da cultura comunicáveis a todos eles e apenas a eles. Mas esse lampejo que encontramos em todo olhar dito humano é visível tanto nas formas mais cruéis do sadismo quanto na pintura italiana. É justamente ele que faz com que tudo seja possível da parte do homem, e até o fim.

(*Signos*)

MILL
33. Os ingleses estão mais longe do estado de natureza do que todos os outros povos modernos, tanto no bom quanto no mau

sentido. Mais do que qualquer outro povo, são o produto da civilização e da disciplina.

(*A servidão das mulheres*)

MONTAIGNE
34. Cada um de nós chama de barbárie aquilo que não faz parte de seus costumes.

(*Os ensaios*)

35. É uma mesma natureza que segue seu curso. Quem tiver suficientemente julgado o estado presente, dele poderá certamente concluir todo o futuro e todo o passado.

(*Id.*)

NIETZSCHE
36. A concentração da cultura entre poucos é uma lei necessária da natureza.

(*Sobre o futuro de nossos estabelecimentos de ensino*)

37. Contra os caluniadores da natureza: estes são para mim homens desagradáveis, nos quais qualquer propensão natural se torna imediatamente mórbida, e que agem de modo deformante e até vergonhoso — são eles que em nós insinuaram o pensamento de que as tendências e os impulsos humanos eram perversos: são eles os responsáveis por nossa grande injustiça com relação à nossa natureza, com relação a qualquer natureza.

(*A gaia ciência*)

PASCAL
38. Os pais temem que o amor natural dos filhos se apague. Que natureza é essa, sujeita a se apagar? O costume é uma segunda natureza que destrói a primeira. Mas o que é natureza? Por que o costume não é natural? Tenho muito medo de que essa natureza seja ela própria um primeiro costume, como o costume é uma segunda natureza.

(*Pensamentos*)

RENAN
39. Antes da cultura francesa, da cultura alemã, da cultura italiana, há a cultura humana.
(*O que é uma nação?*)

ROHEIM
40. A civilização tem sua origem na infância prolongada, e sua função é de segurança. É um sistema gigantesco de tentativas mais ou menos bem-sucedidas de proteger a humanidade do perigo da perda do objeto – esforços formidáveis feitos por um bebê que tem medo de ficar sozinho no escuro.
(*Origem e função da cultura*)

ROUSSEAU
41. Enquanto o governo e as leis fornecem segurança e bem-estar aos homens reunidos, as ciências, as letras e as artes, talvez menos despóticas e mais poderosas, estendem guirlandas de flores sobre as correntes de ferro que eles carregam, neles sufocam o sentimento dessa liberdade original para a qual pareciam ter nascido, fazem-nos amar sua escravidão e com eles formam aquilo que se chama de povos policiados. A necessidade ergueu os tronos; as ciências e as artes fortaleceram-nos. Poderes da terra, amai os talentos e protegei aqueles que os cultivam. Povos policiados, cultivai-os: escravos felizes, deveis a eles esse gosto delicado e fino do qual vos vangloriais, essa doçura de caráter e essa urbanidade de costumes que tornam entre vós o comércio tão afável e tão fácil; em suma, as aparências de todas as virtudes sem se ter nenhuma.
(*Discurso sobre as ciências e as artes*)

42. Por mais útil que a medicina bem ministrada possa ser entre nós, permanece certo que, se o selvagem doente, abandonado à sua própria sorte, nada tem a esperar senão da natureza, em compensação, nada tem a temer a não ser seu mal; o que muitas vezes torna sua situação preferível à nossa.
(*Discurso sobre a origem e os fundamentos
da desigualdade entre os homens*)

43. Entre as condições selvagem e doméstica, a diferença de homem a homem deve ser ainda maior do que a diferença de ani-

mal a animal; afinal, como o animal e o homem foram tratados igualmente pela natureza, todas as comodidades que o homem se oferece a mais do que proporciona aos animais que domestica são tantas causas particulares que o fazem degenerar mais sensivelmente.

(Ibid.)

44. Os homens são maus, uma experiência triste e contínua dispensa prová-lo; no entanto, o homem é naturalmente bom, acredito ter demonstrado: o que, portanto, pode tê-lo depravado a este ponto senão as transformações que ocorreram em sua constituição, os progressos que fez e os conhecimentos que adquiriu?

(Ibid.)

45. Comparai sem preconceitos o estado do homem civil com o do homem selvagem, e buscai, se puderdes, o quanto, além de sua maldade, suas necessidades e suas misérias, o primeiro abriu novas portas para a dor e a morte. Se considerardes as aflições de espírito que nos consomem, as paixões violentas que nos esgotam e desolam, os trabalhos excessivos que sobrecarregam os pobres, a lassidão ainda mais perigosa à qual os ricos se abandonam, e que fazem uns morrer de suas necessidades, os outros de seus excessos; se considerardes as misturas monstruosas de alimentos, seus temperos perniciosos, os gêneros alimentícios adulterados, as drogas falsificadas, a velhacaria dos que as vendem, os erros dos que as ministram, o veneno dos recipientes nos quais são preparados; se prestardes atenção às doenças epidêmicas geradas pelo ar ruim entre as multidões de homens reunidos, às ocasionadas pela delicadeza de nossa maneira de viver [...]; em suma, se reunirdes os perigos que todas essas causas agrupam continuamente sobre nossas cabeças, sentireis o quanto a natureza nos faz pagar caro pelo desprezo com que tratamos suas lições.

(Ibid.)

46. O quê? É preciso destruir as sociedades, aniquilar o teu e o meu e voltar a viver nas florestas com os ursos? Consequência à maneira de meus adversários, à qual prefiro me antecipar antes de deixar-lhes a vergonha de a ela chegar.

(Ibid.)

47. Existe fim mais triste que o de um moribundo que oprimem com cuidados inúteis, que tabelião e herdeiros não deixam respirar, que os médicos assassinam à vontade em seu leito e a quem sacerdotes bárbaros fazem saborear a morte com arte? Quanto a mim, vejo por toda a parte que os males aos quais a natureza nos sujeita são muito menos cruéis do que aqueles que a ela acrescentamos.

(Carta ao senhor de Voltaire)

SAPIR
48. A promiscuidade sexual, que se tornou para os antropólogos de outrora o assunto favorito de suas especulações, com certeza só existe em seus livros. Em nenhum dos povos primitivos que foram objeto de estudos sérios e cujos comportamentos se sujeitam aos modelos de suas tradições, parece que as relações sexuais escapam de toda regulamentação.

(Antropologia e sociologia)

SARTRE
49. O que chamamos de liberdade é a irredutibilidade da ordem cultural à ordem natural.

(Crítica da razão dialética)

SCHELER
50. Longe de o pudor ter nascido apenas da vestimenta, que, por sua vez, se explicaria por necessidade de proteção – mas, neste caso, como conceber que entre muitos povos primitivos apenas o que chamamos de partes pudendas fossem recobertas? –, a roupa tem, ao contrário, sua principal origem no pudor, e a necessidade de vestir o resto do corpo procedeu de uma adaptação secundária do organismo aos efeitos amolentadores produzidos pela dissimulação das partes pudendas.

(O pudor)

51. A ideia de que o instinto de nutrição seria mais urgente que os instintos genitais é falsa quando aplicada ao homem, pela simples razão de que um instinto especial de nutrição não poderia constituir-se sem a intervenção dos instintos parentais, maternais

particularmente, do sustento dos filhos, e sem a alimentação primeira que é, antes de mais nada, seu ofício.

(*Id.*)

TOCQUEVILLE
52. A variedade desaparece dentro da espécie humana; as mesmas maneiras de agir, de pensar e de sentir encontram-se em todos os cantos do mundo.

(*A democracia na América*)

32. OUTRO

ALAIN
1. Os homens sempre tiveram muita necessidade de amar uns aos outros. Construíram esse amor como construíram pontes. Foram necessárias abóbadas sonoras para tornar a multidão mais presente para a multidão; e palavras incompreensíveis para que se cantasse com todo o coração; e uma música bem ritmada, para que todos pudessem dizer as mesmas coisas ao mesmo tempo.
(Considerações II)

2. Só querer se relacionar com aqueles que se aprovam em tudo é quimérico, e é o próprio fanatismo.
(Id.)

ARISTÓTELES
3. A primeira união necessária é a de dois seres que são incapazes de existir um sem o outro: é o caso do macho e da fêmea tendo em vista a procriação (e essa união nada tem de arbitrária, mas como nas outras espécies animais e nas plantas, trata-se de uma tendência natural a deixar atrás de si um outro ser semelhante); é ainda a união daquele cuja natureza é comandar com aquele cuja natureza é ser comandado, tendo em vista a sua conservação comum.
(A política)

BÍBLIA (A)
4. E deu o homem nomes a todos os quadrúpedes e aves dos céus e a todos os animais do campo, mas o homem não achou uma companheira semelhante a ele. E então o Eterno Deus fez um sono profundo cair sobre o homem, e ele adormeceu; tomou uma das suas costelas e fechou a carne no lugar. E fez o Eterno Deus da costela que tinha tomado do homem uma mulher e a

levou ao homem. E disse o homem: Eis, desta vez, aquela que é osso dos meus ossos e carne da minha carne; será chamada mulher porque foi tomada do homem.

(*Antigo Testamento*)

CHESTERTON
5. Todos nós já sofremos com um certo tipo de damas que, por seu altruísmo perverso, incomodam mais que os egoístas, que exigem em altos brados o lugar impopular à mesa e brigam pelo pior assento.

(*O que há de errado com o mundo*)

COMTE
6. Melhor do que qualquer outro animal sociável, o homem tende cada vez mais a uma unidade realmente altruísta, menos fácil de realizar do que a unidade egoísta, embora muito superior em plenitude e em estabilidade.

(*Sistema de política positiva*)

7. Toda educação humana deve preparar todos para viverem pelo outro a fim de reviverem no outro.

(*Id.*)

8. O ser deve se subordinar a uma existência exterior a fim de nela encontrar a origem de sua própria estabilidade. Ora, essa condição só pode se realizar satisfatoriamente sob o domínio das inclinações que dispõem cada um a viver sobretudo pelo outro.

(*Id.*)

DERRIDA
9. A cabeça não é somente a nossa, mas a *cabeça do outro*, perante a qual devemos responder e que talvez represente a condição de uma identidade que não seja egocentrismo destruidor – de si e do outro. Mas, para além de *nossa cabeça*, é preciso não apenas ser lembrado pela *outra cabeça* e sobretudo pela *cabeça do outro*, mas pelo *outro da cabeça*, em uma relação de identidade com o outro que não obedeça mais à forma, ao signo ou à lógica da cabeça, nem mesmo da *anticabeça* – ou da decapitação.

(*A outra cabeça*)

DIDEROT
10. O homem talvez seja apenas o monstro da mulher, ou a mulher o monstro do homem.
(*O sonho de d'Alembert*)

EPICTETO
11. Como eu teria opiniões íntegras se não me basta ser o que sou e se ardo por parecê-lo?
(*Conversas*)

FREUD
12. O *Outro* sempre desempenha na vida do indivíduo o papel de um modelo, de um objeto, de um associado ou de um adversário.
(*Ensaios de psicanálise*)

GOETHE
13. Para mim, o maior suplício seria estar só no paraíso.
(*Pensamentos*)

JAURÈS
14. Não se ensina aquilo que se quer; eu até diria que não se ensina o que se sabe e o que se acredita saber: só se ensina e só se pode ensinar o que se é.
(*Pelo ensino leigo*)

LA BRUYÈRE
15. Pergunta-se por que todos os homens juntos não compõem uma única nação e não quiseram falar uma única língua, viver sob as mesmas leis, combinar entre eles os mesmos costumes e um mesmo culto; e eu, pensando na contrariedade dos espíritos, dos gostos e dos sentimentos, surpreendo-me ao ver até sete ou oito pessoas reunir-se sob um mesmo teto, em um mesmo recinto e compor uma única família.
(*Do homem*)

16. Buscamos nossa felicidade fora de nós mesmos e na opinião de homens que sabemos aduladores, pouco sinceros, sem equidade, cheios de inveja, de caprichos e preconceitos. Que extravagância!
(*Id.*)

LAGNEAU
17. É fácil imaginar os homens inteiriços, reduzi-los a fórmulas simples que se condenam com uma palavra, negligenciando o resto, que as desmente; o mais difícil seria sair de si para entrar nos outros e julgá-los segundo o ponto de vista deles, sem preconceitos, acompanhar em seus desvios e suas incoerências uma natureza incerta feita mais pelo acaso do que pela vontade, desenredar, quando falha a lógica, os sofismas semiconscientes sob os quais a paixão dissimula o egoísmo de seus conselhos.
(Discurso de senso comum)

LEIBNIZ
18. Os filósofos e os próprios teólogos distinguem duas espécies de amor, a saber, o amor que chamam de *concupiscência*, que não passa do desejo ou do sentimento que se tem por aquilo que nos dá prazer, sem que nos interessemos se ele está recebendo amor; e o amor de *benevolência*, que é o sentimento que se tem por aquele que, por seu prazer e sua felicidade, nos dá amor. O primeiro nos faz visar nosso prazer, e o segundo, o prazer do outro, mas como fazendo, ou melhor, constituindo o nosso; pois, se não tornasse a cair sobre nós de alguma maneira, não poderíamos por ele nos interessar, porque é impossível, seja o que for que digam, se desapegar do próprio bem.
(Novos ensaios sobre o entendimento humano)

LÉVINAS
19. O outro vem antes de mim, sou para o outro. O que o outro tem como deveres para comigo é problema dele, não meu!... No que se refere à relação com o outro, sempre volto à minha frase de Dostoievski. É uma frase central dos *Irmãos Karamazov*: "Somos todos responsáveis por tudo e por todos, e eu mais do que os outros."
(Emmanuel Lévinas, quem é o senhor?)

LITTRÉ
20. "Os outros" é mais geral que "outrem"; os outros é todo o mundo exceto nós; outrem é especialmente este outro aqui, como mostra a etimologia. Eis por que outrem se opõe mais precisamente à pessoa que fala e da qual se fala do que os outros.
(Dicionário da língua francesa)

MILL

21. Todas as tendências egoístas que são encontradas entre os homens, o culto de si e o desprezo pelos outros, têm sua origem na organização atual das relações entre os homens e as mulheres.

(A servidão das mulheres)

MONTAIGNE

22. Quem pode deve ter mulheres, filhos, bens e sobretudo saúde; mas não devemos nos apegar a isso de um modo que nossa felicidade deles dependa. Devemos reservar para nós um armazém só nosso, bem franco, no qual estabeleçamos nossa verdadeira liberdade e que seja nosso principal retiro e local de solidão.

(Os ensaios)

23. Há tanta diferença entre nós e nós mesmos quanto entre nós e o outro.

(Id.)

24. É bem mais fácil acusar um sexo do que desculpar o outro. Como dizem: é o roto falando do rasgado.

(Id.)

NIETZSCHE

25. *O Egoísmo não é malvado*, porque a ideia do "próximo" – o termo é de origem cristã e não corresponde à realidade – é muito débil em nós; e sentimo-nos livres e irresponsáveis com relação a ele, assim como com relação à planta e à pedra. O sofrimento do outro é algo que deve *aprender-se*; e jamais pode ser plenamente aprendido.

(Humano, demasiado humano)

26. O que sabemos de nós mesmos, o que nossa memória disso reteve é menos decisivo do que se pensa para a felicidade de nossa vida. Chega um dia em que nela surge o que *os outros* sabem (ou acreditam saber) desse nós; percebemos então que sua opinião é mais forte. É mais fácil lidar com nossa má consciência do que com nossa má reputação.

(A gaia ciência)

PASCAL
27. Somos ridículos por repousarmos na sociedade de nossos semelhantes; miseráveis como nós, impotentes como nós, eles não nos ajudarão; morreremos sozinhos.

(*Pensamentos*)

PROUST
28. O outro nos é indiferente, e a indiferença não convida à malvadeza.

(*A prisioneira*)

RENAN
29. Ficaria bem contente em ter o direito de vida e de morte para não usá-lo, e gostaria muito de possuir escravos para ser extremamente doce com eles e por eles acabar sendo adorado.

(*Memórias da infância e da juventude*)

RENARD
30. Quando os outros me cansam é porque estou cansado de mim mesmo.

(*Diário*)

31. Enfim só, sem s.

(*Id.*)

32. Conhecemo-nos melhor do que parece, e evitamos criticar nos outros os defeitos que temos certeza de ter.

(*Id.*)

33. A morte dos outros nos ajuda a viver.

(*Id.*)

ROSTAND (JEAN)
34. O altruísmo é muitas vezes um álibi.

(*Pensamentos de um biólogo*)

SARTRE
35. O outro é, em primeiro lugar, a fuga permanente das coisas em direção a um termo que apreendo ao mesmo tempo como objeto a uma certa distância de mim e que me escapa na medida em que desdobra em torno de si suas próprias distâncias.

(*O ser e o nada*)

36. O outro é a morte oculta de minhas possibilidade na medida em que vivo essa morte como oculta no meio do mundo.
(Id.)

37. O outro é esse eu mesmo do qual nada me separa, absolutamente nada que não sua pura e total liberdade, isto é, essa indeterminação de si mesmo que só ele tem de ser para e por si.
(Id.)

SCHOPENHAUER

38. Em tese geral, não se pode estar em uníssono perfeito senão consigo mesmo; não se pode estar em uníssono perfeito com um amigo, nem com a mulher amada, pois as diferenças de individualidade sempre produzem uma dissonância por menor que seja.
(Aforismos para a sabedoria de vida)

39. Ninguém consegue ver *por cima de si*. Com isso quero dizer que não se pode ver no outro mais do que se é, pois ninguém pode apreender e compreender um outro a não ser segundo sua própria inteligência.
(Id.)

VALÉRY

40. Não é viver viver sem objeções, sem essa resistência viva, essa presa, essa outra pessoa, adversário, resto individuado do mundo, obstáculo e sombra do eu – outro eu – inteligência rival, irreprimível – inimigo o melhor amigo, hostilidade divina, fatal, íntima.
(Senhor Teste)

VAUVENARGUES

41. Os que acreditam não precisar mais do outro tornam-se intratáveis.
(Reflexões e máximas)

42. Descobrimos em nós mesmos o que os outros nos escondem, e reconhecemos nos outros o que escondemos de nós mesmos.
(Id.)

33. PAIXÕES

ALAIN
1. As paixões são como a peste e o tifo. Pare de combatê-las, e elas voltam.
   (*Considerações II*)

2. Há suplício na paixão, e o termo o indica.
   (*As artes e os deuses*)

BACHELARD
3. As grandes paixões preparam-se em grandes devaneios.
   (*A poética do devaneio*)

BALZAC
4. A paixão é toda a humanidade.
   (*A comédia humana*)

CHAMFORT
5. Nossa razão às vezes nos torna tão infelizes quanto nossas paixões; e pode-se dizer do homem, quando se encontra nesse caso, que é um doente envenenado por seu médico.
   (*Pensamentos, máximas e anedotas*)

6. Todas as paixões exageram, e só são paixões porque exageram.
   (*Id.*)

COMTE
7. Para tornar-me um filósofo perfeito, faltava-me sobretudo uma paixão, ao mesmo tempo profunda e pura, que me fizesse apreciar o suficiente o lado afetivo da humanidade.
   (*Sistema de política positiva*)

8. Já nos dissemos tantas vezes: cansamo-nos de pensar e até de agir; jamais nos cansamos de amar! Cada um de nós reconhecia, ademais, que a amizade completa só é possível entre um sexo e o outro, porque apenas aí pode estar livre o suficiente de qualquer rivalidade perturbadora.

(Sistema de política positiva)

COURNOT

9. O homem é mais capaz de vencer os obstáculos naturais do que de dominar a si mesmo. No primeiro caso, procede com calma e paciência, no outro, sofre o arrebatamento das paixões.

(Revisão sumária das doutrinas econômicas)

DESCARTES

10. O principal efeito de todas as paixões nos homens é que elas incitam e dispõem sua alma a querer as coisas para as quais preparam seu corpo: de modo que o sentimento do medo o incita a querer fugir, o da ousadia a querer combater e assim por diante.

(As paixões da alma)

11. A utilidade de todas as paixões consiste apenas em que elas fortalecem e fazem perdurar pensamentos na alma, os quais é bom ela conservar e que poderiam se apagar facilmente sem isso. Como também todo o mal que podem causar consiste em que fortalecem e conservam esses pensamentos mais do que o necessário; ou então que elas os fortalecem e conservam outros, nos quais não é bom se deter.

(Id.)

12. As paixões são todas boas por sua natureza, e só temos de evitar usá-las mal ou seus excessos.

(Id.)

13. A alma pode ter seus prazeres à parte: mas quanto àqueles que lhe são comuns com o corpo, dependem inteiramente das paixões, de modo que os homens que elas mais conseguem comover são capazes de saborear mais doçura nesta vida. É verdade que nelas esses homens podem encontrar mais amargura quando não sabem empregá-las bem, e o destino a eles se opõe.

(Id.)

Diderot

14. É o cúmulo da loucura propor-se a ruína das paixões. Que belo projeto o de um devoto que se atormenta violentamente para nada desejar, nada amar, nada sentir e que acabaria se tornando um verdadeiro monstro se fosse bem-sucedido!

(*Pensamentos filosóficos*)

15. A razão sem as paixões seria quase um rei sem súditos.

(*Ensaio sobre os reinados de Cláudio e Nero*)

Fourier

16. Minha teoria limita-se a *utilizar as paixões reprovadas tais como a natureza as oferece e sem nada delas mudar*. Nisso reside todo o mistério, todo o segredo do cálculo da atração apaixonada. Não se discute se Deus teve ou não razão de dar aos homens estas ou aquelas paixões; a ordem societária as emprega sem delas nada mudar e como Deus as concedeu.

(*Tratado da associação doméstica e agrícola*)

Holbach

17. As paixões são os verdadeiros contrapesos das paixões.

(*O sistema da natureza*)

Hume

18. A razão é, e só pode ser, escrava das paixões; só pode pretender ao papel de servi-las e obedecer a elas.

(*Tratado da natureza humana*)

19. Uma paixão é uma existência primitiva ou, se quiserdes, um modo primitivo de existência, e ela não contém qualquer qualidade representativa que a torne uma cópia de uma outra existência ou de um outro modo.

(*Id.*)

Kant

20. Se a emoção é uma embriaguez, a paixão é uma doença, que execra qualquer medicação e por conseguinte é bem pior do que todos os movimentos passageiros da alma.

(*Antropologia do ponto de vista pragmático*)

KIERKEGAARD
21. Caso se entenda por isso um simulacro de existência, existir não pode se fazer sem paixão. Por isso todo pensador grego também era essencialmente um pensador apaixonado.

(*Pós-escrito*)

LAGNEAU
22. Dizem que a cólera é uma loucura curta: pode-se dizer o mesmo de toda paixão, ou melhor, a paixão é o germe do qual a loucura reclamará sair, caso não seja detida.

(*Discurso de senso comum*)

LA ROCHEFOUCAULD
23. As paixões são os únicos oradores que sempre convencem.

(*Máximas, reflexões morais*)

NIETZSCHE
24. As naturezas semelhantes à do apóstolo Paulo só lançam o olhar do "olho gordo" sobre as paixões: só ensinam a conhecer destas o que macula, deforma, quebranta o coração – sua aspiração ideal visa, consequentemente, destruir as paixões: só se sentem totalmente purificadas das paixões no divino. Bem ao contrário de Paulo e dos judeus, é precisamente às paixões que os gregos dedicaram sua aspiração ideal, e eles as veneraram, exaltaram, douraram e divinizaram.

(*A gaia ciência*)

PROUST
25. O amor mais exclusivo por uma pessoa é sempre o amor de outra coisa.

(*À sombra das raparigas em flor*)

ROUSSEAU
26. Tudo o que parece estender ou fortalecer nossa existência encanta-nos, tudo o que parece destruí-la ou abreviá-la aflige-nos. Esta é a fonte primitiva de todas as nossas paixões.

(*Fragmentos filosóficos e morais*)

27. Nossas paixões são os principais instrumentos de nossa conservação: portanto, é um empreendimento vão e ridículo querer destruí-las.

(*Emílio ou Da educação*)

28. Longe de o amor proceder da natureza, é a regra e o freio de suas inclinações; é por meio dele que, excetuando-se o objeto amado, um sexo nada mais é para o outro.

(*Id.*)

29. Como é preciso ser limitado para ver nos desejos nascentes de um rapaz somente um obstáculo para as lições da razão. Eu neles vejo o meio verdadeiro de torná-lo dócil a essas mesmas lições. Só se dominam as paixões por intermédio das paixões; é por intermédio de sua autoridade que se deve combater sua tirania; e é sempre da própria natureza que se deve extrair os instrumentos adequados para regrá-la.

(*Id.*)

30. Demonstrei que a única paixão que nasce com o homem, a saber, o amor por si próprio, é uma paixão em si mesma indiferente ao bem e ao mal; que ela só se torna boa ou ruim por acidente e segundo as circunstâncias nas quais se desenvolve.

(*Carta ao monsenhor de Beaumont*)

SARTRE

31. Toda realidade humana é uma paixão, na medida em que projeta perder-se para fundamentar o ser e constituir ao mesmo tempo o em-si que escapa à contingência sendo seu próprio fundamento, o *Ens causa sui*, chamado Deus pelas religiões. Assim a paixão do homem é o inverso da paixão de Cristo, porque o homem se perde enquanto homem para que Deus nasça. Mas a ideia de Deus é contraditória e perdemo-nos em vão: o homem é uma paixão inútil.

(*O ser e o nada*)

32. O existencialismo não acredita no poder da paixão. Jamais pensará que uma bela paixão é uma torrente devastadora que conduz fatalmente o homem a certos atos e que, consequente-

mente, é uma desculpa. Pensa que o homem é responsável por sua paixão.

(*O existencialismo é um humanismo*)

STENDHAL
33. Existem paixões semelhantes aos ventos alísios, que pegam as pessoas em uma determinada altura.

(*Diário*)

VAUVENARGUES
34. O espírito é o olho da alma, não sua força; sua força está no coração, isto é, nas paixões. A razão mais esclarecida não faz agir e querer. Basta ter a vista boa para caminhar? Não é preciso ainda ter pés e a vontade com o poder de movê-los?

(*Reflexões e máximas*)

WEIL (SIMONE)
35. Existem prodígios em todas as paixões. Um jogador é capaz de jejuar e fazer vigília como um santo, tem premonições, etc.

(*Cadernos II*)

34. PERCEPÇÃO

ALAIN
1. Mostre a uma criança um truque feito com cartas e depois faça com que descubra examinando os movimentos claramente e devagar como e por que foi enganada; ela ficará surpresa ao compreender que constatou muito pouco e supôs muito, enfim, que não foi enganada, mas sim que se enganou por si mesma, como a linguagem exprime com tanta energia.
(Considerações I)

BERKELEY
2. Que uma coisa possa ser realmente percebida pelos meus sentidos e ao mesmo tempo não existir realmente é para mim uma franca contradição; pois não posso separar, nem abstrair, mesmo em pensamento, a existência de uma coisa da percepção que dela se tem.
(Três diálogos entre Hylas e Filonous)

3. O que se diz da existência absoluta de coisas não-pensantes, sem relação com uma percepção que delas se teria, parece-me perfeitamente ininteligível. Seu *esse* é *percipi*; é impossível elas terem uma existência fora das inteligências ou coisas pensantes que as percebem.
(Tratado sobre os princípios do conhecimento humano)

DESCARTES
4. A visão da distância não depende, como tampouco a da posição, de nenhuma imagem enviada pelos objetos, mas, em primeiro lugar, da representação do corpo do olho.
(A dióptrica)

5. Porque é a alma que vê e não o olho, e porque ela só vê imediatamente por intermédio do cérebro, daí provém que os frené-

ticos, e os que dormem, muitas vezes vejam ou acreditem ver diversos objetos que nem por isso estão diante de seus olhos.

(*Id.*)

6. ... Homens passam na rua, e, vendo-os, não deixo de dizer que estou vendo homens (...); no entanto o que vejo dessa janela senão chapéus e casacos que podem recobrir *espectros ou pretensos homens que só se mexem por meio de molas* [texto latino: *automata*], mas julgo serem homens *verdadeiros*; e assim compreendo apenas pelo poder de julgar que reside em meu espírito o que acreditava ver com meus olhos.

(*Meditações metafísicas*)

GOETHE

7. Se um arco-íris dura quinze minutos, não o olhamos mais.

(*Pensamentos*)

LAGNEAU

8. É próprio do erro poder ser refutado pela experiência e pelo raciocínio. As ilusões dos sentidos não podem ser refutadas assim; são apenas maneiras de perceber que não são normais. Aliás, mesmo as maneiras normais de perceber são ilusões; toda percepção é, em suma, uma ilusão.

(*Curso sobre a percepção*)

LEIBNIZ

9. Como a visão de Deus é sempre verdadeira, nossas percepções também o são, mas são nossos juízos que são nossos e que nos enganam.

(*Discurso de metafísica*)

10. Temos uma infinidade de pequenas percepções que não conseguiríamos distinguir: um grande barulho atordoante, como por exemplo o murmúrio de todo um povo reunido, é composto de pequenos murmúrios de pessoas isoladas que não seriam notados separadamente, mas dos quais se tem no entanto um sentimento, pois de outro modo não se sentiria o todo.

(*Considerações sobre a doutrina de um espírito universal*)

11. Somos obrigados a confessar que a *Percepção* e o que dela depende é *inexplicável por razões mecânicas,* isto é, por figuras e movimentos. E supondo-se que existisse uma máquina cuja estrutura fizesse pensar, sentir, ter percepção, poderíamos concebê-la ampliada conservando as mesmas proporções, de modo que nela se pudesse entrar, como em um moinho. Feito isso, só encontraríamos, ao visitá-la por dentro, peças que impulsionam umas às outras e jamais com o que explicar uma percepção.

(Monadologia)

MERLEAU-PONTY

12. Na percepção, não pensamos o objeto e não pensamos o pensante, somos do objeto e confundimo-nos com esse corpo que sabe mais do que nós sobre o mundo, sobre os motivos e os meios que se tem de fazer sua síntese.

(Fenomenologia da percepção)

13. Quando percebo, não penso o mundo, ele se organiza diante de mim.

(Sentido e não-sentido)

14. Deve-se compreender a percepção como esse pensamento interrogativo que mais deixa ser o mundo percebido do que o coloca, diante do qual as coisas se fazem e se desfazem em uma espécie de deslizamento, aquém do sim e do não.

(O visível e o invisível)

RENARD
15. Um defeito do vidro, e o pardal é uma águia no telhado.

(Diário)

VALÉRY
16. A vaca vê as estrelas e delas não deduz uma astronomia como a Caldeia, nem uma moral, como Kant, nem uma metafísica como todo mundo... Ela as iguala a zero. Amortece-as. É muito notável, no fundo... Perceber o que de nada serve.

(A ideia fixa...)

17. A imensa maioria de nossas percepções e pensamentos é inconsequente. Os que contam são destacados e tirados do conjunto ou pelo nosso corpo, ou por nossos semelhantes. Nosso papel é dos mais modestos.

(Maus pensamentos e outros)

35. PESSOA

HEGEL
1. O indivíduo que não colocou sua vida em jogo pode decerto ser reconhecido como *pessoa*; mas não atingiu a verdade desse reconhecimento como reconhecimento de uma consciência de si independente.

(Fenomenologia do espírito)

KANT
2. Uma *pessoa* é esse sujeito cujas ações são suscetíveis de *imputação*. A personalidade *moral* nada mais é do que a liberdade de um ser razoável sob as leis morais. Em compensação, a personalidade psicológica não passa da faculdade de ser consciente de sua existência como idêntica através de diferentes estados. Segue-se que uma pessoa não pode ser submetida a outras leis que não àquelas que ela própria se confere (ou sozinha, ou pelo menos a si mesma ao mesmo tempo que com outros).

(Metafísica dos costumes)

3. O homem consciente de seu dever não é, no mundo, fenômeno, mas número; não é uma coisa, mas uma pessoa.

(Opus postumum)

4. O fato de o homem não somente pensar, mas também poder dizer a si próprio: eu penso, faz dele uma pessoa.

(Ibid.)

5. Uma pessoa é um ser que tem direitos dos quais pode se tornar consciente.

(Id.)

36. PODER

ALAIN
1. O poder mais enérgico é justamente aquele que gostaria de ter a aprovação do homem livre; exatamente a livre aprovação do homem livre. Portanto, a força deixa aqui suas baionetas e quer seduzir.

(Considerações II)

2. O parentesco dos deuses e o poder patriarcal transportado para o Olimpo foram invenções comparáveis às de Copérnico e de Newton.

(Id.)

3. Todo poder é triste.

(Id.)

4. A ideia de Deus termina um sistema por cima; é o sistema dos poderes. Por exemplo, o direito divino segundo o qual Luís XIV governava resulta evidentemente da onipotência de Deus. Pois um poder estabelecido, sobretudo antigo, faz parte dessa pesada existência total que a todos nos envolve e que é providencial. É preciso portanto também adorar o rei sob a reserva de que o rei, por sua vez, deve contas ao rei dos reis. Observem que o rei mais poderoso e mais solidamente estabelecido talvez também tenha sido o mais preocupado com sua salvação. Ele acreditava e acreditava-se nele. Respeitava e era respeitado. Encontro essa relação ascendente e descendente em todos os poderes fortes.

(Id.)

5. Existe apenas um poder, que é militar. Os outros poderes fazem rir e deixam rir.

(O cidadão contra os poderes)

6. Para compreender bem o poder espiritual, não se deve considerá-lo como se exercendo em seu próprio domínio, onde ele é sempre ambíguo, mas em sua oposição com o poder temporal, que é o dos guardas e gendarmes. Sob esse aspecto, o poder espiritual pode ser exercido pelo papa, por um santo, por um sábio, por qualquer homem que recuse à força valor de justiça.

(*As artes e os deuses*)

7. Ninguém aceita uma parcela de poder sem a condição de uma parcela de malvadeza.

(*Id.*)

ARISTÓTELES
8. É em primeiro lugar no ser vivo que é possível observar a autoridade do senhor e a do chefe político; com efeito, a alma governa o corpo com uma autoridade de senhor, e o intelecto regula o desejo com uma autoridade de chefe político e de rei.

(*A política*)

9. É por natureza que a maioria dos seres comanda ou obedece.

(*Id.*)

BÍBLIA (A)
10. Que todas as pessoas sejam submissas aos poderes superiores; pois não existe poder que não venha de Deus, e é ele que estabeleceu todos os que estão na terra.
Aquele, portanto, que resiste aos poderes resiste à ordem de Deus; e aqueles que lhe resistem atraem a condenação sobre eles próprios.

(*Novo Testamento*)

CHAMFORT
11. Quando se considera que o produto do trabalho e das luzes de trinta ou quarenta séculos foi entregar trezentos milhões de homens espalhados pelo globo a cerca de trinta déspotas, a maioria ignorante e imbecil, cada um dos quais é governado por três ou quatro celerados às vezes estúpidos, o que pensar da humanidade e o que dela esperar no futuro?

(*Pensamentos, máximas e anedotas*)

CHESTERTON
12. A submissão a um homem fraco é disciplina. A submissão a um homem forte é servilismo.

(*O que há de errado com o mundo*)

COMTE
13. O homem não tem mais tendência à revolta do que à submissão. Para que sua obediência se torne certa e durável, é preciso que o conjunto de sua natureza se encontre subjugado dignamente.

(*Sistema de política positiva*)

14. É preciso naturalmente distinguir três poderes sociais, a partir dos três elementos necessários da força coletiva, em correspondência espontânea com as três partes essenciais de nossa constituição cerebral. O poder material concentra-se entre os grandes ou os ricos; o poder intelectual pertence aos sábios ou aos sacerdotes; e o poder moral reside entre as mulheres: repousam respectivamente na força, na razão e na afeição.

(*Id.*)

15. Ao se qualificar com o título de *espiritual* um dos grandes poderes sociais, observa-se suficientemente que o outro poder é material. Sua natureza própria encontra-se assim profundamente caracterizada. Do mesmo modo, denominando um de *temporal*, é bastante indicada a eternidade do outro. Ora, essa segunda característica não é menos decisiva do que a primeira.

(*Id.*)

16. O poder religioso, principal órgão da continuidade humana, representa sozinho as duas durações infinitas entre as quais flutua o domínio efêmero do poder político propriamente dito.

(*Ibid.*)

17. Só se pode regular poderes preexistentes; excetuando-se os casos de ilusões metafísicas, em que se acredita criá-los à medida que se os define.

(*Id.*)

CORÃO (O)
18. E nós os colocamos em fileiras, uns acima dos outros, a fim de que uns peguem os outros para servi-los; e a misericórdia de teu Senhor vale mais do que os bens que eles acumulam.

DECLARAÇÃO DOS DIREITOS DO HOMEM E DO CIDADÃO
19. O princípio de toda soberania reside essencialmente na nação: nenhum corpo, nenhum indivíduo pode exercer autoridade que daí não emane expressamente.
(*Art. III*)

DIDEROT
20. O consentimento dos homens reunidos em sociedade é o fundamento do *poder*. Aquele que se estabeleceu unicamente pela força só pode subsistir pela força.
(*Enciclopédia*)

DURKHEIM
21. A opinião, coisa social em primeiro lugar, é uma fonte de autoridade, e até é possível perguntar-se se toda autoridade não é filha da opinião. Objetar-se-á que a ciência é muitas vezes a antagonista da opinião, cujos erros retifica e combate. Mas ela só pode ser bem-sucedida nessa tarefa se tiver autoridade suficiente, e só consegue obter essa autoridade a partir da própria opinião.
(*As formas elementares da vida religiosa*)

EPICTETO
22. Se desejas uma coroa, pegue uma de rosas e coloque sobre tua cabeça; será mais bonita de ver.
(*Dissertações*)

23. Quanto a mim, a tudo examinei, e ninguém tem poder sobre mim.
(*Id.*)

ESPINOSA
24. Devemos nos lembrar de que somos para o poder de Deus o que a argila é para o poder do oleiro que, da mesma terra, faz vasos, alguns dos quais são para a honra, outros para o opróbrio, e também que o homem bem pode agir contrariamente a

esses decretos de Deus que estão impressos como leis em nossa alma ou na dos profetas, mas não contra o decreto eterno de Deus que está gravado em todo o universo e que concerne à ordem de toda a natureza.

(*Tratado político*)

FOUCAULT
25. Por mais que aparentemente o discurso seja pouco importante, as interdições que o atingem logo e depressa revelam sua ligação com o desejo e com o poder. E o que há de surpreendente nisso, já que o discurso – como a psicanálise nos demonstrou – não é simplesmente o que manifesta (ou oculta) o desejo; é também o que é o objeto do desejo; e já que – a história não cessa de nos indicar – o discurso não é simplesmente o que traduz as lutas ou os sistema de dominação, mas aquilo por que, aquilo pelo que se luta, o poder do qual procuramos nos apoderar.

(*A ordem do discurso*)

HOLBACH
26. O *poder* é a posse das faculdades ou dos meios necessários para fazer os outros homens contribuírem para suas próprias vontades. O poder legítimo é aquele que determina os outros a se prestarem a nossos objetivos pela ideia de sua própria felicidade: esse poder não passa de uma violência quando, sem nenhuma vantagem para nós, ou mesmo para nosso prejuízo, ele nos obriga a nos submetermos à vontade dos outros.

(*O sistema social*)

IBN KHALDOUN
27. Realizada a reunião dos homens em sociedade, e tendo a espécie humana povoado o mundo, é necessário que um poder os contenha e os mantenha à distância uns dos outros; pois o homem enquanto animal é conduzido por sua natureza à agressividade e à injustiça.

(*Prolegômenos*)

KANT
28. Todo Estado contém em si três *poderes*, isto é, a vontade geral reunida em três pessoas (*trias politica*): o *poder soberano* que

reside na pessoa do legislador, o *poder executivo*, na pessoa que governa (conforme a lei), e o *poder judiciário* (que atribui a cada um o que é seu de acordo com a lei), na pessoa do juiz (*potestas legislatoria, rectoria et iudiciaria*)

(*Metafísica dos costumes*)

29. O poder *legislativo* só pode pertencer à vontade unificada do povo.

(*Id.*)

LÊNIN

30. O proletariado tem necessidade do poder do Estado, de uma organização centralizada da força, de uma organização da violência, tanto para reprimir a resistência dos exploradores quanto para *dirigir* a grande massa da população – campesinato, pequena burguesia, semiproletariado – para o "estabelecimento" da economia socialista.

(*O Estado e a Revolução*)

LUCRÉCIO

31. Sísifo também existe na vida, sob nossos olhos, obstinando-se a conquistar os fasces diante do povo e sempre retirando-se vencido e triste. Pois buscar o poder que é apenas vaidade e que não se obtém, e nessa perseguição atrelar-se a um trabalho duro e incessante, é de fato empurrar com esforço, pelo flanco de uma montanha, a rocha que, tão logo içada até o topo, torna a cair e vai rolar na planície.

(*Da natureza*)

LYOTARD

32. Pela última vez, deixem de confundir poder e potência... O poder é de um eu, de uma instância, a potência de ninguém.

(*Economia libidinal*)

MAQUIAVEL

33. Um legislador hábil, que pretende servir o interesse comum e o interesse da pátria mais do que o seu próprio e o de seus herdeiros, deve empregar todo o seu engenho para atrair todo o poder para si.

(*Discursos sobre a primeira década de Tito Lívio*)

34. Não existe república, qualquer que seja a maneira como é governada, onde haja mais de quarenta a cinquenta cidadãos que chegam a postos de comando. Ora, como é um número muito pequeno, é fácil mantê-los sob controle, seja tomando a decisão de suprimi-los, seja dando a cada um a parcela de honras e empregos que lhes convém.

(Id.)

MARX
35. Os diferentes métodos de acumulação primitiva que a era capitalista produz dividem-se em primeiro lugar por ordem mais ou menos cronológica entre Portugal, Espanha, Holanda, França e Inglaterra, até que essa última os combine todos no último terço do século XVII em um conjunto sistemático que abrange ao mesmo tempo o regime colonial, o crédito público, as finanças modernas e o sistema protecionista. Alguns desses métodos repousam no emprego da força bruta, mas todos, sem exceção, exploram o poder do Estado, a força concentrada e organizada da sociedade, a fim de precipitar violentamente a passagem da ordem econômica feudal à ordem econômica capitalista e abreviar as fases de transição. E, com efeito, a força é a parteira de toda velha sociedade em trabalho de parto. A força é um agente econômico.

(O capital)

MILL
36. Se a servidão sempre corrompe, corrompe menos o escravo do que o senhor, exceto quando é levada até o embrutecimento. No plano moral, é melhor para um ser humano sofrer coerções, mesmo se emanam de um poder arbitrário, do que exercer sem controle um poder dessa natureza.

(A servidão das mulheres)

MONTESQUIEU
37. Em toda magistratura, é preciso compensar a grandeza do poderio pela brevidade de sua duração.

(O espírito das leis)

NIETZSCHE
38. Onde *reina o direito*, mantém-se um certo estado e grau de poderio. Opomo-nos a seu crescimento e à sua diminuição. O direito dos outros é uma concessão feita por nosso sentimento de poderio ao sentimento de poderio desses outros. Caso nosso poderio se mostre profundamente abalado e quebrantado, nossos direitos cessam: em compensação, se nos tornamos muito mais poderosos, os direitos que reconhecemos para os outros até então cessam de existir para nós.
(Aurora)

PIO IX
39. A Igreja não tem o direito de empregar a força; não tem qualquer poder temporal direto ou indireto.
(Silabo que encerra os principais erros de nosso tempo)

PLATÃO
40. Os que possuem a ciência política, tenham ou não no exercício de seu poder o consentimento de seus súditos, apoiem-se ou não em leis escritas, sejam ricos ou pobres, devem ser considerados como tendo em uma arte determinada o fundamento de seu poder.
(O político)

ROSTAND (JEAN)
41. O mínimo que se pode dizer do poder é que a vocação para ele é suspeita.
(Pensamentos de um biólogo)

SAINT-JUST
42. Não se pode reinar inocentemente.
(Discurso concernente ao julgamento de Luís XVI)

SÊNECA
43. O mais poderoso é aquele que tem todo poder em si.
(Cartas)

SMITH (ADAM)
44. *Riqueza é poder*, disse Hobbes; mas aquele que conquista uma grande fortuna ou que a recebeu como herança não adquire

com isso necessariamente qualquer poder político civil ou militar. Talvez sua fortuna possa fornecer-lhe os meios de conquistar um ou outro desses poderes, mas a simples posse dessa fortuna não lhos transmite necessariamente. O gênero de poder que essa posse lhe transmite imediata e diretamente é o poder de compra; é um direito de comando sobre todo o trabalho do outro ou sobre todo o produto desse trabalho existente então no mercado. Sua fortuna é maior ou menor exatamente na proporção da extensão desse poder, na proporção da quantidade de trabalho do outro que ela o coloca em condições de encomendar ou, o que é a mesma coisa, do produto do trabalho do outro que ela o coloca em condições de comprar. *O valor de troca* de qualquer coisa deve necessariamente ser sempre precisamente igual à quantidade dessa espécie de poder que ele transmite àquele que o possui.

(*Investigações sobre a natureza e as causas da riqueza das nações*)

TOCQUEVILLE
45. Penso que é sempre necessário colocar em algum lugar um poder social superior a todos os outros, mas acredito que a liberdade corre perigo quando esse poder não encontra diante de si nenhum obstáculo que possa conter sua marcha e dar-lhe tempo de moderar a si mesmo. A onipotência parece-me em si uma coisa ruim e perigosa.

(*A democracia na América*)

46. Todas as vezes que um poder qualquer for capaz de fazer todo um povo contribuir para um único empreendimento, com pouca ciência e muito tempo conseguirá extrair do concurso de tão grandes esforços algo de imenso, sem que com isso seja necessário concluir que o povo é muito feliz, muito esclarecido ou mesmo muito forte.

(*Id.*)

VALÉRY
47. É o instinto do abuso do poder que faz sonhar com tanta paixão com o poder. O poder sem o abuso perde o encanto.

(*Tal qual II*)

Weber

48. Todo homem que faz política aspira ao poder, ou porque o considera como um meio a serviço de outros fins, ideais ou egoístas, ou porque o deseja "por ele mesmo" com o intuito de usufruir do sentimento de prestígio que ele confere.

(Politik als Beruf)

Weil (Simone)

49. Exatamente pelo fato de ser essencialmente impotente para assenhorear-se de seu objeto, a busca do poder exclui qualquer consideração de fim e chega, por uma inversão inevitável, a fazer as vezes de todos os fins.

(Opressão e liberdade)

37. PSICOLOGIA
(CIÊNCIA DO HOMEM?)

ALAIN
1. Toda nossa biblioteca psicológica presta-se para ser triturada por um pilão.
   (*Considerações II*)

COURNOT
2. É da natureza dos fatos psicológicos traduzirem-se mais por aforismos do que por teoremas.
   (*Ensaios sobre os fundamentos de nossos conhecimentos*)

DAGOGNET
3. A psicologia, pretensa ciência do *ego* – insistimos nisso –, geralmente sustentou os mitos. No entanto, só progrediu quando fisicalizou suas pesquisas, suas comparações, seus modelos... Para nós, o psíquico não se reduz a uma luz que se sobreporia, não se sabe aliás nem como nem por quê, ao físico: ele é a própria essência do físico.
   (*Anatomia de um epistemologista: François Dagognet*)

HUSSERL
4. É certo que o trabalho da psicologia moderna não foi inútil: ela produziu muitas regras empíricas que até têm um grande valor prático. Mas é tão pouco uma psicologia efetiva quanto a estatística moral, com seus conhecimentos não menos preciosos, é uma ciência da moral.
   (*A crise da humanidade europeia e a filosofia*)

5. Tudo bem ponderado, sou da opinião de que jamais houve e de que jamais haverá uma ciência objetiva do espírito, uma doutrina objetiva da psique, a objetividade consistindo em condenar

as psiques, as comunidades pessoais, à inexistência, submetendo-as às formas do espaço e do tempo.

(Id.)

LAGNEAU
6. Em sua origem e seu fundamento, a psicologia é a própria metafísica.

(Fragmento 10)

RENARD
7. A psicologia. Quando utilizamos esse termo, parece que estamos assobiando para chamar os cães.

(Diário)

38. RAZÃO

Adorno
1. A racionalidade é cada vez mais assimilada "more mathematico" à faculdade de quantificar. Isso explica justamente a primazia de uma ciência da natureza triunfante, sem contudo residir no conceito da razão em si. Não é sua menor cegueira fechar-se aos momentos qualitativos enquanto algo que, por sua vez, deve ser pensado racionalmente.

(Dialética negativa)

Arnauld e Nicole
2. A razão é utilizada como um instrumento para alcançar as ciências, e dever-se-ia usar, ao contrário, as ciências como um instrumento para aperfeiçoar a razão.

(A lógica ou a arte de pensar)

Bachelard
3. A "razão humana", assim como o "raio do elétron", são apenas resumos estatísticos.

(A experiência do espaço na física contemporânea)

Cassirer
4. O termo razão é muito pouco adequado para englobar as formas da vida cultural do homem em sua riqueza e diversidade. Ora, todas são formas simbólicas. A partir disso, antes de definir o homem como *animal rationale*, iremos defini-lo como *animal symbolicum*.

(Ensaio sobre o homem)

CHAMFORT
5. Para chegar a perdoar à razão o mal que faz à maioria dos homens, é preciso considerar o que seria o homem sem sua razão. É um mal necessário.

(*Pensamentos, máximas e anedotas*)

CÍCERO
6. Da mesma maneira que o vinho raramente é bom para os doentes e com maior frequência prejudicial, sendo melhor negá-lo totalmente a eles do que expô-los a um perigo evidente com uma esperança duvidosa; assim, não sei se não teria sido preferível para a humanidade que essa agitação, essa sutileza, essa indústria do pensamento que chamamos de razão, desastrosa para a multidão e saudável apenas para alguns, nos tivesse sido absolutamente recusada em vez de ser tão generosa e amplamente distribuída.

(*De natura deorum*)

COMTE
7. A razão humana agora já é madura o suficiente para que empreendamos laboriosas pesquisas científicas sem ter em vista qualquer objetivo alheio capaz de agir com força sobre a imaginação, como aquele que os astrólogos ou os alquimistas se propunham.

(*Curso de filosofia positiva*)

DESCARTES
8. Quanto à razão ou ao senso, principalmente por ser ela a única coisa que nos torna homens e nos distingue dos animais, quero crer que está por inteiro ao alcance de todos.

(*Discurso do método*)

9. De resto, o verdadeiro emprego de nossa razão para a conduta da vida não consiste senão em examinar e considerar sem paixão o valor de todas as perfeições, tanto do corpo quanto do espírito, que podem ser adquiridas por nossa conduta, a fim de que, sendo normalmente obrigados a nos privar de algumas para ter as outras, sempre escolhamos as melhores.

(*Carta a Elisabeth*)

DIDEROT

10. Perdido em uma floresta imensa durante a noite, tenho apenas uma luzinha para me conduzir. Aparece um desconhecido que me diz: *Amigo, sopra a candeia para encontrar melhor teu caminho.* Esse desconhecido é um teólogo.

   (*Adição aos pensamentos filosóficos*)

HEGEL

11. A razão é a suprema união da consciência e da consciência de si, ou seja, do conhecimento de um objeto e do conhecimento de si. É a certeza de que suas determinações não são menos objetais, não são menos determinações da essência das coisas do que são nossos próprios pensamentos. É, em um único e mesmo pensamento, ao mesmo tempo e ao mesmo título, certeza de si, isto é, subjetividade, e ser, isto é, objetividade.

   (*Propedêutica filosófica*)

12. A razão é tão poderosa quanto ardilosa. Seu ardil consiste em geral nessa atividade mediadora que, deixando os objetos agirem uns sobre os outros conforme à sua própria natureza, sem se imiscuir diretamente em sua ação recíproca, consegue, contudo, atingir unicamente o objetivo que se propõe.

   (*Enciclopédia das ciências filosóficas*)

13. A Razão governa o mundo e, consequentemente, governa e governou a história universal. Com relação a essa Razão universal e substancial, todo o resto é subordinado e lhe serve de instrumento e de meio. Ademais, essa Razão é imanente na realidade histórica, realiza-se nela e por ela. É a *união* do Universal existente em si e por si e do individual e do subjetivo que constitui a única verdade.

   (*Curso de 1830*)

HOLBACH

14. Tudo nos prova que a cada dia nossos costumes se abrandam, os espíritos se esclarecem, a razão conquista terreno...

   (*O sistema social*)

HUME

15. A razão não passa de um instinto maravilhoso e ininteligível em nossas almas, que nos arrebata em uma certa sequência de ideias e as dota de qualidades particulares, conforme suas situações e relações particulares.

(Tratado da natureza humana)

16. A razão dos céticos e a razão dos dogmáticos são de um mesmo gênero, apesar da contrariedade de suas operações e de suas tendências.

(Id.)

17. A razão é e só pode ser escrava das paixões; não pode pretender outros papéis que não servir e obedecer a elas.

(Id.)

18. Não contraria a razão preferir a destruição do mundo inteiro a um arranhão no meu dedo.

(Id.)

HUSSERL

19. A razão não é uma faculdade com o caráter de um fato acidental; não engloba em sua noção fatos acidentais, mas é uma forma de estrutura universal e essencial da subjetividade transcendental em geral.

(Meditações cartesianas)

KANT

20. Se dizemos do entendimento que ele é o poder de reconduzir os fenômenos à unidade por meio das regras, deve-se dizer da razão que ela é a faculdade de reconduzir à unidade as regras do entendimento por meio de princípios. Portanto ela jamais se relaciona imediatamente nem com a experiência, nem com um objeto qualquer, mas com o entendimento, a fim de fornecer *a priori* e por conceitos aos variados conhecimentos dessa faculdade uma unidade que se pode chamar racional e que é inteiramente diferente da que o entendimento pode fornecer.

(Crítica da razão pura)

21. É o destino comum da razão humana na especulação terminar seu edifício assim que possível e só depois examinar se também os fundamentos foram bem colocados.

(Ibid.)

22. Em uma criatura, a razão é o poder de estender as regras e os desígnios que presidem o uso de todas as suas forças bem além do instinto natural, e seus projetos não conhecem limites. Mas ela própria não age instintivamente: precisa experimentar-se, exercer-se, instruir-se para avançar de maneira contínua de um grau de inteligência a outro. Por isso todos os homens deveriam gozar de uma vida ilimitada para aprender como devem usar integralmente todas as suas disposições naturais. Ou então, se a natureza só lhes destinou um curto período de vida (e é exatamente o caso), é porque tem necessidade de uma linhagem talvez interminável de gerações em que cada uma transmita suas luzes à seguinte para fazer com que enfim em nossa espécie os germes naturais alcancem até o grau de desenvolvimento plenamente conforme a seus desígnios.

(Ideia de uma história universal de um ponto de vista cosmopolita)

23. A razão foi-nos atribuída como poderio prático, isto é, como poderio que deve ter influência sobre a vontade.

(Fundamentos da metafísica dos costumes)

24. O homem encontra realmente em si uma faculdade pela qual se distingue de todas as outras coisas, mesmo de si mesmo na medida em que é afetado por objetos, e essa faculdade é a *razão*.

(Id.)

25. A razão manifesta, naquilo que chamamos as ideias, uma espontaneidade tão pura que ela se ergue assim acima do que a sensibilidade pode lhe fornecer e manifesta sua principal função distinguindo um do outro o mundo sensível e o mundo inteligível, e indicando assim seus limites ao próprio entendimento.

(Ibid.)

26. O homem é um ser que tem necessidades na medida em que pertence ao mundo sensível, e, a esse respeito, sua razão tem

certamente um encargo que não pode declinar com relação à sensibilidade, o de se ocupar dos interesses da última, o de constituir máximas práticas, em vista da felicidade desta vida e também, quando é possível, da felicidade de uma vida futura. Mas não é, no entanto, tão completamente animal para ser indiferente a tudo o que a razão lhe diz por ela mesma e para empregá-la simplesmente como um instrumento próprio para satisfazer suas necessidades como ser sensível. Pois o fato de ter a razão não lhe dá absolutamente um valor superior à simples animalidade, se ela só devesse servir-lhe para o que o instinto realiza nos animais.

(*Crítica da razão prática*)

LAGNEAU
27. Chamamos razão o poder de sair de si afirmando uma lei superior cuja ideia o homem encontra em si, e, fora, apenas o reflexo, uma lei que ele não faz, mas que pode compreender, e tudo por meio dela, contanto que a aceite e a ela se submeta.

(*Simples anotações para um programa de união e de ação*)

LEIBNIZ
28. O conhecimento das verdades necessárias e eternas é o que nos distingue dos simples animais e nos faz ter a *Razão* e as ciências; elevando-nos ao conhecimento de nós mesmos e de Deus. E é o que se chama em nós Alma razoável ou *Espírito*.

(*Monadologia*)

29. Se a liberdade consiste em se livrar do jugo da razão, os loucos e os insensatos seriam os únicos seres livres; mas não acredito que por amor de tal liberdade alguém quisesse ser louco, a não ser quem já o é.

(*Novos ensaios sobre o entendimento humano*)

MONTAIGNE
30. Aparentemente não temos outro ponto de vista da verdade e da razão além do exemplo e da ideia das opiniões e usos do país em que estamos.

(*Os ensaios*)

31. Sempre chamo razão essa aparência de discurso que cada um forja em si.

(*Id.*)

NIETZSCHE
32. Temo que os animais considerem o homem um ser de sua espécie, mas que perdeu da maneira mais perigosa *a saudável razão animal*, temo que o considerem o *animal absurdo*, o animal que ri e chora, o animal desastroso.

(*A gaia ciência*)

PASCAL
33. Por mais que a razão proteste, ela não pode colocar o preço nas coisas.

(*Pensamentos*)

34. Dois excessos: excluir a razão, só admitir a razão.

(*Id.*)

PIO IX
35. A razão é a regra soberana pela qual o homem pode e deve adquirir o conhecimento de todas as verdades de todos os tipos.

(*Sílabo que encerra os principais erros de nosso tempo*)

PLATÃO
36. Não é à razão que caberia comandar, já que ela é sensata e é para a alma uma providência superior?

(*A República*)

PUTNAM
37. Se é verdade que somente os enunciados verificáveis criterialmente são aceitáveis racionalmente, então esse próprio enunciado não pode ser criterialmente verificado e não pode portanto ser racionalmente aceitável.

(*Razão, verdade e história*)

Rousseau
38. É em vão que gritam: submete tua razão; aquele que me engana pode me dizer o mesmo: preciso de razões para submeter minha razão.

(*Emílio ou Da educação*)

Sartre
39. Um louco jamais faz senão realizar à sua maneira a condição humana.

(*O ser e o nada*)

Schopenhauer
40. Há algo de feminino na natureza da razão: ela só dá quando recebeu. Por ela mesma, só contém as formas vazias de sua atividade.

(*O mundo como vontade e representação*)

Weil (Éric)
41. O homem concreto, o indivíduo, não é simplesmente racional. Certamente não é privado de razão, mas a possui em um grau mais ou menos elevado; talvez jamais chegue à posse total da razão inteira; não é menos certo que pode ser desprovido de razão, que se encontram animais que tudo têm do homem no sentido das definições científicas, mesmo a linguagem, e que não possuem o essencial no sentido do filósofo: loucos, cretinos, *homines minime sapientes*. Embora lamentável, esse fato não sofre contestação: o homem em certos momentos e em certos lugares não foi suficientemente desprovido de razão para matar os filósofos?

(*Lógica da filosofia*)

Weil (Simone)
42. Só existe uma única e mesma razão para todos os homens; eles só se tornam estranhos e impenetráveis uns para os outros quando dela se afastam.

(*Opressão e liberdade*)

39. RELIGIÃO

Alain
1. Na religião, tudo é verdade, exceto o sermão; tudo é bom, exceto o sacerdote.
(*Considerações II*)

2. Como o boticão tem a forma do dente, a religião tem a forma de nossas paixões.
(*Id.*)

3. Aceitação é sempre apenas a metade da religião; a outra é revolta, reivindicação, apelo contra o que é, em prol do que deveria ser.
(*Id.*)

4. A religião é verdadeira em todo o resto e mentirosa apenas no que diz. Pois, caso houvesse Deus no céu, como não gritar de terror ou de cólera?
(*Id.*)

5. Os deuses são nossas metáforas, e nossas metáforas são nossos pensamentos.
(*Id.*)

6. Sempre houve duas religiões, uma das quais nos puxa para fora e para as práticas, e outra, ao contrário, que nos reconduz a algo de indomável em nós mesmos.
(*Id.*)

7. Toda religião fala por templos, estátuas, emblemas; e é bom formar por precaução a ideia de que a arte e a religião não são duas coisas, mas antes o avesso e o direito de um mesmo tecido.
(*A mitologia humana*)

8. O antropomorfismo está bem longe de ser o erro capital das religiões; é, antes, sua verdade viva.
(Id.)

9. Um amigo precioso, que professava a religião de seus pais, dizia-me: "A missa não é mais irreligiosa do que qualquer outra coisa." A frase não deixava de ter alcance, pois as imagens são todas prestígio ou todas verdade de acordo com a maneira como são utilizadas.
(Id.)

10. A religião consiste em acreditar por vontade, sem provas e mesmo contra as provas, que o espírito, valor supremo e juiz dos valores, existe sob as aparências e até se revela nas aparências para quem sabe ler a história.
(Definições)

COMTE

11. Aos olhos da fé, sobretudo monoteísta, a vida social não existe na falta de um objetivo que lhe seja próprio; a sociedade humana só pode então oferecer imediatamente uma simples aglomeração de indivíduos cuja reunião é quase tão fortuita quanto passageira e na qual, cada um ocupado apenas de sua salvação, somente concebe a participação na do outro como um meio poderoso de melhor merecer a sua, obedecendo às prescrições supremas que lhe impuseram essa obrigação.
(Discurso sobre o espírito positivo)

12. Nenhuma renovação mental pode realmente regenerar a sociedade a não ser quando a sistematização das ideias conduz à sistematização dos sentimentos, a única socialmente decisiva, e sem a qual jamais a filosofia substituiria a religião.
(Sistema de política positiva)

13. Para a alma, a religião constitui um consenso normal exatamente comparável ao da saúde com relação ao corpo.
(Id.)

14. Seria tão irracional supor muitas religiões quanto muitas saúdes.
(Ibid.)

15. Se o amor estimula a acreditar superando o orgulho, a fé dispõe a amar prescrevendo a submissão.
(Id.)

16. Nossa natureza, individual ou coletiva, torna-se cada vez mais religiosa, por mais estranha que tal lei possa parecer hoje em dia.
(Id.)

17. Toda a história da humanidade condensa-se necessariamente na da religião. A lei geral do movimento humano consiste, sob um aspecto, em que o homem se torna cada vez mais religioso.
(Catecismo positivista)

COURNOT
18. A ideia de Deus é a ideia da natureza personalizada e moralizada, não à semelhança do homem, mas por uma indução motivada na consciência da personalidade e da moralidade humanas; a ideia da natureza é a ideia de Deus, mutilada pela supressão da personalidade, da liberdade e da moralidade: daí a profunda contradição de haver na ideia da natureza, ao mesmo tempo, muito mais e muito menos que na ideia que o homem faz para si de suas próprias faculdades.
(Tratado do encadeamento das ideias fundamentais nas ciências e na história)

DESCARTES
19. Formei para mim uma moral provisória, que consistia somente em três ou quatro máximas que gostaria de participar-vos.
A primeira era obedecer às leis e aos costumes de meu país, mantendo constantemente a religião na qual Deus me deu a graça de ser instruído desde minha infância e regendo-me para todas as outras coisas de acordo com as opiniões mais moderadas e mais afastadas do excesso, que fossem comumente aceitas na prática pelos mais sensatos daqueles com quem eu teria de conviver.
(Discurso do método)

DIDEROT
20. Existem pessoas de quem não se deve dizer que são tementes a Deus, mas sim que têm medo dele.
(Pensamentos filosóficos)

21. Um dia perguntaram a alguém se existiam verdadeiros ateus. Acreditais, respondeu ele, que existam verdadeiros cristãos?
(Id.)

22. A crença em um Deus produz e deve produzir quase tantos fanáticos quantos crentes. Por toda a parte em que se admite um Deus, existe um culto; em todo lugar onde existe um culto, a ordem natural dos deveres morais é derrubada, e a moral corrompida. Cedo ou tarde, chega um momento em que a noção que impediu de roubar um escudo faz degolar cem mil homens.
(Carta a Sophie Volland)

23. Ser ateu compete somente ao gentil-homem.
(Ensaio sobre os reinados de Cláudio e Nero)

DURKHEIM

24. A própria ideia de uma cerimônia religiosa de alguma importância desperta naturalmente a ideia de festa. Inversamente, qualquer festa, mesmo quando é puramente leiga por suas origens, tem certas características da cerimônia religiosa, porque, em todos os casos, seu efeito é aproximar os indivíduos, colocar as massas em movimento e suscitar assim um estado de efervescência, às vezes até de delírio, que não deixa de ter parentesco com o estado religioso.
(As formas elementares da vida religiosa)

25. Existe na religião algo de eterno que está destinado a sobreviver a todos os símbolos particulares com os quais o pensamento religioso se envolveu sucessivamente.
(Id.)

FEUERBACH

26. A religião repousa nessa *diferença essencial* que distingue o homem do animal: os animais *não têm* religião.
(A essência do cristianismo)

27. A religião é a consciência do infinito; ela é portanto e só pode ser a consciência que o homem toma de *sua própria essência*, não de sua essência finita e limitada, mas de sua essência *infinita*.
(Id.)

28. Os templos erigidos em homenagem à religião são erigidos, de fato, *em homenagem à arquitetura*.

(*Id.*)

29. O homem afirma em Deus o que nega em si mesmo.

(*Id.*)

FICHTE

30. A religião não é uma ocupação independente que seria possível praticar fora das outras ocupações, por exemplo, em certos dias e em certas horas; mas é o espírito interior que penetra, anima e impregna todo o nosso pensamento e toda a nossa ação, os quais, aliás, prosseguem seu caminho sem se interromper.

(*Iniciação à vida bem-aventurada*)

FREUD

31. Em todos os tempos, a imoralidade encontrou na religião tanto apoio quanto a moralidade.

(*O futuro de uma ilusão*)

32. A religião seria a neurose obsessiva universal da humanidade; como a da criança, ela deriva do complexo de Édipo, das relações da criança com o pai.

(*Id.*)

33. O verdadeiro crente encontra-se em alto grau protegido de certas afecções neuróticas; a aceitação da neurose universal o dispensa da tarefa de criar para si uma neurose pessoal.

(*Id.*)

34. Acredito que seria necessário muito tempo antes de uma criança, a quem nada se tivesse dito, começar a se preocupar com Deus e com as coisas do além.

(*Id.*)

35. Quando se tenta determinar o lugar da religião na história da evolução humana, ela não aparece como uma aquisição durável, mas como o equivalente da neurose pela qual o homem deve passar inevitavelmente no caminho que o conduz da infância à maturidade.

(*Novas conferências sobre a psicanálise*)

GOETHE

36. A fé é um capital particular, secreto, como existem caixas públicas de poupança e de auxílio de onde se extraem recursos para dar às pessoas o necessário nas épocas de penúria: aqui o crente paga a si mesmo, em silêncio, seus juros.

(Pensamentos)

37. Só existem duas religiões verdadeiras, uma que reconhece e adora sem nenhuma forma a santidade que habita em nós e ao nosso redor, a outra que a reconhece e a adora na forma mais bela: tudo o que se encontra entre as duas é idolatria.

(Id.)

HEGEL

38. A religião representa o espírito absoluto não somente para a intuição e para a representação, mas também para o pensamento e o conhecimento. Seu destino capital é elevar o indivíduo ao pensamento de Deus, provocar sua união com ele e assegurá-lo dessa unidade.

(Propedêutica filosófica)

39. A religião é o lugar onde um povo dá a si mesmo a definição do que considera o Verdadeiro.

(Curso de 1830)

40. A arte, a religião e a filosofia só diferem pela forma; seu objeto é o mesmo.

(Estética)

HOLBACH

41. Os homens agarram-se à sua religião como os selvagens à aguardente.

(O sistema da natureza)

42. Não existem dois indivíduos sobre a terra que tenham ou que possam ter as mesmas ideias de seu Deus.

(O bom senso do cura Meslier)

HUME

43. Podemos observar que, a despeito das maneiras dogmáticas e imperiosas de todas as superstições, a convicção dos homens reli-

giosos é, em qualquer época, mais fingida do que real e muito raramente e bem pouco equipara-se à firme crença e à firme persuasão que nos governam nos negócios comuns da vida.

(*A história natural da religião*)

HUSSERL

44. Os deuses no plural, as potências míticas de todos os gêneros, são objetos do mundo ao nosso redor; têm a mesma realidade que o animal ou que o homem. Na noção de *Deus*, o singular é essencial.

(*A crise da humanidade europeia e a filosofia*)

IBN KHALDOUN

45. Uma nação se enfraquece quando o sentimento religioso se corrompe e se altera.

(*Prolegômenos*)

KIERKEGAARD

46. Fé e dúvida não são dois gêneros de conhecimento a serem determinados em continuidade um ao outro, pois nem um nem outro é um ato de conhecimento, são paixões contrárias.

(*Migalhas filosóficas*)

47. Quando Sócrates acreditava que existia um Deus, mantinha com firmeza a incerteza objetiva com toda a paixão da interioridade, e é nessa contradição, nesse risco que a fé justamente reside. Agora é diferente, em lugar da incerteza objetiva, temos a certeza de que isso, objetivamente, é o absurdo, e esse absurdo, mantido firmemente na paixão da interioridade, é a fé. A incerteza socrática é como uma brincadeira sutil em comparação com a seriedade do absurdo, e a interioridade socrática existencial é como a despreocupação grega em comparação com a tensão da fé.

(*Pós-escrito*)

48. Isso deve ser dito; que seja portanto dito: "Quem quer que sejas e qualquer que seja tua vida, amigo, se cessares de participar (no caso de participares) do culto oficialmente dedicado a Deus tal como é atualmente praticado (com a pretensão de ser o cristianismo do Novo Testamento), sempre terás um pecado a menos

na consciência, e dos grandes; no que diz respeito a ti, não estarás zombando de Deus chamando cristianismo do Novo Testamento o que não é o cristianismo do Novo Testamento. Repito-o, isso deve ser dito: cessando de participar do culto oficial, tal como é celebrado agora (caso dele participes), sempre terás um pecado a menos na consciência, e dos grandes: no que diz respeito a ti, não estarás zombando de Deus.

(Isso deve ser dito; que seja portanto dito)

LACORDAIRE
49. Mesmo que falsa, a religião é um elemento necessário na vida de um povo.

(Cartas a um jovem)

LICHTENBERG
50. Para que a religião seja apreciada pela massa, deve necessariamente conservar algo do *gosto sublime* da superstição.

(Aforismos)

LUCRÉCIO
51. Piedade não é mostrar-se a todo instante com a cabeça coberta por um véu diante de uma pedra, não é aproximar-se de todos os altares, não é prosternar-se no chão com as mãos espalmadas diante das estátuas divinas, não é regar os altares com o sangue dos animais, nem acrescentar preces a preces; é, sim, considerar todas as coisas deste mundo com serenidade.

(Da natureza)

MAQUIAVEL
52. Tudo o que tende a favorecer a religião deve ser bem-vindo, mesmo caso se reconhecesse sua falsidade; e deve-se fazer isso quanto mais se tenha sabedoria e conhecimento da natureza humana.

(Discursos sobre a primeira década de Tito Lívio)

MARX
53. A religião é o suspiro da criatura atormentada pela desventura, é o coração de um mundo sem coração, como é o espírito de uma época sem espírito: ela é o *ópio do povo*.

(Contribuição à crítica da filosofia do direito de Hegel)

Merleau-Ponty
54. A religião faz parte da cultura, não como dogma, nem mesmo como crença, como brado.

(*Sentido e não-sentido*)

Molière
55. SGANARELLE – ... Mas ainda é preciso acreditar em algo no mundo: em que afinal acreditais?
DON JUAN – Em que acredito?
SGANARELLE – Isso mesmo.
DON JUAN – Acredito que dois e dois são quatro, Sganarelle, e que quatro e quatro são oito.
SGANARELLE – Que bela crença! Vossa religião, pelo que vejo, é então a aritmética?

(*Don Juan*)

Montaigne
56. O homem é bem insensato. Não saberia forjar um caruncho, e forja deuses às dúzias.

(*Os ensaios*)

Montesquieu
57. A religião é menos um tema de santificação do que um tema de discussões que pertence a todos.

(*Cartas persas*)

Nietzsche
58. Não existe entre as religiões e a ciência verdadeira nem parentesco, nem amizade, nem mesmo inimizade: vivem em planetas diferentes.

(*Humano, demasiado humano*)

59. Se a fé não tornasse feliz, não haveria fé: então quão pouco valor ela deve ter!

(*Id.*)

60. ESFACELAMENTO DAS IGREJAS – Não existe religião suficiente no mundo para aniquilar ao menos as religiões.

(*Id.*)

61. Em toda religião, o homem religioso é uma exceção.
(*A gaia ciência*)

62. As guerras de religião constituíram até então o maior progresso das massas: afinal, demonstram que a massa passou a considerar as noções com respeito.
(*Id.*)

PASCAL
63. A conduta de Deus, que dispõe todas as coisas com suavidade, é colocar a religião no espírito pelas razões e no coração pela graça. Mas querer colocá-la no espírito e no coração pela força e pelas ameaças não é neles colocar a religião e sim o terror, *terrorem potius quam religionem*.
(*Pensamentos*)

64. A verdadeira religião ensina nossos deveres, nossas impotências: orgulho e concupiscência; e os remédios: humildade, mortificação.
(*Id.*)

PIO IX
65. Todo homem é livre para abraçar e professar a religião que à luz da razão julgar verdadeira.
(*Sílabo que encerra os principais erros de nosso tempo*)

RENARD
66. Seria impressionante, esse corpo nessa caixa sob essas abóbadas imensas e sonoras, se os padres ridículos não eliminassem toda a gravidade.
(*Diário*)

ROSTAND (JEAN)
67. É mais fácil morrer por aquilo em que se acredita do que acreditar um pouco menos naquilo em que se acredita.
(*Pensamentos de um biólogo*)

ROUSSEAU
68. Se houvesse uma religião sobre a terra fora da qual só houvesse pesar eterno e se, em algum lugar do mundo, um único mortal

de boa-fé não fosse atingido por sua evidência, o Deus dessa religião seria o mais iníquo e cruel dos tiranos.

(*Emílio ou Da educação*)

69. É em vão que gritam: submete tua razão; aquele que me engana pode me dizer o mesmo: preciso de razões para submeter minha razão.

(*Id.*)

SCHOPENHAUER
70. A necessidade de uma metafísica impõe-se irresistivelmente a todo homem e, nos pontos essenciais, as religiões fazem justamente as vezes de metafísica para a grande massa que é incapaz de pensar.

(*O mundo como vontade e representação*)

STIRNER
71. Ainda hoje empregamos esse termo de origem latina "religião" que, por sua etimologia, exprime a ideia de *ligação*; e de fato estamos ligados, e ligados permaneceremos enquanto estivermos impregnados de religião.

(*O único e sua propriedade*)

VALÉRY
72. Não há dúvida de que a fé existe; mas há que se perguntar com o que ela coexiste naqueles em que existe.

(*Stendhal*)

WEIL (SIMONE)
73. A religião enquanto fonte de consolo é um obstáculo à verdadeira fé, e nesse sentido o ateísmo é uma purificação.

(*Cadernos II*)

40. SENTIDO

ALAIN
1. Não é possível ler quando não se conhecem as letras, só que as letras são apagadas pelo sentido.

(Considerações II)

2. Jamais tente saber em que um louco pensa, observe de preferência como um desarranjo mecânico produz sinais que não têm sentido; ou então compreenda melhor os sinais que são sinais apenas de um desarranjo mecânico. Pensava nesses últimos enquanto lia a *Psicanálise* de Freud; não passa de uma arte de adivinhar o que não é. Mas a arte de adivinhar combina-se aqui com a arte de convencer; pois esse tipo de médico não fica satisfeito se não fizer o doente formar finalmente pensamentos de médico.

(Considerações I)

3. Quando se aperta com força o peito de um frango depenado e limpo, e, enfim, sem qualquer dúvida, morto, se produz um grito de angústia de frango que é bem surpreendente; mas vocês acreditam que essa mulher que então dá um grito de surpresa pense mais?

(Id.)

4. Pela minha estrutura de homem, todos os meus movimentos são sinais, e todos os meus gritos são espécies de palavras. Devo acreditar que tudo isso tem um sentido e traduz para mim mesmo meus próprios pensamentos, secretos para mim, separados de mim e que vivem, se elaboram, se conservam em minhas profundezas?

(Considerações II)

5. O significado de um poema não está por inteiro no que dele se poderia explicar em prosa. Há outra coisa, bem mais forte; há um sentido que carrega o outro sentido; um sentido que é inexprimível, se não existir o poema sempre novo, sempre comovente.

(Vinte lições sobre as belas-artes)

Eco
6. Nada consola mais o autor de um romance do que descobrir as leituras nas quais não havia pensado e que lhe são sugeridas pelos leitores... Não digo que o autor não possa descobrir uma leitura que lhe pareça aberrante, mas em todos os casos deveria calar-se: que os outros a contestem, texto em punho. De resto, a grande maioria dos leitores faz-nos descobrir efeitos de sentidos nos quais não havíamos pensado. Mas o que significa o fato de não termos pensado naquilo?

(Apostila ao "Nome da Rosa")

Freud
7. A deformação que constitui um *lapso* tem um sentido. O que compreendemos por estas palavras: *tem um sentido*? Que o efeito do lapso talvez tenha o direito de ser considerado como um ato psíquico completo com objetivo próprio, como uma manifestação que tem seu conteúdo e significado próprios.

(Introdução à psicanálise)

8. Quando falamos do "sentido" de um processo psíquico, esse "sentido" não é para nós nada além da intenção à qual serve e do lugar que ocupa na série psíquica. Poderíamos até, na maioria de nossas pesquisas, substituir o termo "sentido" pelos termos "intenção" ou "tendência".

(Id.)

9. Não acredito que um acontecimento de cuja produção minha vida psíquica não participou seja capaz de me revelar coisas escondidas relativas ao estado futuro da realidade; mas acredito que uma manifestação não intencional de minha própria atividade psíquica me revele algo oculto que, por sua vez, só pertence à minha vida psíquica; acredito no acaso externo (real), mas não acredito no acaso interno (psíquico).

(A psicopatologia da vida cotidiana)

GOETHE
10. Tenho pena das pessoas que protestam contra a instabilidade das coisas humanas e perdem-se em reflexões sobre o nada terrestre: estamos no mundo terreno justamente para tornar imperecível o que é perecível, e isso só é possível fazer se soubermos apreciar a ambos.

(*Pensamentos*)

HEGEL
11. Para conhecer bem os fatos e enxergá-los em seu verdadeiro lugar, deve-se estar no cume – não considerá-los de baixo pelo buraco da fechadura da moralidade ou de alguma outra sabedoria.

(*Curso de 1822*)

12. O ponto de vista geral da história filosófica não é abstratamente geral, mas concreto e eminentemente atual, porque é o Espírito que permanece eternamente junto de si mesmo e ignora o passado. À semelhança de Mercúrio, o condutor das almas, a Ideia é na verdade o que conduz os povos e o mundo, e é o Espírito, sua vontade razoável e necessária, que orientou e continua a orientar os acontecimentos do mundo.

(*Id.*)

HEIDEGGER
13. A arte advém da *fulguração* unicamente a partir da qual se determina o "sentido do ser".

(*A origem da obra de arte*)

KANT
14. Duas coisas cumulam a alma de uma admiração e de um respeito que sempre renascem e crescem na medida em que o pensamento a elas volta e a elas se aplica: o céu estrelado acima de nós, a lei moral dentro de nós.

(*Crítica da razão prática*)

LÉVINAS
15. O encontro com o outro nos oferece o primeiro sentido, e nesse prolongamento encontramos todos os outros.

(*Entrevistas ao "Le Monde"*)

MERLEAU-PONTY

16. A palavra não é o "signo" do pensamento, se compreendermos por isso um fenômeno que anuncia outro, como a fumaça anuncia o fogo. A palavra e o pensamento só admitiriam essa relação exterior se uma e outro fossem dados tematicamente; na realidade estão envolvidos uma no outro, o sentido está preso na palavra, e a palavra é a existência exterior do sentido.
(Fenomenologia da percepção)

17. A resolução de ignorar o sentido que os próprios homens forneceram à sua ação e de reservar ao encadeamento dos fatos toda a eficácia histórica – em suma, a idolatria da objetividade – encerra, segundo uma observação profunda de Trotsky, o juízo mais audacioso quando se trata de uma revolução, já que ela impõe *a priori* ao homem de ação, que acredita em uma lógica da história e em uma verdade do que faz, as categorias de historiador "objetivo", que nisso não acredita.
(Sentido e não-sentido)

18. As estátuas de Olímpia, que tanto contribuem para nos ligar à Grécia, alimentam contudo também, no estado em que chegaram até nós – esbranquiçadas, quebradas, isoladas da obra integral –, um mito fraudulento da Grécia, não sabem resistir ao tempo como um manuscrito, mesmo incompleto, rasgado, quase ilegível. O texto de Heráclito lança-nos clarões como nenhuma estátua em pedaços pode fazer, porque o significado é nele deposto de maneira diferente, é concentrado de forma diferente do que está concentrado nelas, e porque nada iguala a ductilidade da palavra. Enfim, a linguagem diz, e as vozes da pintura são as vozes do silêncio.
(Signos)

PASCAL

19. O silêncio eterno desses espaços infinitos me assusta.
(Pensamentos)

20. Os homens são tão necessariamente loucos que seria ser louco, de um outro modo de loucura, não ser louco.
(Id.)

21. Ao ver a cegueira e a miséria do homem, ao contemplar todo o universo mudo e o homem sem luz, abandonado a si mesmo e como que perdido nesse recanto do universo, sem saber quem o depôs ali, o que aí veio fazer, o que será dele ao morrer, incapaz de qualquer conhecimento, sinto-me aterrorizado como um homem que tivessem levado adormecido para uma ilha deserta e aterrorizante e que despertasse sem saber onde está e sem condições de sair dali.

(*Id.*)

PUTNAM

22. Quando se diz que uma tradução não apreendeu o sentido do original, deve-se compreender que seria possível uma tradução melhor; mas é ilusório acreditar que nenhuma tradução possível será capaz de apreender o sentido ou a referência "reais" do original.

(*Razão, verdade e história*)

VALÉRY

23. Deus fez tudo de nada. Mas o nada transparece.

(*Maus pensamentos e outros*)

VEYNE

24. Não existe racionalidade da história. Só encontramos a inventividade... Não podemos prever um sentido da história. Sabe-se apenas que não podemos prever o que parecerá escandaloso daqui a dois séculos.

(*Entrevistas ao "Le Monde"*)

VOLTAIRE

25. Por que existe tanto mal, já que tudo foi formado por um Deus que todos os teístas concordam em chamar de *bom*?

(*Dicionário filosófico*)

WITTGENSTEIN

26. A maioria das proposições e das questões que foram escritas sobre assuntos filosóficos não é falsa, mas desprovida de sentido. Por esse motivo não podemos absolutamente responder às questões desse gênero, mas apenas estabelecer que são desprovidas de sentido.

(*Tratado lógico-filosófico*)

27. O sentido do mundo deve ser encontrado fora do mundo. No mundo, todas as coisas são como são e se produzem como se produzem: não existe valor *nele* – e, caso houvesse algum, este não teria valor.

(Id.)

28. Uma resposta que não pode ser exprimida supõe uma questão que tampouco pode ser exprimida.
O *enigma* não existe. Se uma questão pode ser inteiramente colocada, ela *pode* também encontrar sua resposta.

(Id.)

41. SER VIVO
(O CONHECIMENTO DO SER VIVO)

BERGSON
1. Quando a inteligência aborda o estudo da vida, necessariamente trata o ser vivo como o inerte, aplicando a esse novo objeto as mesmas formas, transportando para esse novo domínio os mesmos hábitos que deram tão certo no antigo. E tem razão de fazer isso, pois somente sob essa condição o ser vivo oferecerá à nossa ação o mesmo campo que a matéria inerte. Mas a verdade à qual se chega assim se torna absolutamente relativa à nossa faculdade de agir. Nada mais é do que uma verdade simbólica.
(A evolução criadora)

BICHAT
2. A vida é o conjunto das funções que resistem à morte.
(Pesquisas fisiológicas sobre a vida e a morte)

BUFFON
3. Quando o corpo é bem constituído, talvez seja possível fazê-lo durar alguns anos a mais poupando-o. Pode ser que a moderação nas paixões, a temperança e a sobriedade nos prazeres contribuam para a duração da vida; mas até isso parece bem duvidoso: é necessário que o corpo empregue todas as suas forças, que consuma tudo o que pode consumir, que se exercite o quanto for capaz; o que se ganhará então pela dieta e pela privação?
(Do homem)

4. Começamos a viver por graus, e acabamos de morrer como começamos a viver.
(Ibid.)

Canguilhem

5. O ser vivo não vive entre as leis, mas entre seres e acontecimentos que diversificam essas leis. O que sustenta o pássaro é o galho e não as leis da elasticidade. Se reduzirmos o galho às leis da elasticidade, tampouco deveremos falar de pássaro, mas de soluções coloidais.

(O normal e o patológico)

6. A ordem social é um conjunto de regras com as quais os servidores ou os beneficiários, em todo caso, os dirigentes, devem se preocupar. A ordem vital é feita de um conjunto de regras vividas sem problemas.

(Id.)

7. O pensamento do vivo deve reter do vivo a ideia do vivo.

(O conhecimento da vida)

8. Quando se reconhece a originalidade da vida, deve-se "compreender" a matéria na vida e a ciência da matéria, que é a ciência no sentido estrito do termo, na atividade do ser vivo.

(Id.)

Comte

9. Todos os esforços dos materialistas para anular a espontaneidade vital exagerando a preponderância dos meios inertes sobre os seres organizados só resultaram no descrédito dessa pesquisa, tão inútil quanto desnecessária, e desde então abandonada aos espíritos anticientíficos.

(Catecismo positivista)

10. Uma concepção demasiadamente vaga da biologia conduz a representar o estudo de nossa existência individual como já compreendida na teoria geral da vitalidade.

(Sistema de política positiva)

11. O objeto da verdadeira biologia não é absolutamente o conhecimento individual do homem, mas somente o estudo geral da vida considerada sobretudo no conjunto dos seres que dela usufruem.

(Id.)

Cournot
12. A ideia da Natureza é a ideia de um poder e de uma arte divinos inexprimíveis, sem comparação ou medida com o poder e a indústria do homem, que imprime em suas obras um caráter próprio de majestade e graça, que opera todavia sob o domínio de condições necessárias, que tende fatal e inexoravelmente a um fim que nos ultrapassa, de maneira contudo que essa cadeia de finalidade misteriosa, da qual não podemos demonstrar cientificamente nem a origem, nem o termo, aparece a nós como um fio condutor com a ajuda do qual a ordem é introduzida nos fatos observados e que nos coloca no rastro dos fatos a pesquisar. A ideia da natureza, esclarecida assim tanto quanto pode ser, não passa da concentração de todos os clarões que a observação e a razão nos fornecem sobre o conjunto dos fenômenos da vida, sobre o sistema dos seres vivos.

(Tratado do encadeamento das ideias fundamentais nas ciências e na história)

Descartes
13. Julguemos que o corpo de um homem vivo difira tanto daquele de um homem morto quanto um relógio ou outro autômato (isto é, outra máquina que se move por si só) quando está montado, e tem em si o princípio corporal dos movimentos para os quais é instituído, com tudo o que se requer para sua ação, difere do mesmo relógio ou de outra máquina quando esta está quebrada e o princípio de seu movimento cessa de agir.

(As paixões da alma)

Jacob
14. A biologia não pode ser reduzida à física, nem pode dispensá-la.

(A lógica do ser vivo)

Kant
15. A faculdade de um ser de agir segundo suas representações chama-se *vida*.

(Metafísica dos costumes)

Leibniz
16. Na minha opinião, nosso corpo em si mesmo, isolado da alma, ou o *cadáver*, não pode ser chamado de substância a não ser

por abuso, como uma máquina ou um monte de pedras, que só são seres por agregação; pois o arranjo regular ou irregular nada tem a ver com a unidade substancial.

(*Carta a Arnauld*)

17. As máquinas da natureza têm um número de órgãos verdadeiramente infinito e são tão bem munidas e à prova de todos os acidentes que não é possível destruí-las.

(*Sistema novo da natureza*)

18. Cada corpo orgânico de um ser vivo é uma espécie de máquina divina ou de autômato natural, que supera infinitamente todos os autômatos artificiais. Porque uma máquina feita pela arte do homem não é máquina em cada uma de suas partes. Por exemplo, o dente de uma roda de latão tem partes ou fragmentos que não são mais algo de artificial e nada mais têm que marque a máquina com relação ao uso para o qual era destinada a roda. Mas as máquinas da natureza, ou seja, os corpos vivos, são ainda máquinas em suas menores partes até o infinito. É o que estabelece a diferença entre a natureza e a arte, isto é, entre a arte divina e a nossa.

(*A monadologia*)

19. Cada porção da matéria pode ser concebida como um jardim cheio de plantas e como um lago cheio de peixes. Mas cada ramo da planta, cada membro do animal, cada gota de seus humores ainda é esse jardim ou esse lago.

(*Id.*)

NIETZSCHE

20. Proclama-se com um ar de triunfo que "a ciência começa a dominar a vida". Pode ser que chegue a isso, mas é certo que a vida assim dominada não tem mais grande valor, porque é muito menos uma vida e garante para o futuro muito menos vida que essa mesma vida fazia em outros tempos, dominada não pela ciência, mas pelos instintos e por algumas grandes ilusões.

(*Meditações inatuais*)

21. Os fisiologistas deveriam refletir antes de colocar "o instinto de conservação" como o instinto cardeal de todo ser orgânico. O ser vivo quer, antes de mais nada, gastar sua força: a "conservação" é apenas uma consequência disso, entre outras.

(A vontade de poder)

PLATÃO
22. Os vivos não provêm menos dos mortos do que os mortos provêm dos vivos.

(Fédon)

23. O que é que, produzindo-se em um corpo, irá torná-lo vivo? – O que o tornará vivo é a alma.

(Id.)

42. SOCIEDADE

ALAIN
1. Creio que a sociedade é filha do medo, não da fome. Ou melhor, eu diria que o primeiro efeito da fome deve ter sido mais dispersar os homens do que agrupá-los, todos indo buscar seu alimento justamente nas regiões menos exploradas. Só que, enquanto o desejo os dispersava, o medo os agrupava. Pela manhã, sentiam fome e tornavam-se anarquistas. Mas, à noite, sentiam o cansaço e o medo e amavam as leis.

(*Considerações II*)

2. Sociedade: estado de solidariedade, em parte natural, em parte desejada, com um grupo de nossos semelhantes. O vínculo de sociedade é em parte de fato e não escolhido, em parte imposto, em parte escolhido ou confirmado pela vontade. Todos os paradoxos da vida em sociedade resultam dessa mistura; e não se pode denominar sociedade uma associação que não tenha uma parcela de acaso e uma parcela de amizade. O contrato social não faz nada mais do que retomar voluntariamente o que é sofrido e o que é amado. As sociedades que se baseiam em um contrato não são verdadeiras sociedades. A partir do momento em que existe a ameaça de bancarrota de um banco, todo mundo dele retira seus fundos e o abandona. A verdadeira sociedade baseia-se na família, na amizade (Aristóteles) e nas extensões da família.

(*Definições*)

ARISTÓTELES
3. O homem que é incapaz de ser membro de uma comunidade, ou que não sente absolutamente essa necessidade porque basta

a si mesmo, em nada faz parte de uma cidade e consequentemente é um bruto ou um deus.

(*A política*)

4. Que a cidade seja naturalmente anterior ao indivíduo é evidente.

(*Ibid.*)

BERGSON
5. Humana ou animal, uma sociedade é uma organização: implica uma coordenação e geralmente também uma subordinação de elementos uns aos outros: oferece portanto um conjunto de regras e de leis simplesmente vivido ou, além disso, representado.

(*As duas fontes da moral e da religião*)

BOURDIEU
6. A história individual no que ela tem de mais singular e em sua própria dimensão sexual é socialmente determinada. O que a fórmula de Cart Schorske exprime muito bem: "Freud esquece que Édipo era um rei." Mas, se ele tem razão de lembrar ao psicanalista que a relação pai-filho é também uma relação de sucessão, o sociólogo, por seu lado, deve evitar esquecer que a dimensão propriamente psicológica da relação pai-filho pode constituir um obstáculo a uma sucessão sem história, na qual o herdeiro é efetivamente herdado pela herança.

(*Entrevistas ao "Le Monde"*)

CHAMFORT
7. Os flagelos físicos e as calamidades da natureza humana tornaram a sociedade necessária. A sociedade aumentou as desgraças da natureza. Os inconvenientes da sociedade conduziram à necessidade do governo, e o governo contribui para as desgraças da sociedade. Esta é a história da natureza humana.

(*Pensamentos, máximas e anedotas*)

8. Pode-se considerar o edifício metafísico da sociedade como um edifício material que seria composto de diferentes nichos ou compartimentos de grandeza mais ou menos considerável. Os lugares com suas prerrogativas, seus direitos, etc. formam esses diversos compartimentos, esses diferentes nichos. Eles são durá-

veis, e os homens passam. Aqueles que os ocupam são ora grandes, ora pequenos, e nenhum ou quase nenhum é feito para seu lugar. Ali vemos um gigante, curvado ou agachado em seu nicho; lá vemos um anão sob uma arcada: raramente o nicho é feito para a estatura; em torno do edifício circula uma multidão de homens de diversos tamanhos. Todos esperam que haja um nicho vazio para ali se colocarem, qualquer que seja o nicho.

(*Id.*)

CHESTERTON
9. Porque todo homem é um bípede, cinquenta homens não constituem um centípede.

(*O que há de errado com o mundo*)

10. Um dos primeiros erros do mundo moderno é presumir, profunda e tacitamente, que as coisas passadas se tornaram impossíveis. Eis uma metáfora pela qual os modernos são apaixonados; sempre dizem: "Não se pode atrasar o pêndulo." A resposta é clara e simples: "Pode-se sim." Um pêndulo, que é um objeto construído pelo homem, pode ser modificado por um dedo humano a qualquer hora. Assim, a sociedade, que é um objeto de construção humana, pode ser reconstruída sob qualquer forma já experimentada.

(*Id.*)

COMTE
11. Nenhuma renovação mental pode realmente regenerar a sociedade a não ser quando a sistematização das ideias conduz à sistematização dos sentimentos, a única socialmente decisiva e sem a qual jamais a filosofia substituiria a religião.

(*Sistema de política positiva*)

12. Se, nas obras individuais, nada de grandioso é possível sem um digno concurso entre o coração e o espírito, da mesma forma, qualquer renovação social exige a cooperação ativa dos dois sexos.

(*Id.*)

13. Uma *sociedade* não é mais decomponível em *indivíduos* do que uma superfície geométrica é decomponível em linhas ou uma linha em pontos. A menor sociedade, ou seja, a família, às vezes reduzida a seu casal fundamental, constitui portanto o verdadeiro elemento sociológico.

(*Id.*)

14. Na ordem humana, único tipo completo da ordem universal, não existem famílias sem sociedade, assim como sociedades sem famílias.

(*Id.*)

15. A família humana não passa no fundo de nossa menor sociedade; e o conjunto normal de nossa espécie forma apenas, em sentido inverso, a família mais vasta.

(*Id.*)

16. Não existe sociedade sem governo, assim como governo sem sociedade.

(*Id.*)

17. Nossa natureza cerebral, simultaneamente disposta ao sentimento, à atividade e à inteligência, nos torna suscetíveis a três modos de associação, segundo aquela das três tendências que se torna preponderante. Daí resultam sucessivamente três sociedades humanas, cada vez menos íntimas e cada vez mais extensas, cada uma das quais forma o elemento espontâneo da seguinte, a família, a cidade e a Igreja.

(*Id.*)

COURNOT
18. As sociedades humanas são ao mesmo tempo *organismos* e *mecanismos*.

(*Tratado do encadeamento das ideias fundamentais nas ciências e na história*)

DELACROIX
19. O homem é um animal sociável que detesta seus semelhantes.

(*Diário*)

DIDEROT
20. A submissão à vontade geral é o vínculo de todas as sociedades, sem excetuar as que são formadas pelo crime.
(Enciclopédia)

21. Se a terra tivesse por si só satisfeito a todas as necessidades do homem, não haveria sociedade; daí se segue, ao que me parece, que é a necessidade de lutar contra o inimigo comum, sempre subsistente, a natureza, que reuniu os homens.
(Observações sobre a instrução de S.M.I. aos deputados para a confecção das leis)

DURKHEIM
22. A sociedade é uma realidade *sui generis*; tem suas características próprias que não são encontradas, ou que não são encontradas sob a mesma forma, no resto do universo.
(As formas elementares da vida religiosa)

HABERMAS
23. Quase todas as relações sociais são codificadas juridicamente: relações entre pais e filhos, professores e alunos, vizinhos. Essas reformas às vezes corrigem relações de dominação arcaicas. Mas provocam uma decadência burocrática da comunicação. Os esquemas da racionalidade econômica e administrativa invadem os domínios tradicionalmente reservados à espontaneidade moral ou estética. É isso que chamo "colonização do mundo vivido".
(Entrevistas ao "Le Monde")

HOLBACH
24. Surpreender-se com ver tantos vícios inundarem a sociedade e incomodar-se com isso é espantar-se por se caminhar menos à vontade em uma rua movimentada do que quando se passeia pelo campo.
(O sistema social)

KANT
25. O meio que a natureza utiliza para levar a bom termo o desenvolvimento de todas as suas disposições é seu *antagonismo* no

interior da sociedade, na medida em que este é, no entanto, no final das contas, a causa de uma organização regular dessa sociedade. Entendo aqui por antagonismo *a insociável sociabilidade* dos homens, ou seja, sua inclinação para entrar em sociedade, inclinação que é contudo acompanhada de uma repulsa geral a entrar em sociedade, que ameaça constantemente desagregá-la.

(*Ideia de uma história universal de um ponto de vista cosmopolita*)

26. O problema essencial para a espécie humana, aquele que a natureza obriga o homem a resolver, é a realização de uma *Sociedade civil* que administre o direito de maneira universal.

(*Id.*)

27. O homem não estava destinado a fazer parte de um rebanho como um animal doméstico, mas de uma colmeia, como as abelhas.

(*Antropologia do ponto de vista pragmático*)

LÉVY-STRAUSS

28. Nenhuma sociedade é essencialmente boa, mas nenhuma é absolutamente ruim; todas oferecem certas vantagens a seus membros, levando-se em conta um resíduo de iniquidade cuja importância parece aproximadamente constante e que talvez corresponda a uma inércia específica que se opõe aos esforços de organização no plano da vida social.

(*Tristes trópicos*)

29. Se, como escrevi em *Raça e história*, existe entre as sociedades humanas um certo ótimo de diversidade além do qual elas não conseguiriam prosseguir, mas abaixo do qual tampouco podem descer sem perigo, deve-se reconhecer que essa diversidade resulta em grande parte do desejo de cada cultura de se opor às que a cercam, de distinguir-se delas, em suma, de serem elas mesmas; não se ignoram, imitam-se ocasionalmente, mas, para não perecerem, é necessário que, sob outros aspectos, persista entre elas uma certa impermeabilidade.

(*O olhar distante*)

Marx-Engels

30. A sociedade sempre evoluiu no contexto de um antagonismo, o dos homens livres e dos escravos na Antiguidade, dos nobres e dos servos na Idade Média, da burguesia e do proletariado nos tempos modernos.

(A ideologia alemã)

Montesquieu

31. Assim que os homens se unem em sociedade, perdem o sentimento de sua fraqueza; cessa a igualdade que reinava entre eles, e inicia-se o estado de guerra.

(O espírito das leis)

Rorty

32. É bom uma sociedade salvaguardar a possibilidade de cada um ser um indivíduo... Liberdade, para aqueles que não querem ler livros, de assistirem à televisão; liberdade para os intelectuais de os escreverem se quiserem. O que há de melhor? É preciso safar-se de todas essas acusações heideggerianas.

(A solução pragmática)

Rousseau

33. As boas instituições sociais são as que melhor sabem desnaturar o homem, arrebatar-lhe a existência absoluta para dar-lhe uma relativa, e transportar o *eu* para a unidade comum; de modo que cada particular não se acredite mais um, mas parte da unidade, e só seja sensível no todo.

(Emílio ou Da educação)

34. Existe no estado de natureza uma igualdade de fato real e indestrutível, porque nesse estado é impossível que unicamente a diferença de homem para homem seja grande o suficiente para tornar um dependente do outro. No estado civil há uma igualdade de direito quimérica e vã porque os meios destinados a mantê-la servem eles próprios para destruí-la e porque a força pública acrescentada ao mais forte para oprimir o fraco rompe a espécie de equilíbrio que a natureza colocara entre eles.

(Id.)

SCHOPENHAUER
35. Pode-se comparar a sociedade comum a essa orquestra russa composta exclusivamente de trompas e na qual cada instrumento tem somente uma nota; só por sua coincidência exata é produzida a harmonia musical.

(*Aforismos para a sabedoria de vida*)

36. Também podemos comparar a sociedade a um fogo no qual o sensato se aquece a uma distância conveniente, mas sem nele colocar a mão, como o louco que, depois de se queimar, foge para a fria solidão e queixa-se porque o fogo queima.

(*Id.*)

37. Num dia frio de inverno, um bando de porcos-espinhos havia formado um grupo cerrado para protegerem-se mutuamente da geada com seu próprio calor. Mas imediatamente sentiram as picadas de seus espinhos, o que os fez afastarem-se uns dos outros. Quando a necessidade de se aquecer os aproximou novamente, o mesmo inconveniente repetiu-se, de modo que eram lançados para cá e para lá entre os dois sofrimentos até que acabaram encontrando uma distância média que lhes tornava a situação suportável. Assim, a necessidade de sociedade, nascida do vazio e da monotonia de seu próprio interior, empurra os homens uns em direção aos outros; mas suas inúmeras qualidades repugnantes e seus defeitos insuportáveis dispersam-nos novamente. A distância média que acabam por descobrir e na qual a vida comum se torna possível é a *polidez* e as *boas maneiras*.

(*Parerga und Paralipomena*)

43. TÉCNICA

ALAIN
1. O inventor do arco não tinha a menor ideia da gravidade, nem da trajetória; e, mesmo quando traspassava seu inimigo com uma flecha, ainda acreditava que fora um sortilégio que matara o inimigo. Só dispomos de restos informes desse gênero de pensamento, mas que trazem todos o mesmo testemunho. E isso leva-nos a julgar que a técnica, embora orientada pela experiência e fielmente transmitida de mestre a aprendiz, não levou por si só à ciência e que, enfim, inventar e pensar são duas coisas diferentes.
(*O sonhador*)

2. O arco, o cabrestante e a vela foram feitos sem se saber exatamente o que se estava fazendo; o mesmo ocorreu com o motor a gasolina e o avião; o mesmo ocorreu com os canhões Bertha, da Krupp. Observou-se muitas vezes que nossos ancestrais distantes tinham uma técnica muito avançada com ideias de crianças. Nossos descendentes dirão mais ou menos o mesmo de nós; pois é verdade que sabemos mais do que os selvagens; mas tanto em nós como neles sempre existe uma ponta de poder que está adiantada com relação ao saber.
(*A técnica contra o espírito*)

3. A invenção da máquina a vapor mudou de mil maneiras as ideias, a moral, a política e até a religião.
(*História de meus pensamentos*)

ARISTÓTELES
4. Se todo instrumento fosse capaz, por uma simples injunção, ou mesmo por pressentir o que vai se pedir a ele, de realizar o trabalho a que é destinado, como se narra das estátuas de Dédalo ou das cadeiras de Heféstos, as quais, diz o poeta:
Iam por conta própria à assembleia dos deuses,

se, da mesma maneira, as navetas tecessem sozinhas, e os plectros pinçassem sozinhos a cítara, nem os chefes dos artesãos precisariam de operários, nem os senhores de escravos.

(*A política*)

BACHELARD
5. Por suas técnicas prodigiosas, o homem ultrapassa, ao que parece, os contextos de seu próprio pensamento.

(*O materialismo racional*)

BERGSON
6. Considerada no que parece ser seu caminho original, a inteligência é a faculdade de fabricar objetos artificiais, em particular ferramentas para fazer ferramentas, e de variar indefinidamente sua fabricação.

(*A evolução criadora*)

CANGUILHEM
7. É clássico apresentar a construção da locomotiva como uma "maravilha da ciência". E, contudo, a construção da máquina a vapor é ininteligível caso não se saiba que ela não é a aplicação de conhecimentos teóricos preliminares, mas a solução de um problema milenar, propriamente técnico, que é o problema da secagem das minas.

(*O conhecimento da vida*)

8. Ciência e técnica devem ser consideradas como dois tipos de atividade, que não estão imbricadas uma na outra, mas em que cada uma delas toma reciprocamente emprestado da outra ora suas soluções, ora seus problemas.

(*Id.*)

9. É a racionalização das técnicas que faz esquecer a origem irracional das máquinas.

(*Ibid.*)

10. Acontece com a medicina o mesmo que com todas as técnicas. Ela é uma atividade que se arraiga no esforço espontâneo do

ser vivo para dominar o meio e organizá-lo segundo seus valores de ser vivo.

(O normal e o patológico)

EINSTEIN

11. Todo o nosso progresso tecnológico, que tanto se louva, o próprio cerne de nossa civilização, é como um machado na mão de um criminoso.

(Correspondência)

FREUD

12. Acreditamos que o trabalho científico tem o poder de nos ensinar algo sobre a realidade do universo e que por esse meio aumentamos nosso poderio e podemos organizar melhor nossa vida.

(O futuro de uma ilusão)

FRIEDMANN

13. Os próprios fundamentos da visão do mundo se encontram, hoje, abalados sob o efeito de novas técnicas que remodelam nossa percepção das coisas.

(Sete estudos sobre o homem e a técnica)

HEGEL

14. A razão é tão poderosa quanto ardilosa. Seu ardil consiste em geral nessa atividade mediadora que, deixando os objetos agirem uns sobre os outros conforme à sua própria natureza, sem se imiscuir diretamente em sua ação recíproca, consegue, contudo, atingir unicamente o objetivo que se propõe.

(Enciclopédia das ciências filosóficas)

HEIDEGGER

15. Um fenômeno essencial dos tempos modernos é a ciência. Um fenômeno não menos importante quanto à sua ordem essencial é a técnica mecanizada. Não se deve contudo interpretar mal esta última, compreendendo-a apenas como pura e simples aplicação na prática das ciências matemáticas da natureza. A técnica é, ao contrário, ela própria uma transformação autônoma da prática, de maneira que é antes essa última que requer precisamente que se coloquem em prática as ciências matematizadas.

A técnica mecanizada permanece até aqui o prolongamento mais visível da essência da técnica moderna, a qual é idêntica à essência da metafísica moderna.

(*A época das "concepções do mundo"*)

16. Quando consideramos a técnica como algo neutro, ficamos entregues a ela da pior maneira: pois esta concepção, que hoje usufrui de um favor bem particular, nos torna completamente cegos diante da essência da técnica.

(*A questão da técnica*)

KANT
17. A natureza age, o homem faz (*facit*).

(*Opus postumum*)

MARX
18. O homem usa propriedades mecânicas, físicas, químicas de certas coisas para fazê-las agir como forças sobre outras coisas, conforme seu objetivo... Converte dessa forma coisas externas em órgãos de sua própria atividade, órgãos que acrescenta aos seus para alongar, a despeito da Bíblia, sua estatura natural.

(*O capital*)

19. O emprego e a criação de meios de trabalho, embora se encontrem em germe em algumas espécies animais, caracterizam eminentemente o trabalho humano. Assim, Franklin dá esta definição do homem: o homem é um animal fabricante de ferramentas, "a toolmaking animal".

(*Id.*)

NAPOLEÃO I
20. O canhão matou o feudalismo; a tinta matará a sociedade moderna.

(*Pensamentos*)

PRADINES
21. A linguagem parece ter sido sobretudo para a técnica um instrumento de pesquisa... Não há diferença entre a curiosidade silenciosa que faz a criança pesquisar o gesto que abre infalivelmente

uma porta aferrolhada e essa curiosidade falante que a faz perguntar: *O que é isso?* E satisfazer-se com a resposta: *É um ferrolho.*

(*Tratado de psicologia geral*)

RENARD
22. Eles carregam suas mãos pesadas como velhas ferramentas.

(*Diário*)

ROHEIM
23. A pequena chama é o demônio, e a madeira que ela penetra ou aflora é a mulher. Assim, a produção do fogo é diretamente derivada das relações de objetos adultos, do coito, como uma imitação lúdica da coisa real.

(*Origem e função da cultura*)

SPENGLER
24. A *técnica é a tática da vida*: é a forma interior cuja manifestação exterior é o *procedimento de conflito* (conflito que se identifica com a própria vida).

(*O homem e a técnica*)

VALÉRY
25. A ideia de *fazer* é a primeira e a mais humana. "Explicar" nada mais é do que descrever uma maneira de *fazer*: nada mais é do que refazer pelo pensamento.

(*O homem e a concha*)

VOLTAIRE
26. Deve-se confessar que os inventores das artes mecânicas foram bem mais úteis aos homens do que os inventores dos silogismos: aquele que imaginou a naveta prevalece furiosamente sobre aquele que imaginou as ideias inatas.

(*Dicionário filosófico*)

WEIL (SIMONE)
27. Quanto mais alto o nível da técnica, mais as vantagens que os progressos novos podem trazer diminuem em comparação com os inconvenientes.

(*Opressão e liberdade*)

44. TEMPO

AGOSTINHO (SANTO)
1. O tempo não passa de uma distensão. Mas uma distensão do que, não sei com exatidão, provavelmente da própria alma.
(*Confissões*)

ALAIN
2. *Ó tempo, suspende teu voo!* É o desejo do poeta, mas que se destrói pela contradição, caso se pergunte: "Por quanto tempo o tempo suspenderá seu voo?"
(*Elementos de filosofia*)

3. O tempo está ligado a todos os nossos pensamentos. O erro que podemos cometer com relação a esse assunto consiste em acreditar que o tempo foge. Para onde fugiria? Sabemos que jamais cessa de transcorrer.
(*As aventuras do coração*)

4. Forma universal da mudança. Sabemos de antemão muitas coisas sobre o tempo, por exemplo, que jamais há dois tempos simultâneos, que o tempo não tem velocidade, que não se pode fazer o tempo voltar, que não existe tempo imaginário; que o tempo é comum a todas as mudanças e a todos os seres e que, por exemplo, para ir à próxima semana, todos os homens e todo o universo devem ir juntos. Existe grande abundância de axiomas sobre o tempo, mas obscuros como todos os axiomas. O próprio Deus, diz Descartes, não pode fazer com que o que aconteceu não tenha acontecido.
(*Definições*)

ARISTÓTELES
5. É claro que o tempo não é nem o movimento, nem sem o movimento.
(*Física*)

6. O tempo é número do movimento segundo o anterior e o posterior; e é contínuo, pois pertence a um contínuo.
(*Id.*)

7. O tempo é causa por si mais de destruição do que de geração.
(*Id.*)

BACHELARD
8. O tempo tem apenas uma realidade, a do instante. Em outras palavras, o tempo é uma realidade comprimida no instante e suspensa entre dois nadas.
(*A intuição do instante*)

BAUDELAIRE
9. É necessário estar sempre embriagado. Tudo está aí: é a única questão. Para não sentir o horrível fardo do Tempo que quebranta vossos ombros e vos curva em direção à terra, deveis vos embriagar sem trégua. Mas de quê? De vinho, de poesia ou de virtude, como quiserdes. Mas embriagai-vos.
(*Pequenos poemas em prosa*)

BERGSON
10. A duração totalmente pura é a forma que a sucessão de nossos estados de consciência adquire quando nosso eu se deixa viver, quando se abstém de estabelecer uma separação entre o estado presente e os estados anteriores.
(*Ensaio sobre os dados imediatos da consciência*)

11. Se eu quiser preparar para mim um copo de água com açúcar, o que quer que eu faça, tenho de esperar que o açúcar derreta.
(*A evolução criadora*)

12. O futuro está aí; chama-nos, ou melhor, puxa-nos para ele; essa tração ininterrupta que nos faz avançar na estrada do tempo também é a causa de agirmos continuamente. Toda ação é uma usurpação com relação ao futuro.
(*A energia espiritual*)

13. O tempo é o que se faz, e mesmo o que faz com que tudo se faça.
    (*O pensamento e o movente*)

BRAUDEL
14. Para o historiador, tudo começa, tudo acaba pelo tempo, um tempo matemático e demiurgo, do qual seria fácil sorrir, tempo como exterior aos homens, "exógeno", diriam os economistas, que os empurra, pressiona, arrasta seus tempos particulares de cores diversas; sim, o tempo imperioso do mundo.
    (*Escritos sobre a história*)

COMTE
15. Regular o presente a partir do futuro deduzido do passado.
    (*Sistema de política positiva*)

DIDEROT
16. Influência da brevidade do tempo sobre os trabalhos dos homens: suponde que um astrônomo demonstrasse geometricamente que daqui a mil anos um planeta em seu percurso cortará a órbita terrestre precisamente no momento e no ponto em que a terra ali se encontrar e que a destruição da terra será a consequência dessa enorme colisão: o langor irá então apoderar-se de todas as atividades; não haverá mais ambição, monumentos, poetas, historiadores e talvez tampouco guerreiros ou guerras. Cada um cultivará seu jardim e plantará suas couves. Sem desconfiarmos, caminhamos todos para a eternidade.
    (*Elementos de fisiologia*)

ESPINOSA
17. Dá na mesma compor a Duração de instantes e querer formar um número somando zeros.
    (*Carta XII*)

FRIEDMANN
18. A noção de tempo não pode deixar de sofrer uma reviravolta em uma civilização em que o cinema, senhor absoluto do ritmo e do sentido da projeção das imagens, torna perceptível, por sua aceleração, sua desaceleração, sua inversão, um espaço-

-tempo de quatro dimensões, no qual, ademais, a aviação multiplica o número daqueles que, tendo almoçado em Paris, jantam em Berlim ou em Istambul.

(*Sete estudos sobre o homem e a técnica*)

HEGEL
19. O tempo, essa inquietação pura da vida e esse processo de absoluta distinção.

(*Fenomenologia do espírito*)

HERÁCLITO
20. O tempo é uma criança que joga trique-traque: realeza de uma criança.

(*Os pensadores gregos antes de Sócrates*)

KANT
21. O tempo é uma condição *a priori* de todos os fenômenos em geral e, na verdade, a condição imediata dos fenômenos interiores (de nossa alma) e, por isso mesmo, a condição mediata dos fenômenos exteriores.

(*Crítica da razão pura*)

KIERKEGAARD
22. O afastamento no tempo engana o sentido do espírito como o afastamento no espaço provoca o erro dos sentidos. O contemporâneo não vê a necessidade do que vem a ser, mas, quando há séculos entre o vir a ser e o observador, então ele vê a necessidade, como aquele que vê à distância o quadrado como algo redondo.

(*Migalhas filosóficas*)

LA BRUYÈRE
23. As crianças não têm passado nem futuro e, o que praticamente não acontece conosco, usufruem do presente.

(*Do homem*)

LAGNEAU
24. A extensão é a marca da minha potência. O tempo é a marca de minha impotência.

(*Curso sobre a percepção*)

Leibniz

25. O presente é prenhe do futuro: o futuro poderia ser lido no passado; o distante exprime-se no próximo. Seria possível conhecer a beleza do universo em cada alma se fosse possível expor-lhe todos os recônditos que só se desenvolvem sensivelmente com o tempo.

(Princípios da natureza e da graça fundamentados na razão)

Lévinas

26. A antecipação do futuro, a projeção do futuro, afirmadas como o essencial do tempo por todas as teorias de Bergson a Sartre, são apenas presente do futuro e não o futuro autêntico; o futuro é o que não é apreendido, é o que nos assalta e apodera-se de nós. O futuro é o outro. A relação com o futuro é a própria relação com o outro. Falar de tempo em um único sujeito, falar de uma duração puramente pessoal parece-nos impossível.

(O tempo e o outro)

Marco Aurélio

27. O tempo é como um rio que os acontecimentos formassem.

(Pensamentos)

Nietzsche

28. O tempo em si é um absurdo: só existe tempo para um ser que sente. E o mesmo acontece com relação ao espaço.

(O livro do filósofo)

Pascal

29. Jamais nos mantemos no tempo presente. Antecipamos o futuro como demasiadamente lento a vir, como para apressar seu curso; ou lembramos o passado para detê-lo como demasiado rápido: tão imprudentes, que vagamos nos tempos que não são nossos e não pensamos no único que nos pertence; e tão vãos, que sonhamos com aqueles que nada são e escapamos sem reflexão do único que subsiste.

(Pensamentos)

Platão

30. O autor do mundo pensou em fazer uma imagem móvel da eternidade e, ao mesmo tempo em que organizava o céu, fez, da

eternidade una e imóvel, essa imagem eterna que progride segundo a lei dos números e a que chamamos o Tempo.

(*Timeu*)

PRIGOGINE

31. Vocês conhecem a controvérsia Bergson-Einstein: este estimava que "a distinção entre passado, presente e futuro é uma ilusão, por mais tenaz que seja" e que não pertencia ao domínio da ciência. Chamar de ilusão o que é a experiência primordial de nossa vida é questionar a própria noção de realidade.

(*Entrevistas ao "Le Monde"*)

SARTRE

32. A temporalidade é evidentemente uma estrutura organizada, e esses três pretensos "elementos" do tempo, passado, presente, futuro, não devem ser considerados como uma coleção de "dados" cuja soma deve ser feita – por exemplo, como uma série infinita de "agora", alguns dos quais ainda não são, outros que não são mais –, mas como momentos estruturados de uma síntese original. Senão encontraremos, em primeiro lugar, este paradoxo: o passado não é mais, o futuro ainda não é, quanto ao presente instantâneo, todos sabem que ele não é tudo, é o limite de uma divisão infinita, como o ponto sem dimensão.

(*O ser e o nada*)

SCHOPENHAUER

33. O tempo é a forma graças à qual a vanidade das coisas aparece como sua instabilidade, que reduz a nada todas as nossas satisfações e todas as nossas alegrias, enquanto nos perguntamos com surpresa para onde foram. Esse próprio nada é portanto o único elemento objetivo do tempo, ou seja, o que lhe responde na essência íntima das coisas, e assim a substância da qual ele é a expressão.

(*O mundo como vontade e representação*)

34. Não existe empreendimento mais custoso do que querer precipitar o curso calculado do tempo. Evitemos portanto dever-lhe juros.

(*Aforismos para a sabedoria de vida*)

Sexto Empírico

35. Como nem o presente, nem o passado, nem o futuro existem, o tempo tampouco existe, pois o que é formado pela combinação de coisas irreais é irreal.

(Hipotiposes pirrônicas)

Weil (Simone)

36. Vivemos no mundo terreno em uma mescla de tempo e de eternidade. O inferno seria tempo puro.

(O conhecimento sobrenatural)

37. Todas as tragédias que se pode imaginar reduzem-se a uma mesma e única tragédia: o transcorrer do tempo.

(Lições de filosofia)

Wittgenstein

38. A solução do enigma da vida no espaço e no tempo encontra-se *fora* do espaço e do tempo.

(Tratado lógico-filosófico)

45. TEORIA E EXPERIÊNCIA

ALAIN

1. A ideia da experiência não substitui absolutamente a experiência.
   (*Considerações I*)

2. A experiência, isto é, o simples fato de estarmos no mundo, coloca-nos diante de aparências verdadeiras, mas que podem ser a origem dos conhecimentos mais falsos.
   (*As artes e os deuses*)

3. A experiência como espetáculo é naturalmente enganadora.
   (*Id.*)

4. Qualquer conhecimento vem a partir da experiência. Compreendam que aquele que só quisesse consultar seu espírito e fechar todos os seus sentidos não poderia pensar absolutamente nada; encontraria ainda menos nessa meditação somente interior alguma verdade relativa ao mundo... Na massa de nossos conhecimentos, que não passam da massa de nossas experiências, deve-se contudo distinguir os que se baseiam na constatação segundo as regras, isto é, com avaliações, repetições, testemunhos, provas e contraprovas, e os que é possível provar ou demonstrar à maneira do geômetra.
   (*Considerações II*)

5. Há regras para pensar bem independentes de qualquer experiência, ou seja, aplicáveis a toda a experiência possível.
   (*Ibid.*)

ATLAN

6. Não há dúvida de que a experiência da reflexão talmúdica é uma experiência insubstituível enquanto método crítico extrema-

mente rigoroso, talvez até mais do que a pesquisa científica, porque é muito mais perigoso nele se enganar: nele não se dispõe das experiências e da resistência da matéria como resguardo.

(*Entrevistas ao "Le Monde"*)

BERGSON

7. Um filósofo contemporâneo, excessivamente argumentador, ao qual se demonstrava que seus raciocínios irrepreensivelmente deduzidos tinham a experiência contra eles, acabou a discussão com esta simples frase: "A experiência está errada."

(*O riso, ensaio sobre a significação do cômico*)

CANGUILHEM

8. A vida de um ser vivo, mesmo que de uma ameba, só reconhece as categorias de saúde e doença no plano da experiência, que é em primeiro lugar prova no sentido afetivo do termo e não no plano da ciência. A ciência explica a experiência, mas nem por isso a anula.

(*O normal e o patológico*)

COMTE

9. Se, por um lado, qualquer teoria positiva deve necessariamente ser fundamentada em observações, é igualmente sensível, por outro, que, para se entregar à observação, nosso espírito necessita de uma teoria qualquer. Se, ao contemplar os fenômenos, não os ligarmos imediatamente a alguns princípios, não apenas nos será impossível combinar essas observações isoladas e, consequentemente, delas tirar algum fruto, mas seríamos inteiramente incapazes de retê-las; e, na maioria das vezes, os fatos permaneceriam despercebidos a nossos olhos.

(*Curso de filosofia positiva*)

10. Hoje, a ciência matemática é bem menos importante pelos conhecimentos contudo muito reais e muito preciosos que a compõem diretamente do que como constituindo o instrumento mais poderoso que o espírito humano pode empregar na pesquisa das leis dos fenômenos naturais.

(*Id.*)

11. Em qualquer ordem de fenômenos, mesmo com relação aos mais simples, nenhuma observação verdadeira é possível a não ser na medida em que ela é primitivamente dirigida e finalmente interpretada por uma teoria qualquer.

(*Id.*)

Descartes

12. Vê-se com clareza por que a aritmética e a geometria são muito mais certas do que as outras ciências: é porque só elas tratam de um objeto bastante puro e simples para não admitir absolutamente nada que a experiência tenha tornado incerto e consistem inteiramente em uma série de consequências deduzidas por raciocínio.

(*Regras para a orientação do espírito*)

Espinosa

13. Há uma percepção adquirida por experiência vaga, isto é, por uma experiência que não é determinada pelo entendimento; é assim denominada unicamente porque ela acontece por acaso e porque não temos qualquer outra experiência que a contradiga, de modo que ela permanece em nós, por assim dizer, inabalada.

(*Tratado da reforma da inteligência*)

14. A experiência não nos ensina as essências das coisas.

(*Carta X*)

Hume

15. A experiência é um princípio que me instrui sobre as diversas conjunções dos objetos no passado.

(*Tratado da natureza humana*)

Kant

16. A experiência é sem qualquer dúvida o primeiro produto que nosso entendimento obtém ao elaborar a matéria bruta das sensações.

(*Crítica da razão pura*)

17. *Cronologicamente* nenhum conhecimento precede em nós a experiência, e é com ela que todos começam. Mas, se todo o

nosso conhecimento inicia-se *com* a experiência, isso não prova que todo ele derive *da* experiência.

(*Id.*)

18. Nenhum conhecimento *a priori* nos é possível além daquele, unicamente, de objetos de uma experiência possível.

(*Id.*)

19. A experiência é um conhecimento empírico, isto é, um conhecimento que determina um objeto por percepções.

(*Id.*)

20. Muito obrigado ao viajante puramente empírico e às suas narrativas, especialmente quando se trata de chegar a um conhecimento coerente do qual a razão deve se servir para confirmar uma teoria! Normalmente, esta é a sua resposta a qualquer pergunta que lhe façam: "Eu bem que teria observado se soubesse que me fariam perguntas sobre isso."

(*A filosofia da história*)

21. Como prova da verdade dos juízos empíricos, a experiência nunca é mais do que uma *aproximação* assintótica da totalidade das percepções possíveis que a constituem. Jamais é uma *certeza*.

(*Opus postumum*)

LEIBNIZ

22. Os homens agem como animais na medida em que as consecuções de suas percepções só se fazem pelo princípio da memória; assemelham-se a médicos empíricos que têm uma simples prática sem teoria; e somos apenas empíricos em três quartos de nossas ações. Por exemplo, quando se espera que amanhecerá amanhã, age-se empiricamente, porque sempre foi assim até agora. Só o astrônomo julga esse fato pela razão.

(*Monadologia*)

LICHTENBERG

23. Jamais vemos palavras na natureza, mas sempre apenas iniciais de palavras, e quando em seguida queremos ler, percebemos que

as pretensas novas palavras só são, por sua vez, as iniciais de outras palavras.

(Aforismos)

MALEBRANCHE
24. Nossos sentidos são por si sós mais úteis para a conservação de nossa saúde do que as regras da medicina experimental, e a medicina experimental do que a medicina racional. Mas a medicina racional, que muito condescende à experiência e ainda mais aos sentidos, é a melhor porque é preciso juntar todas essas coisas.

(Procura da verdade)

NIETZSCHE
25. O fato é sempre absurdo e sempre se pareceu mais com um bezerro do que com um deus.

(Meditações inatuais)

WITTGENSTEIN
26. Os fatos pertencem todos apenas ao problema, não à sua solução.

(Tratado lógico-filosófico)

46. TRABALHO

ALAIN

1. A ociosidade é mãe de todos os vícios, mas também de todas as virtudes.

(*Considerações II*)

2. Um trabalho regular e vitórias após vitórias, eis sem dúvida a fórmula da felicidade.

(*Considerações I*)

3. É próprio do trabalho ser forçado.

(*As artes e os deuses*)

4. A eletricidade nada faz, são os homens que fazem tudo.

(*Id.*)

5. Um filme célebre (*A nós, a liberdade*) mostra-nos o patrão e o operário fugindo juntos da fábrica e começando a alegre aventura de dois vagabundos; dizia-me ao vê-los na estrada: "Não irão longe sem viver do trabalho dos outros, portanto, sem persuadir ou enganar os outros. Ei-los completamente burgueses."

(*Id.*)

6. O que me importa haver creches na fábrica para a amamentação dos filhos dos homens já que é para manter a força de trabalho e ganhar com as horas da operária? Isso revolta porque o homem é tratado aqui como animal de grande valor. E, ao contrário, um trabalho penoso e mal pago é enobrecido pelo fato de o homem nele ser fim e não meio.

(*Id.*)

7. Inconscientemente, o trabalho cura-nos da parte inferior e quase mecânica de nossas paixões; não é pouco. As mãos de Otelo estavam desocupadas quando ele imaginou estrangular alguém.

(*As aventuras do coração*)

ARISTÓTELES
8. Se todo instrumento fosse capaz, por uma simples injunção, ou mesmo por pressentir o que vai se pedir a ele, de realizar o trabalho a que é destinado, como se narra das estátuas de Dédalo ou das cadeiras de Heféstos, as quais diz o poeta: *Iam por conta própria à assembleia dos deuses*, se, da mesma maneira, as navetas tecessem sozinhas, e os plectros pinçassem sozinhos a cítara, nem os chefes dos artesãos precisariam de operários, nem os senhores de escravos.

(*A política*)

BÍBLIA (A)
9. E disse o eterno Deus ao homem: Como escutaste tua mulher e comeste da árvore de que te ordenei: Não comerás dela!, a terra será maldita por tua causa. Com cansaço conseguirás teu alimento todos os dias de tua vida, ele para ti produzirá espinhos e abrolhos, e comerás a erva do campo. Com o suor de teu rosto comerás o pão até que voltes para a terra, de onde foste tomado; pois és pó, e ao pó hás de tornar.

(*Antigo Testamento*)

10. Considerai como crescem os lírios do campo; eles não trabalham, não tecem; e no entanto vos declaro que Salomão, mesmo em toda a sua glória, jamais esteve vestido como um deles. Se Deus portanto tem o cuidado de vestir desta maneira uma erva dos campos que é hoje e que amanhã será lançada ao forno, com quanto mais cuidado ele não irá vos vestir, homens de pouca fé!

(*Novo Testamento*)

COMTE
11. O trabalho positivo, isto é, nossa ação real e útil sobre o mundo exterior, constitui necessariamente a fonte inicial, aliás, espontânea ou sistemática, de qualquer riqueza material, tanto pública

quanto privada. Pois, antes de poderem nos servir, todos os materiais naturais sempre exigem alguma intervenção artificial, mesmo que ela se limite a recolhê-los de seu solo para transportá-los a seu destino.

(*Sistema de política positiva*)

12. O estado social só pode, sem dúvida, consolidar-se e desenvolver-se pelo trabalho. Mas, por outro lado, o progresso do trabalho supõe tanto a preexistência da sociedade quanto o da observação exige o impulso teórico.

(*Catecismo positivista*)

DIDEROT
13. Todas as espécies de trabalho aliviam igualmente o tédio, mas nem todos eles são iguais. Não gosto dos trabalhos que conduzem à velhice com rapidez, e não são nem os menos úteis, nem os menos comuns, nem os mais bem recompensados.

(*Refutação metódica da obra de Helvetius intitulada: O homem*)

14. "Persegue até onde quiseres aquilo a que chamas de comodidades da vida; mas permite que seres sensatos se detenham quando só puderem obter bens imaginários da continuidade de seus esforços penosos. Se nos persuadires a ultrapassar o estreito limite da necessidade, quando acabaremos de trabalhar? Quando usufruiremos?"

(*Suplemento à viagem de Bougainville*)

FOURIER
15. Passamos séculos discutindo os direitos do homem sem pensar em reconhecer o mais essencial, o do trabalho, sem o qual todos os outros nada são.

(*Tratado da associação doméstica e agrícola*)

FREUD
16. A possibilidade de transferir os componentes narcisistas, agressivos e até eróticos da libido para o trabalho profissional e para as relações sociais que ele implica proporciona ao último um valor que nada fica a dever ao que lhe confere o fato de ser

indispensável ao indivíduo para manter e justificar sua existência no centro da sociedade.

(*Mal-estar na civilização*)

GOETHE
17. Se durmo, durmo apenas para mim; se trabalho, não sei para quem será.

(*Pensamentos*)

LAFARGUE
18. Trabalhai, trabalhai, proletários, para aumentar a fortuna social e vossas misérias individuais; trabalhai, trabalhai para que, ao vos tornardes mais pobres, tenhais mais motivos para trabalhar e ser miseráveis. Esta é a lei inexorável da produção capitalista.

(*O direito à preguiça*)

LÉVI-STRAUSS
19. Por mais indispensável que seja o direito ao trabalho para permitir que a liberdade se exerça, das duas uma: ou sua afirmação permanecerá verbal e gratuita, ou implicará em contrapartida o dever de cada um de aceitar o trabalho que a sociedade está em condições de lhe fornecer.

(*O olhar distante*)

MARX
20. O trabalho não produz apenas mercadorias: produz a si mesmo e produz o operário enquanto *mercadoria*, e isso na medida em que produz mercadorias em geral.

(*Manuscritos de 1844*)

21. Quanto mais o operário se exterioriza em seu trabalho, quanto mais o mundo estranho, objetivo, que ele cria diante de si torna-se poderoso, mais ele empobrece a si mesmo e mais seu mundo interior se torna pobre, e menos ele possui de seu.

(*Id.*)

22. O operário coloca sua vida no objeto. Mas então esta não lhe pertence mais, pertence ao objeto.

(*Ibid.*)

23. O operário só tem o sentimento de ser ele mesmo fora do trabalho, e, no trabalho, sente-se fora de si. Sente-se em casa quando não trabalha e, quando trabalha, não se sente em casa.
(Id.)

24. O trabalho alienado inverte a relação de tal modo que o homem, pelo fato de ser um ser consciente, só faz precisamente de sua atividade vital, de sua *essência* um meio de sua *existência*.
(Id.)

25. Caso se conseguisse transformar com pouco trabalho o carvão em diamante, o valor do último talvez caísse abaixo do valor dos tijolos.
(O capital)

MOUNIER
26. O trabalho é ademais para a pessoa, principal valor espiritual, um notável instrumento de disciplina; arranca o indivíduo de si mesmo: a obra a ser feita é a primeira escola da abnegação e talvez a condição de duração de todo amor.
(Revolução personalista e comunitária)

NAPOLEÃO I
27. Quanto mais meus povos trabalharem, menos haverá vícios. Sou a autoridade... e estaria disposto a ordenar que aos domingos, após a hora dos ofícios, as lojas fossem abertas e os operários mandados de volta a seu trabalho.
(Osterode)

NIETZSCHE
28. No fundo, hoje se sente observando-se o trabalho – visa-se sempre sob esse nome o duro labor da manhã até à noite – que tal trabalho constitui a melhor das polícias, que mantém a todos sob rédeas e trata de entravar com força o desenvolvimento da razão, dos desejos, do gosto da independência.
(Aurora)

RENARD
29. O medo do tédio é a única desculpa do trabalho.
(Diário)

30. Os moralistas que louvam o trabalho me fazem pensar nos palermas que foram ludibriados numa barraca de feira e que tentam de qualquer maneira fazer os outros entrarem ali.

(Id.)

ROUSSEAU
31. Não fazer nada é a principal e a mais forte paixão do homem após a de se conservar. Caso se observasse bem, ver-se-ia que, mesmo entre nós, é para alcançar o repouso que todos trabalham, que é ainda a preguiça que nos torna laboriosos.

(Ensaio sobre a origem das línguas)

SMITH (ADAM)
32. Pode haver mais trabalho em uma hora de obra penosa do que em duas horas de ocupações fáceis, ou em uma hora de aplicação a um ofício que custou dez anos de trabalho para ser aprendido do que em um mês de aplicação a um gênero comum e para o qual todos se prestam.

(Investigações sobre a natureza e as causas da riqueza das nações)

33. O trabalho é a única medida universal, assim como a única exata, dos valores, o único padrão que pode nos servir para comparar os valores de diferentes mercadorias em todas as épocas e em todos os lugares.

(Id.)

34. A longo prazo, é possível que o patrão tenha tanta necessidade do operário quanto este precisa do patrão; mas a necessidade do primeiro não é tão premente.

(Id.)

STIRNER
35. Quando se fala de organizar o trabalho, só se pode ter em vista aquele que outros podem fazer em nosso lugar, por exemplo, o do açougueiro, o do lavrador, etc.; mas existem trabalhos que continuam sendo da alçada do egoísmo, já que ninguém pode executar para vós o quadro que pintais, produzir vossas composições musicais, etc.; ninguém pode fazer a obra de Rafael.

(O único e sua propriedade)

Weil (Simone)

36. Um povo de ociosos bem que poderia divertir-se construindo obstáculos para si, exercitando-se nas ciências, nas artes, nos jogos; mas os esforços que procedem apenas da fantasia não constituem para o homem um meio de dominar suas próprias fantasias. São os obstáculos com que deparamos e que é preciso superar que fornecem a oportunidade de vencermos a nós mesmos. Mesmo as atividades aparentemente mais livres, ciência, arte, esporte, só têm valor na medida em que imitam a exatidão, o rigor, o escrúpulo próprios dos trabalhos e até os exageram.

(Opressão e liberdade)

47. TROCAS

ARISTÓTELES

1. Cada uma das coisas das quais somos proprietários é passível de dois usos diferentes: tanto um quanto outro pertencem à coisa enquanto tal, mas não lhe pertencem enquanto tal da mesma maneira. Um é o uso próprio da coisa, e o outro é alheio a seu uso próprio. Por exemplo, um calçado tem dois usos: um consiste em calçá-lo, e o outro em fazer dele objeto de troca; ambos são de fato modos de utilização do calçado, pois mesmo aquele que troca um calçado com um comprador que precisa dele, contra moeda ou alimento, utiliza o calçado enquanto calçado, mas nesse caso não se trata do uso próprio, pois não foi tendo em vista uma troca que o calçado foi feito. O mesmo ocorre ainda com os outros objetos dos quais se é proprietário, pois a faculdade de trocá-los se estende a todos e tem seu princípio e sua origem na ordem natural, no fato de que os homens têm certas coisas em quantidade demasiado grande e outras em quantidade insuficiente.

(A política)

2. A arte de adquirir a riqueza é de dois tipos: uma é sua forma mercantil e a outra uma dependência da economia doméstica; essa última forma é necessária e louvável, enquanto a outra repousa na troca e provoca justas críticas – pois ela nada tem de natural, é o resultado de trocas recíprocas: nessas condições, o que se detesta com mais razão é a prática do empréstimo a juros, porque o lucro que dele se obtém procede da própria moeda e não corresponde mais à finalidade que presidiu à sua criação. Afinal, a moeda foi inventada tendo em vista a troca, enquanto os juros multiplicam a quantidade da própria moeda.

(Id.)

Marx

3. O dinheiro é um cristal que se forma espontaneamente nas trocas das quais os diversos produtos do trabalho são de fato igualados entre si e por isso mesmo transformados em mercadorias.

(O capital)

Smith (Adam)

4. Jamais se viu algum cão trocar de propósito um osso com outro cão.

(Investigações sobre a natureza e as causas da riqueza das nações)

5. O homem tem quase o tempo todo necessidade do auxílio de seus semelhantes, e seria em vão que o esperaria unicamente de sua bondade. Teria muito mais certeza de consegui-lo caso se dirigisse ao interesse pessoal deles e os persuadisse de que sua própria vantagem lhes ordena fazer o que se deseja deles. É o que faz aquele que propõe um negócio qualquer a outro; o sentido de sua proposta é o seguinte: *Dai-me o que preciso e tereis de mim aquilo de que vós mesmos necessitais;* e a maioria dos bons ofícios que nos são tão necessários são obtidos dessa maneira.

(Id.)

6. Uma vez estabelecida de um modo geral a *divisão do trabalho*, cada homem só produz por seu trabalho aquilo com que satisfazer uma pequena parte de suas necessidades. A maior parte só pode ser satisfeita pela troca do excedente desse produto que supera seu consumo contra um excedente semelhante do trabalho dos outros. Assim, todo homem subsiste de trocas, ou torna-se uma espécie de mercador, e a sociedade ela mesma é propriamente uma sociedade mercantil.

(Id.)

48. VERDADE

ADORNO
1. O critério do verdadeiro não é sua comunicabilidade imediata a todos. Aquilo a que se deve resistir é à coerção quase universal que faz confundir a comunicação do que é conhecido com este último, e que a coloca, se for o caso, acima dele, enquanto atualmente cada passo em direção à comunicação avilta e falsifica a verdade.
(*Dialética negativa*)

ALAIN
2. Um louco grita "fogo!" Se, naquele momento, por acaso, uma casa estiver pegando fogo, o louco não estará enganado. No momento em que se engana, e pela maneira que o faz, Descartes é bem mais razoável do que esse louco que diz a verdade.
(*Considerações II*)

3. O erro de Descartes é de melhor qualidade do que a verdade de um pretensioso.
(*Id.*)

4. Bem longe de me dizer que a verdade está longe de mim e separada de mim, tenho, ao contrário, o sentimento de que seguro verdades sobre verdades e, em um sentido, tudo o que se pode saber. E, a partir daí, não espero que o sistema de todas as verdades seja feito; nem mesmo estou curioso para saber como será feito; tenho certeza, ao contrário, de que todas as verdades pereceriam no sistema das verdades.
(*História de meus pensamentos*)

5. Ninguém tem curiosidade de saber quantos grãos de trigo há em um campo de trigo maduro, nem quantos abelheiros há na

Île-de-France. E a questão de saber quantas mulheres o rei Amenófis tinha só interessa àquele que disso faz uma glória, disso tira lucro ou um sistema. Portanto eu não gostaria que se fizesse da verdade total uma espécie de objeto abstrato, do qual se amariam igualmente todas as partes.

(*As aventuras do coração*)

6. O amor da verdade em si parece-me, até nova reflexão, um simples jogo de palavras.

(*Id.*)

Alembert
7. As histórias estão cheias de fanáticos que até sofreram a morte com coragem por seus erros; e é tão fácil a homens desatentos ou prudentes enganar-se tanto sobre fatos quanto sobre opiniões.

(*Ensaio sobre os elementos de filosofia*)

Aristóteles
8. No que diz respeito à verdade, não se pode dizer que tudo o que parece é verdadeiro, e se é preciso em primeiro lugar reconhecer que não há sensação falsa do sensível como tal, deve-se também reconhecer que a imaginação não se confunde com a sensação.

(*Metafísica*)

9. Será que o que é verdadeiro é o que parece verdadeiro aos que dormem ou aos que estão acordados? É evidente que os que fazem essas perguntas estão de má-fé, e jamais se viu um homem que sonhasse à noite que estava em Atenas, quando estava na Líbia, começar a caminhar rumo ao Odeon!

(*Id.*)

Bachelard
10. Não poderia existir verdade *primeira*. Só existem erros *primeiros*.

(*Estudos*)

Deleuze
11. Podemos ainda pretender que procuramos a verdade, nós que nos debatemos na falta de sentido?

(*Signos e acontecimentos*)

DESCARTES
12. Para examinar a verdade, é necessário, uma vez na vida, colocar todas as coisas em dúvida o máximo possível.

(*Os princípios da filosofia*)

13. Os que buscam o justo caminho da verdade não devem ocupar-se com nenhum objeto a respeito do qual não possam ter uma certeza igual à das demonstrações da aritmética e da geometria.

(*Regras para a orientação do espírito*)

DIDEROT
14. O que jamais se questionou não foi provado.

(*Pensamentos filosóficos*)

15. Que tragam cem provas da mesma verdade, a nenhuma faltarão adeptos, cada espírito tem seu telescópio. É um colosso a meus olhos essa objeção que desaparece aos vossos: acreditais ser leviana uma razão que me esmaga.

(*Id.*)

ESPINOSA
16. Perguntais a mim como sei que a minha filosofia é a melhor entre todas aquelas que jamais existiram, que são e serão ensinadas no mundo. Caberia antes a mim colocar-vos a questão. Não pretendo ter encontrado a melhor filosofia, mas sei que tenho o conhecimento da verdadeira. Ireis perguntar-me como sei disso, responderei: da mesma maneira que sabeis que os três ângulos de um triângulo equivalem a dois retos, e ninguém dirá que isso não basta, por menos que seu cérebro seja são e por mais que ele sonhe com espíritos impuros inspirando-nos ideias falsas semelhantes a ideias verdadeiras; pois o verdadeiro é por si mesmo sua marca e também é a do falso.

(*Carta a Albert Burgh*)

FEUERBACH
17. A verdade não existe no pensamento, no saber por eles mesmos. *A verdade não passa da totalidade da vida e da essência humanas.*

(*Princípios da filosofia do futuro*)

GOETHE
18. A verdade é uma tocha, mas uma tocha formidável: é por isso que todos procuramos passar diante dela piscando os olhos e com medo de nos queimarmos.
(*Pensamentos*)

19. A verdade causa repugnância à nossa natureza, mas o erro não, e isso por um motivo bem simples: a verdade exige que nos reconheçamos como seres limitados; o erro nos acalenta na ideia de que, de um modo ou de outro, somos infinitos.
(*Id.*)

HEGEL
20. A verdadeira figura na qual a verdade existe só pode ser o sistema científico dessa verdade.
(*Fenomenologia do espírito*)

21. Segundo minha maneira de ver, tudo depende deste ponto essencial: apreender e exprimir o Verdadeiro, não como *substância*, mas também precisamente como *sujeito*.
(*Id.*)

22. O verdadeiro é o delírio báquico no qual nenhum membro deixa de estar embriagado.
(*Id.*)

23. Toda definição ulterior do Verdadeiro só é válida para o indivíduo na medida em que ela corresponde a seu princípio religioso.
(*Curso de 1830*)

HOBBES
24. O verdadeiro e o falso são atributos da linguagem, não das coisas. E onde não há linguagem, não há verdade nem falsidade.
(*Leviatã*)

HUME
25. A verdade é de dois gêneros: consiste ou na descoberta das relações das ideias consideradas como tal, ou na conformidade de nossas ideias dos objetos com sua existência real.
(*Tratado da natureza humana*)

Kant
26. O critério simplesmente lógico da verdade, isto é, a concordância de um conhecimento com as leis gerais e formais do entendimento e da razão, é, na verdade, a *condition sine qua non* e, portanto, a condição negativa de qualquer verdade; mas a lógica não pode ir mais longe; nenhuma pedra de toque lhe permite descobrir o erro que atinge não a forma, mas o conteúdo.

(*Crítica da razão pura*)

Lacordaire
27. Deus é o nome próprio da verdade, como a verdade é o nome abstrato de Deus.

(*45ª conferência de Notre-Dame*)

Lagneau
28. Este pensamento sempre me sustenta: que o que não me daria a força de suportar o que suporto e de fazer o que faço não seria a verdade.

(*Carta a Émile Chartier*)

29. Não se pode estar em uma verdade como em um estado. A verdade é uma disposição do pensamento.

(*Curso sobre o juízo*)

Lamy (R. P.)
30. Para convencer o povo de que se diz a verdade, basta falar com mais ousadia do que seu adversário; basta gritar mais alto e dizer-lhe mais injúrias do que ele diz, queixar-se dele com mais aspereza, afirmar tudo o que se adianta como oráculos, zombar de suas razões como se elas fossem ridículas, chorar, se for preciso, como se a verdade que se estivesse defendendo provocasse uma verdadeira dor quando atacada e obscurecida. Aí estão as aparências da verdade. O povo só vê essas aparências, e são elas que convencem.

(*A retórica ou a arte de falar*)

Leibniz
31. Pode-se dizer em geral que todas as verdades são ou verdades de fato, ou verdades de razão. A primeira das verdades de

razão é o princípio de contradição ou, o que dá no mesmo, o princípio de identidade, como Aristóteles observou com exatidão. As primeiras verdades de fato são tão numerosas quanto as percepções imediatas ou, por assim dizer, as consciências.

(*Observações sobre a parte geral dos princípios de Descartes*)

32. Existem dois tipos de *verdades*, as de *raciocínio* e as de *fato*. As verdades de *raciocínio* são necessárias, e seu oposto é impossível, e as de *fato* são contingentes, e seu oposto é possível.

(*Monadologia*)

LICHTENBERG
33. É impossível carregar através da multidão a tocha da verdade sem chamuscar aqui e ali uma barba ou uma peruca.

(*Aforismos*)

LYOTARD
34. Toda palavra é revestida de um valor de verdade, o que quer que se compreenda por essa expressão.

(*Economia libidinal*)

MALEBRANCHE
35. Um homem que julga todas as coisas por seus sentidos, que segue em todas as coisas os movimentos de suas paixões, que só percebe o que sente e que só ama o que o lisonjeia, está na disposição de espírito mais miserável possível; nesse estado, está infinitamente afastado da verdade e de seu bem. Mas, quando um homem só julga as coisas pelas ideias puras do espírito, quando evita com cuidado o ruído confuso das criaturas e quando, entrando em si mesmo, ouve seu mestre soberano no silêncio de seus sentidos e de suas paixões, é impossível que incida em erro.

(*Da busca da verdade*)

MARX-ENGELS
36. A questão de saber se é o caso de reconhecer uma verdade objetiva ao pensamento humano não é uma questão teórica, mas uma questão prática. É na prática que o homem deve provar a verdade, ou seja, a realidade e a força de seu pensamen-

to neste mundo e para o nosso tempo. A discussão sobre a realidade ou a irrealidade de um pensamento que se isola da prática é puramente *escolástica*.

(*Segunda tese sobre Feuerbach*)

MONTAIGNE

37. Aparentemente não temos outro ponto de vista da verdade e da razão além do exemplo e da ideia das opiniões e usos do país em que estamos.

(*Os ensaios*)

38. Qual verdade essas montanhas limitam e que é mentira no mundo que está além delas?

(*Id.*)

39. Nascemos buscando a verdade; pertence a um poder maior possuí-la.

(*Id.*)

NIETZSCHE

40. O homem exige a verdade e a realiza no comércio moral com os homens; é sobre isso que repousa toda a vida em comum.

(*O livro do filósofo*)

41. Quase nada é mais inconcebível do que o advento de um instinto de verdade honesto e puro entre os homens.

(*Id.*)

42. As verdades são ilusões que esquecemos serem ilusões.

(*Id.*)

43. Se alguém esconde alguma coisa atrás de um arbusto, procura-a nesse lugar preciso e a encontra, nada há a louvar nessa busca e nessa descoberta: o mesmo acontece no entanto com a busca e a descoberta da "verdade no recinto da razão". Quando dou a definição do mamífero e declaro, após ter examinado um camelo, "eis um mamífero", certamente foi revelada uma verdade, mas ela é contudo de valor limitado, ou seja, ela é inteiramente antropomórfica e não contém um único ponto que seja "verda-

deiro em si", real e válido universalmente, abstração feita do homem.

(*Id.*)

44. A crença forte só prova sua força, não a verdade daquilo em que se crê.

(*Humano, demasiado humano*)

45. "Em favor da verdade do cristianismo, tinha-se como testemunho a conduta virtuosa dos cristãos, sua constância no sofrimento, a firmeza de sua fé e sobretudo a difusão e o crescimento do cristianismo a despeito de todas as suas atribulações" – é assim que falais ainda hoje! É de dar dó! Sabei que tudo isso não é um testemunho nem a favor, nem contra a verdade, que a verdade é provada de uma maneira diferente da veracidade e que a segunda não é absolutamente um argumento em favor da primeira!

(*Aurora*)

46. Não acreditamos mais que a verdade seja ainda a verdade a partir do momento em que se retira seu véu: vivemos demasiadamente para acreditar nisso.

(*A gaia ciência*)

47. A *força* do conhecimento não reside em seu grau de "verdade", mas em seu grau de antiguidade, sua assimilação mais ou menos avançada, seu caráter de condição vital. Quando viver e conhecer pareciam contradizer-se, jamais havia luta séria; duvidar, negar passavam por loucura.

(*Id.*)

PASCAL

48. É uma doença natural do homem acreditar que possui diretamente a verdade; daí provém que ele está sempre disposto a negar tudo o que lhe é incompreensível; em vez disso, de fato, ele só conhece naturalmente a mentira e deve considerar verdadeiras apenas as coisas cujo contrário lhe parece falso.

(*Do espírito geométrico*)

49. Temos uma impotência de provar que supera todo o dogmatismo. Temos uma ideia da verdade que supera todo o pirronismo.

(*Pensamentos*)

PLATÃO

50. Mas os verdadeiros filósofos, ele perguntou, quem são, na tua opinião? Os que amam contemplar a verdade, respondi.

(*A República*)

PUTNAM

51. O conteúdo da própria noção de verdade depende de nossas normas de aceitabilidade racional que, por sua vez, pressupõem nossos valores. Dito esquematicamente e talvez demasiado rapidamente, meu ponto de vista é que a teoria da verdade pressupõe nossa teoria da racionalidade, que por sua vez pressupõe nossa teoria do bem.

(*Razão, verdade e história*)

QUINE

52. Um falso profeta não é um profeta, e um verdadeiro artista, ainda que seja realmente um artista, não é um artista que é verdadeiro.

(*A palavra e a coisa*)

ROSTAND (JEAN)

53. A verdade é sempre servida pelos grande espíritos, mesmo se eles a combatem.

(*Pensamentos de um biólogo*)

54. A verdade, empoleirada em seu pedestal de erros.

(*Id.*)

ROUSSEAU

55. Então somos feitos para morrer presos na borda do poço para onde a verdade se retirou?

(*Discurso sobre as ciências e as artes*)

56. A verdade geral e abstrata é o mais precioso de todos os bens. Sem ela, o homem é cego; ela é o olho da razão. Por meio dela

o homem aprende a se conduzir, a ser o que deve ser, a fazer o que deve fazer, a caminhar rumo a sua verdadeira finalidade.

(*Devaneios do caminhante solitário*)

SARTRE
57. No ponto de partida não pode haver outra verdade além desta: *penso, logo existo*, esta é a verdade absoluta da consciência alcançando a si mesma.

(*O existencialismo é um humanismo*)

VALÉRY
58. "Verdade" é não somente conformidade, mas valor. Os que acreditam possuí-la a possuem; só eles.

(*Maus pensamentos e outros*)

49. VIOLÊNCIA

ALAIN
1. Quem não pensou que uma vitória decisiva, à custa de sessenta mil cadáveres, era uma coisa que se deveria querer? E os que tomaram essas decisões graves, quem não os admira? Se houvesse muitas exceções, as guerras não seriam possíveis.
(Considerações I)

2. É um gênero de força, mas apaixonada, e que visa quebrantar a resistência pelo terror. A violência define o crime quando ela se exerce contra a pessoa humana. E a lei das punições é, ao contrário, que elas sejam inteiramente purificadas de violência.
(Definições)

ARISTÓTELES
3. Existe uma certa comunidade de interesse e de amizade entre senhor e escravo, quando sua posição respectiva se deve à vontade da natureza; mas se não for assim, e caso suas relações repousem na lei e na violência, é exatamente o contrário que acontece.
(A política)

BAYLE
4. A violência é incapaz, por um lado, de convencer o espírito e de imprimir o amor e o temor de Deus no coração, e é muito capaz, por outro, de produzir em nossos corpos atos externos que não são acompanhados de qualquer realidade interior ou que são sinais de uma disposição interior muito diferente da que se tem realmente; ou seja, esses atos externos são ou hipocrisia, ou má-fé, ou revolta contra a consciência.
É portanto algo manifestamente oposto ao bom senso, à luz natural, aos princípios gerais da razão, em suma, à regra primi-

tiva e original do discernimento do verdadeiro e do falso, do bom e do ruim, empregar a violência para inspirar uma religião àqueles que não a professam.

(Comentário filosófico sobre estas palavras de Jesus Cristo: "Obriga-os a entrar"...)

BÍBLIA (A)

5. Disse o Eterno: "Eu exterminarei da face da terra o homem que criei, desde o homem até o rebanho, os répteis e as aves do céu; pois arrependo-me de tê-los feito..."
Tudo o que se movia sobre a terra pereceu, tanto as aves quanto o rebanho e os animais, tudo o que rastejava sobre a terra e todos os homens. Tudo o que respirava, que tinha um sopro de vida nas narinas e estava sobre a terra seca morreu. Todos os seres que estavam sobre a face da terra foram exterminados, desde o homem até o rebanho, os répteis e as aves do céu: foram exterminados da terra. Restou somente Noé, e o que estava com ele na arca. As águas subiram na terra durante cento e cinquenta dias.

(Antigo Testamento)

CLAUSEWITZ

6. *A guerra é um ato de violência destinado a obrigar o adversário a executar nossa vontade.*
Para enfrentar a violência, a violência arma-se das invenções das artes e das ciências. É acompanhada de restrições ínfimas, que mal são dignas de serem mencionadas, que ela impõe sob o nome de leis do direito dos homens, mas que, de fato, não debilitam sua força. A violência, isto é, a violência física (pois não existe violência moral fora dos conceitos do Estado e da Lei) é portanto o *meio*; o *fim* é impor nossa vontade ao inimigo.

(Da guerra)

7. A guerra é um ato de violência, e não há limite à manifestação dessa violência. Cada um dos adversários faz a lei do outro, do que resulta uma ação recíproca que, enquanto conceito, deve chegar aos extremos.

(Id.)

DIDEROT
8. Deus, o pai, julga os homens dignos de sua vingança eterna; Deus, o filho, julga-os dignos de sua infinita misericórdia; o Espírito Santo permanece neutro. Como conciliar essa verborreia católica com a unidade da vontade divina?

(Adição aos pensamentos filosóficos)

9. Só aquele que pudesse cometer todo o mal possível poderia merecer também um castigo eterno. Para fazer de Deus um ser infinitamente vingativo, transformais um verme da terra em um ser infinitamente poderoso. Todo o mal de que se é capaz não é todo o mal possível.

(Id.)

ENGELS
10. Para Dühring, a violência é o mal absoluto, o primeiro ato de violência é para ele o pecado original, toda a sua exposição é uma jeremiada sobre a maneira como toda a história até aqui foi dessa forma contaminada pelo pecado original, sobre a infame desnaturação de todas as leis naturais e sociais por essa potência diabólica, a violência. Mas que a violência ainda desempenhe um outro papel na história, um papel revolucionário; que, segundo as palavras de Marx, ela seja a parteira de toda velha sociedade que carrega uma nova em seus flancos; que ela seja o instrumento graças ao qual o movimento social prevalece e despedaça formas políticas congeladas e mortas; disso, nem uma palavra em Dühring.

(AntiDühring)

FREUD
11. Se o Estado proíbe ao indivíduo o recurso à injustiça, não é porque queira suprimir a injustiça, mas porque quer monopolizar esse recurso, como monopoliza o sal e o tabaco. O Estado em guerra permite-se todas as injustiças, todas as violências, a menor das quais desonraria o indivíduo.

(Ensaios de psicanálise)

12. Onde a reprovação por parte da coletividade vem a falhar, a compressão dos maus instintos cessa, e os homens se entregam

a atos de crueldade, de perfídia, de traição e de brutalidade que se acreditaria impossíveis a se julgar unicamente por seu nível de cultura.

(*Id.*)

13. A questão do destino da espécie humana coloca-se da seguinte forma, a meu ver: o progresso da civilização conseguirá, e em que medida, dominar as perturbações trazidas à vida em comum pelas pulsões humanas de agressão e de autodestruição?

(*Mal-estar na civilização*)

HEGEL

14. O princípio conceitual de que a violência destrói a si mesma tem sua manifestação real no fato de que se anula uma violência por uma violência. Ela então torna-se jurídica, não somente nestas ou naquelas condições, mas necessária – quando é uma segunda coerção que suprime uma primeira.

(*Princípios da filosofia do direito*)

HOBBES

15. Por tanto tempo quanto os homens viverem sem um poder comum que a todos mantenha em respeito, estarão nessa condição chamada guerra, e essa guerra é guerra de todos contra todos.

(*Leviatã*)

HOLBACH

16. Tanto em política como em medicina, os remédios violentos são sempre perigosos; só devem ser empregados quando o excesso de males os torna absolutamente necessários.

(*A política natural*)

IBN KHALDOUN

17. A guerra é natural ao homem; nenhuma nação, nenhuma geração a ela escapa. O desejo de vingar-se tem em geral como motivo a rivalidade de interesses e a inveja, ou então a inimizade, ou então a cólera a serviço de Deus e da religião, ou ainda a que se ergue para defender a soberania ou para estender seu poderio.

(*Prolegômenos*)

KANT

18. É preciso confessar: os maiores males que oprimem os povos civilizados nos são trazidos pela guerra e, a bem dizer, não tanto pela que acontece ou aconteceu quanto pelos *preparativos* incessantes e mesmo regularmente ampliados tendo em vista uma guerra futura.

(*Conjeturas sobre o início da história humana*)

19. Pode-se discutir o quanto se quiser comparando o homem de Estado ao guerreiro para saber qual merece mais nossa consideração; o juízo estético decide em favor do segundo. A própria guerra conduzida com ordem e considerando sagrados os direitos dos cidadãos tem algo de sublime e torna tanto mais sublime a mentalidade do povo que assim a conduz, quanto os perigos nos quais ele se encontrou foram em maior número, e a eles resistiu-se corajosamente; ao contrário, uma longa paz habitualmente torna dominante o puro espírito mercantil, ao mesmo tempo que o vil egoísmo, a covardia, a lassidão, e rebaixa a mentalidade do povo.

(*Crítica do juízo*)

20. Sendo a guerra apenas um triste meio imposto pela necessidade no estado de natureza (onde não existe qualquer tribunal de justiça para poder julgar com força de direito) a fim de sustentar seu direito pela violência, nenhuma das duas partes pode nesse caso ser qualificada de inimigo injusto (isto já presumindo uma sentença de juiz), mas é o *resultado* que decide (assim como nos julgamentos ditos de Deus) de que lado se encontra o direito.

(*Projeto de paz perpétua*)

LA BRUYÈRE

21. Quando o povo está em movimento, não se compreende por onde a calma pode tornar a nele entrar; e quando está sereno, não se vê por onde a calma pode sair.

(*Caracteres*)

LAGNEAU

22. "O homem", diz um célebre escritor, "nasceu livre, e por toda parte está acorrentado." É verdade, mas acrescentamos que

está preso às suas próprias correntes, ao mesmo tempo escravo e tirano, cúmplice pelo menos das violências que sofre.

(*Discurso de senso comum*)

LÊNIN

23. O Estado é a organização especial de um poder: é a organização da violência destinada a reprimir uma certa classe.

(*O Estado e a Revolução*)

24. O proletariado necessita do poder de Estado, de uma organização centralizada da força, de uma organização da violência, tanto para reprimir a resistência dos exploradores quanto para *dirigir* a grande massa da população – campesinato, pequena burguesia, semiproletários – no "estabelecimento" da economia socialista.

(*Id.*)

LYOTARD

25. A violência não é edificante, consiste inteiramente na inedificação (inutilidade), na derrubada das defesas, na abertura dos percursos, dos sentidos, dos espíritos.

(*Economia libidinal*)

MAISTRE

26. Acima dessas numerosas raças de animais, está o homem, cuja mão destrutiva não poupa nada do que vive; mata para alimentar-se, mata para vestir-se, mata para enfeitar-se, mata para atacar, mata para defender-se, mata para instruir-se, mata para divertir-se, mata para matar.

(*Os serões de São Petesburgo*)

MAQUIAVEL

27. Não é a violência que restaura, mas a violência que arruína que é preciso condenar.

(*Discursos sobre a primeira década de Tito Lívio*)

MARAT

28. Um punhal de dois gumes, bem afiado, esta é a arma que convém aos homens de coragem, a única que pode ser usada em

todos os lugares, a única cujos golpes não é possível evitar, a única que só provoca ferimentos mortais, a única contra a qual toda a arte da guerra se torna inútil.

(*O amigo do povo*)

MARX
29. Os diferentes métodos de acumulação primitiva que a era capitalista produz dividem-se em primeiro lugar por ordem mais ou menos cronológica entre Portugal, Espanha, Holanda, França e Inglaterra, até que essa última os combine todos no último terço do século XVII em um conjunto sistemático que abrange ao mesmo tempo o regime colonial, o crédito público, as finanças modernas e o sistema protecionista. Alguns desses métodos repousam no emprego da força bruta, mas todos, sem exceção, exploram o poder do Estado, a força concentrada e organizada da sociedade, a fim de precipitar violentamente a passagem da ordem econômica feudal à ordem econômica capitalista e abreviar as fases de transição. E, com efeito, a força é a parteira de toda velha sociedade em trabalho de parto. A força é um agente econômico.

(*O capital*)

MONTAIGNE
30. Ninguém se diverte vendo animais brincando e acariciando um ao outro, e ninguém deve se divertir vendo-os dilacerar-se e desmembrar-se um ao outro.

(*Os ensaios*)

OWEN
31. Desejais instaurar um sistema social melhor, e o único meio que vedes para chegar a isso é a violência. Desejo igualmente ver instaurar-se um sistema social melhor, mas parece-me impossível realizar pela violência uma mudança benéfica e durável.

(*A revolução nos espíritos e na prática da raça humana*)

PROUDHON
32. A causa principal, universal e sempre constante da guerra, qualquer que seja a maneira ou o motivo pelo qual comece, é a mesma que leva as nações a emigrar, a formar estabelecimentos

a grande distância, a buscar mercados e terras para o excedente de sua população. É a *falta de meios de subsistência*; em estilo mais apurado, é a *ruptura do equilíbrio econômico*.

(*A guerra e a paz*)

ROSTAND (JEAN)
33. Quem mata um homem é um assassino. Quem mata milhões de homens é um conquistador. Quem mata a todos é um deus.

(*Pensamentos de um biólogo*)

SARTRE
34. A violência considera-se sempre uma *contraviolência*, isto é, uma resposta à violência do Outro.

(*Crítica da razão dialética*)

VALLÈS
35. A liberdade de falar, de escrever, de se reunir, com ou sem bandeira – propriedade legítima dos que choraram e sangraram para dá-la de presente à Pátria e que só possuem essa fortuna, os pobres –, é ao mesmo tempo a garantia da paz comum e da segurança pública.
Nos países em que existe livre manifestação, só casualmente existem jornadas de tumulto e nunca há noites de carnificina.

(*O brado do povo*)

VAUVENARGUES
36. Entre reis, entre povos, entre indivíduos, o mais forte se outorga direitos sobre o mais fraco, e a mesma regra é seguida pelos animais, pela matéria, pelos elementos, etc., de modo que tudo no universo se executa pela violência; e essa ordem, que reprovamos com uma certa aparência de justiça, é a lei mais geral, mais absoluta, mais imutável e mais antiga da natureza.

(*Reflexões e máximas*)

VOLTAIRE
37. Às vezes a Providência coloca-nos sob tortura, para isso empregando as pedras, os cálculos, a gota, o escorbuto, a lepra, a sífilis, as bexigas, o dilaceramento das entranhas, as convulsões de nervos e outros executores das vinganças da Providência.

Ora, como os primeiros déspotas foram, segundo confessaram todos os seus cortesãos, imagens da divindade, imitaram-na tanto quanto possível.

(*Dicionário filosófico*)

WEBER

38. Deve-se conceber o Estado contemporâneo como uma comunidade humana que, nos limites de um determinado território – sendo uma de suas características a noção de território –, reivindica com sucesso para si *o monopólio da violência física legítima*. O que é de fato próprio de nossa época é que ela não concede a todos os outros grupos ou aos indivíduos o direito de apelar para a violência a não ser na medida em que o Estado a tolera: este é considerado portanto como a única fonte do "direito" à violência.

(*Politik als Beruf*)

WEIL (ÉRIC)

39. Graças ao discurso do adversário do discurso razoável, graças ao antifilósofo, o segredo da filosofia assim se revelou: o filósofo quer que a violência desapareça do mundo. Reconhece a necessidade, admite o desejo, concorda com que o homem permaneça animal ao mesmo tempo que é razoável: o que importa é eliminar a violência. É legítimo desejar o que reduz a quantidade de violência que entra na vida do homem; é ilegítimo desejar o que a aumenta.

(*Lógica da filosofia*)

50. VONTADE

AGOSTINHO (SANTO)
1. A alma dá ordens ao corpo e é imediatamente obedecida. A alma dá ordens a si mesma e depara com resistências. A alma ordena que a mão se mexa, e é uma operação tão fácil, que mal se distingue a ordem de sua execução. E, no entanto, a alma é alma e a mão é corpo. A alma dá à alma a ordem de querer: uma não se distingue da outra e no entanto ela não age. De onde vem esse prodígio?

(Confissões)

ALAIN
2. Não sei se a justiça será, pois aquilo que ainda não é, não é objeto de saber; mas devo desejá-la, é meu ofício de homem. E como desejar sem acreditar?

(Considerações II)

3. A experiência faz com que saibamos imediatamente que a indeterminação dos pensamentos é um mal maior que a experiência de uma necessidade inflexível contra a qual o querer se fortalece, e na qual até encontra apoio.

(Sistema das belas-artes)

4. Cada um tem o que quer. A juventude engana-se a esse respeito, porque a única coisa que ela sabe bem é desejar e esperar o maná. Ora, o maná não cai; e todas as coisas desejadas são como a montanha, que espera, que é impossível não alcançar. Mas também é necessário escalar.

(Considerações sobre a felicidade)

5. O piloto não se diz que não deveria ter partido ou ter ido por outro caminho; mas quer fazer do caminho que pegou o cami-

nho certo. Não tendo mais que optar, a não ser entre querer e sofrer, ele quer, para que sua opção seja a correta.

(*Considerações II*)

6. Os trabalhos de estudante são provas para o caráter e não para a inteligência. Seja ortografia, versão ou cálculo, trata-se de aprender a querer.

(*Id.*)

7. Jamais acreditei que o querer fosse uma resultante. A meu ver, era, ao contrário, um começo, o começo de qualquer pensamento, o despertar, para dizer tudo.

(*História de meus pensamentos*)

BAYLE
8. Se contássemos bem, encontraríamos no decorrer de nossa vida mais veleidades do que volições, isto é, mais testemunhos da servidão de nossa vontade do que de seu domínio. Quantas vezes um mesmo homem não sente que não poderá exercer certo ato de vontade, mesmo que ganhasse imediatamente cem pistolas e desejasse ardentemente ganhar essas cem pistolas, e mesmo que fosse estimulado com a ambição de se convencer por uma prova de experiência que é o senhor de si mesmo?

(*Respostas às perguntas de um provincial*)

BERGSON
9. Cada um de nossos atos visa uma certa inserção de nossa vontade na realidade.

(*A evolução criadora*)

DESCARTES
10. Apenas a vontade ou apenas a liberdade do livre-arbítrio que experimento em mim já é tão grande que não concebo a ideia de nenhuma outra mais ampla e extensa, de modo que é principalmente ela que me faz saber que carrego a imagem e a semelhança de Deus.

(*Meditações metafísicas*)

11. Desejar, ter aversão, garantir, negar, duvidar são maneiras diferentes de querer.

(*Os princípios da filosofia*)

12. A vontade é tão livre por natureza que jamais pode ser coagida.

(*As paixões da alma*)

EPICTETO

13. "Mas o tirano irá acorrentar..." O quê? Tua perna. "Mas irá cortar..." O quê? Tua cabeça. O que ele não pode acorrentar, nem cortar? Tua vontade.

(*Dissertações*)

ESPINOSA

14. Entre a vontade, por um lado, e esta ou aquela volição, por outro, existe a mesma relação que entre a brancura e este ou aquele branco, ou entre a humanidade e este ou aquele homem; de modo que existe a mesma impossibilidade de conceber a vontade como a causa de uma volição determinada e a humanidade como a causa de Pedro ou de Paulo.

(*Carta II*)

HUME

15. Por *vontade*, não entendo nada além do que a impressão interna que sentimos, e da qual temos consciência, quando geramos cientemente um novo movimento de nosso corpo ou uma nova percepção de nosso espírito.

(*Tratado da natureza humana*)

KANT

16. Toda coisa na natureza age segundo leis. Apenas um ser racional tem a faculdade de agir *segundo a representação* das leis, ou seja, segundo os princípios; em outras palavras, apenas ele tem uma vontade.

(*Fundamentos da metafísica dos costumes*)

17. A *autonomia* da vontade é o princípio único de todas as leis morais e dos deveres que estão em conformidade com elas.

(*Crítica da razão prática*)

MALEBRANCHE
18. Parece-me bem certo que a vontade dos espíritos não é capaz de mover o menor corpo que exista no mundo; pois é evidente que não há ligação necessária entre a vontade que temos, por exemplo, de mexer nosso braço e o movimento de nosso braço.

(*Procura da verdade*)

19. Vemos que os homens que nem sabem se têm espíritos, nervos e músculos mexem seus braços e até com mais habilidade e facilidade do que os que melhor conhecem a anatomia. Isso significa que os homens querem mexer seus braços e que somente Deus pode e sabe imprimir-lhes movimento.

(*Ibid.*)

MONTAIGNE
20. Convido-vos a pensar se existe uma única parte de nosso corpo que não recuse frequentemente à nossa vontade sua operação e que muitas vezes não a exerça contra nossa vontade. Cada uma delas tem paixões próprias, que as despertam e adormecem sem nossa autorização.

(*Os ensaios*)

NIETZSCHE
21. Rimos daquele que sai de seu quarto no momento em que o sol sai do dele e diz: "*Quero* que o sol se levante"; e daquele que não consegue deter uma roda e diz: "*Quero* que ela rode"; e daquele que é derrubado na luta e diz: "Estou no chão, mas *quero* estar no chão!" Porém, apesar de todas as nossas risadas, não nos comportamos como esses três todas as vezes que empregamos a expressão: "*Eu quero*"?

(*Aurora*)

22. A teoria da vontade foi essencialmente inventada com a finalidade de castigo, ou seja, por "*desejo de encontrar o culpado*".

(*Crepúsculo dos ídolos*)

ROUSSEAU
23. É a lassidão de nossa vontade que constitui toda a nossa fraqueza, e sempre se é forte para fazer o que se quer com força: *volenti nihil difficile.*

(*Emílio ou Da educação*)

Sartre

24. Posso querer aderir a um partido, escrever um livro, casar-me, tudo isso não passa de uma manifestação de uma opção mais original, mais espontânea do que aquilo que se chama vontade.

(*O existencialismo é um humanismo*)

Schopenhauer

25. Como o que a vontade quer é sempre a vida, isto é, a pura manifestação dessa vontade, nas condições convenientes para ser representada, é então um pleonasmo dizer: "a vontade de viver" e não simplesmente "vontade", pois é a mesma coisa.

(*O mundo como vontade e representação*)

26. O que o homem quer propriamente, o que quer no fundo, o objeto dos desejos de seu ser íntimo, o objetivo que persegue, não há ação externa, não há instrução que possa mudá-lo; não fosse isso, poderíamos criar o homem pela segunda vez.

(*Id.*)

Tomás de Aquino (Santo)

27. Não se diz que um homem é bom porque tem o espírito bom, mas porque tem uma vontade boa.

(*Suma teológica*)

Weil (Simone)

28. A vontade só tem domínio sobre alguns movimentos de alguns músculos.

(*A gravidade e a graça*)

BIBLIOGRAFIA

1/1 *Des parties des animaux*, IV, 10, 687b, trad. fr. J.-C. Fraisse, P.U.F.
1/2 *Système de politique positive*, 1852, tomo II, cap. VII, ed. do autor, 10, rue Monsieur-le-Prince, p. 436.
1/3 *Id.*, p. 438.
1/4 *Catéchisme positiviste*, 1852, primeira parte, quarta entrevista, Garnier-Frères, p. 132.
1/5 *Matérialisme, vitalisme, rationalisme*, 1875, Hachette, 1923.
1/6 *Kant et le problème de la métaphysique*, em *Qu'est-ce que la métaphysique?*, 1937, trad. fr. H. Corbin, Gallimard, p. 211.
1/7 *La Crise de l'humanité européenne et la philosophie*, 1935, trad. fr. P. Ricoeur, Aubier-Montaigne, p. 33.
1/8 *Anthropologie du point de vue pragmatique*, 1798, 2ª. ed. 1800, trad. fr. M. Foucault, Librairie J. Vrin, p. 11.
1/9 *Métaphysique des moeurs*, segunda parte, *Doctrine de la vertu*, 1797, trad. fr. Philonenko, J. Vrin ed., p. 78.
1/10 *Discours de Sens*, 1877, em *Célèbres leçons et fragments*, P.U.F., p. 12.
1/11 *L'Afrique fantôme*, [1934], Preâmbulo [27 de agosto de 1950], Gallimard, 1988, p. 12.
1/12 *Anthropologie structurale*, 1958, Plon, p. 19.
1/13 *Le Regard éloigné*, Plon, 1983, p. 49.
1/14 *Signes*, 1960, Gallimard, XI, "L'Homme et l'Adversité", p. 304.
1/15 *Les Essais*, 1580-1595, III, II.
1/16 *Id.*, III, XIII.
1/17 *Le Livre du philosophe, Études théorétiques*, 1872-1875, trad. fr. A. K. Marietti, Aubier-Flammarion, p. 175.
1/18 *Rapport sur les progrès de l'anthropologie*, 1867, Hachette, p. 5.
1/19 *Psychiatrie, culture et salaire minimum*, 1934, em *Anthropologie*, trad. fr. Christian Baudelot e Pierre Clinquart, Éd. de Minuit, p. 117.
1/20 *L'existentialisme est un humanisme*, 1946, Nagel, p. 22.
1/21 *Critique de la raison dialectique*, 1960, Gallimard, p. 104.

2/1 *Les Idées et les Âges*, 1927, livro IV, cap. II, Gallimard.
2/2 *Vingt leçons sur les Beaux-Arts*, 1931, sexta lição, 11 de março de 1930, Gallimard.
2/3 *La Mythologie humaine*, 1932-1933, em *Les Arts et les Dieux*, Pléiade, Gallimard, 1147.

2/4 *Les Aventures du coeur*, 1945, cap. III, Hartmann, p. 15.
2/5 *Id.*, p. 17.
2/6 *La Politique*, trad. fr. Tricot, VIII, 5, 1339 b.
2/7 *L'École païenne*, artigo publicado a 22 de janeiro de 1852 em *La Semaine théâtrale*, em *Oeuvres complètes*, éd. du Seuil, p. 301.
2/8 *Belluaires et porchers*, 1905, Stock, introd., parágrafo 6.
2/9 *Carnets*, em *L'art de la peinture*, de J. Charpier e P. Seghers, éd. Seghers, p. 628.
2/10 *Situation de l'art moderne*, éd. de Minuit, em *L'art de la peinture*, de J. Charpier e P. Seghers, éd. Seghers, p. 711.
2/11 *Système de politique positive*, 1851, discurso preliminar, parte cinco, p. 275.
2/12 *Id.*, p. 276.
2/13 *Id.*, p. 282.
2/14 *Id.*, p. 287.
2/15 *Cathéchisme positiviste*, 1852, parte dois, quinta entrevista, Garnier-Frères, p. 169.
2/16 *Journal*, quinta-feira, 20 de outubro de 1852, Plon.
2/17 *L'Essence du christianisme*, 1841, intr., em *Manifestes philosophiques*, trad. L. Althusser, P.U.F., 10/18, p. 107.
2/18 *Un souvenir d'enfance de Léonard de Vinci*, 1910, trad. fr. Marie Bonaparte, Gallimard, p. 212.
2/19 *Esthétique*, t. I, póst. 1832, Introdução, capítulo um, primeira seção, III, trad. fr. J. G., Aubier-Montaigne, p. 30.
2/20 *Id.*, p. 127.
2/21 *Id.*, p. 136.
2/22 *Id.*, p. 327.
2/23 *Id.*, t. III, primeira parte, trad. fr. S. Jankélévitch, Aubier-Montaigne.
2/24 *La Phénoménologie de l'esprit*, 1807, trad. fr. Hyppolite, Aubier-Montaigne, t. II, p. 231.
2/25 *Chemins qui ne mènent nulle part*, trad. fr. W. Brokmeier, ed. de F. Fédier, Gallimard, 1962, p. 45.
2/26 *Id.*, p. 12.
2/27 *Ibid.*
2/28 *Id.*, p. 13.
2/29 *Id.*, p. 59.
2/30 *Id.*, p. 67.
2/31 *Critique du jugement*, 1790, parte um, seção I, livro I, parágrafo 7, trad. fr. J. Gibelin, Librairie J. Vrin, p. 47.
2/32 *Allocution prononcée au Musée d'Iéna en 1924*, em *De l'art moderne*, éd. de la Connaissance, Bruxelas.
2/33 *La Monadologie*, 1714, éd. Émile Boutroux, Delagrave, parágrafo 64.
2/34 *Aphorismes*, terceiro caderno 1755-1779, trad. fr. Marthe Robert, J.-J. Pauvert éd., p. 192.
2/35 *Le Temps du Mépris*, 1936, Prefácio, Gallimard.
2/36 *Essais*, 1580-1595, livro II, cap. XII, Plêiade, Gallimard, p. 534.
2/37 *Le Livre du philosophe*, *Études théorétiques*, 1872-1875, trad. fr. A. K. Marietti, Aubier-Flammarion, parágrafo 156, p. 145.
2/38 *Pensées*, póst., 1669, seção II, 134, ed. Brunschvicg, Hachette, p. 389.

2/39 *Gorgias*, 465 a.
2/40 *La République*, livro III, 398 a, trad. fr. Lachièze-Rey, Boivin éd.
2/41 *Le Temps retrouvé*, 1922, em *À la recherche du temps perdu*, t. III, Pléiade, Gallimard, p. 895.
2/42 *Pensées d'un biologiste*, 1939, cap. VIII, Stock, p. 162.
2/43 *Discours sur les sciences et les arts*, 1750, segunda parte.
2/44 *Le monde comme volonté et comme représentation*, 1819, trad. fr. A. Burdeau revista e corrigida por R. Roos, P.U.F., p. 341.
2/45 *L'Unique et sa propriété*, 1844, segunda parte II, 2, trad. fr. R.-L. Reclaire, Stock éd., p. 324.
2/46 *Philosophie de l'art* [1865], Fayard, 1985, p. 17.
2/47 *L'Infini esthétique*, 1934, *Pièces sur l'Art*, em *Oeuvres*, t. II, Pléiade, Gallimard, p. 1344.
2/48 *Carnets*, póst. Ms 2038 Bib. Nat. 19r.

3/1 *La Terre et les Rêveries du repos: essai sur les images de l'intimité*, José Corti, 1948, p. 45.
3/2 *La Pensée et le Mouvant*, 1903, V, primeira conferência, *Perception et conception*, P.U.F.
3/3 *Signes et événements*, frases coligidas em *Magazine littéraire*, n.° 257, setembro de 1988, p. 16.
3/4 *Ibid.*
3/5 *Id.*, p. 22.
3/6 *La Phénoménologie de l'esprit*, 1807, trad. fr. J. Hyppolite, Aubier-Montaigne, t. I, p. 8.
3/7 *Critique de la raison pure*, 1781, I, primeira edição, livro I, cap. II, seção 2, P.U.F.
3/8 *Définition du concept de race humaine*, 1785, em *La Philosophie de l'histoire*, trad. fr. Piobetta, Aubier-Montaigne.
3/9 *Le livre du philosophe*, *Études théorétiques*, 1872-1875, trad. fr. A.-K. Marietti, Aubier-Flammarion, p. 71.
3/10 *Id.*, p. 181.
3/11 *Id.*, p. 193.

4/1 *Éthique à Eudème*, VII, 12, 1244b., trad. fr. J.-C. Fraisse, P.U.F.
4/2 *La Dialectique de la durée*, 1936, P.U.F., p. 42.
4/3 *La Pensée et le Mouvant*, 1903, VI, *Introduction à la métaphysique*, *Empirisme et rationalisme*, P.U.F.
4/4 *Système de politique positive*, 1851, *Introduction fondamentale*, capítulo três, Aubier.
4/5 *Court traité*, 1660, segunda parte, cap. XVI (5), trad. fr. Ch. Appuhn, em *Oeuvres*, I, Garnier-Frères, p. 125.
4/6 *Éthique*, póst. 1677, II, prop. XL, esc. II.
4/7 *Traité de la nature humaine*, 1739, livro I, parte III, seção XI.
4/8 *Id.*, livro I, parte quatro, seção I, trad. fr. A. Leroy, Aubier Montaigne, t. I, p. 267.
4/9 *Critique de la raison pure*, 1781, trad. fr. Trémesaygues e Pacaud, Alcan, Introd. 2.ª ed.

4/10 Id., *Logique transcendantale*, introd., parágrafo I.
4/11 Id., I, *Analytique transcendantale*, I, cap. II, parágrafo 27.
4/12 *La Monadologie*, 1714, éd. Émile Boutroux, Delagrave, parágrafo 29.
4/13 *Le Livre du philosophe, Études théorétiques*, 1872-1875, trad. fr. A.-K. Marietti, Aubier-Flammarion, p. 123.
4/14 Id., p. 171.
4/15 *Le Gai Savoir*, 1882, parágrafo 110, trad. fr. Klossowski, Club français du livre.
4/16 Id., parágrafo 355.
4/17 *Crépuscule des idoles ou Comment philosopher à coups de marteau*, "Götzen-Dämmerung", 1888, trad. fr. Jean-Claude Hemery, Idées/Gallimard, p. 14.
4/18 *L'Homme et la Coquille*, 1937, em *Oeuvres*, t. I, Pléiade, Gallimard, p. 890.
4/19 Id., p. 899.

5/1 *Histoire de mes pensées*, 1936, cap. Abstractions, em *Les Arts et les Dieux*, Pléiade, Gallimard, p. 53.
5/2 *L'Énergie spirituelle*, 1911, P.U.F., I, *La Conscience et la Vie*.
5/3 *L'Évolution créatrice*, 1907, cap. III, *Signification de l'évolution*, P.U.F.
5/4 *Le Normal et le Pathologique*, I, 1943, P.U.F., p. 53.
5/5 *Essai sur les fondements de la connaissance et sur les caractères de la critique philosophique*, 1851, Hachette, p. 547.
5/6 *L'Essence du christianisme*, 1841, em *Manifestes philosophiques*, trad. fr. L. Althusser, P.U.F., p. 87.
5/7 Id., p. 125, n. I.
5/8 *Essais de psychanalyse*, artigos 1909-1915, Payot, Paris, 1927, p. 181.
5/9 *Pensées*, 1815-1832, em *Oeuvres*, t. I, trad. fr. J. Porchat, Hachette, p. 421.
5/10 *Méditations cartésiennes*, 1929, trad. fr. G. Peiffer e E. Lévinas, Librairie J. Vrin, 1953, p. 28.
5/11 Ibid.
5/12 *Opus postumum*, trad. J. Gibelin, Vrin, p. 133.
5/13 *Fragment 10*, póst. 1898, em *Célèbres leçons et fragments*, P.U.F., p. 54.
5/14 *Fragment 67*, póst. 1898, Id., p. 79.
5/15 *Animadversiones in Partem generalem principiorum Cartesianorum – Remarques sur la partie générale des Principes de Descartes*, 1692, sobre a primeira parte, sobre o artigo 7, trad. fr. L. L. G.
5/16 *Oeuvres économiques*, I, 1965, Pléiade, Gallimard, pp. 272-3.
5/17 *L'Idéologie allemande*, 1846, trad. fr. H. Auger, G. Badia, J. Baudrillard, R. Cartelle, Éditions Sociales, p. 51.
5/18 Id., p. 59.
5/19 *Phénoménologie de la perception*, 1945, Gallimard, p. 160.
5/20 *Le Gai Savoir*, 1882, parágrafo 11, trad. fr. Klossowski, Club français du livre, p. 86.
5/21 *Philosophie de la volonté*, 1949, Aubier, p. 376.
5/22 *L'Être et le Néant*, 1943, Introdução, III, Gallimard, p. 22.
5/23 Ibid.
5/24 Id., Introdução, V, Gallimard, p. 29.
5/25 Id., segunda parte, capítulo um, I, Gallimard, p. 116.

5/26 *L'existentialisme est un humanisme*, 1946, Nagel, p. 64.
5/27 *Le monde comme volonté et comme représentation*, 1819, trad. fr. A. Burdeau, revisto e corrigido por R. Roos, P.U.F., p. 761.
5/28 *Tel quel, Choses tues*, 1930, em *Oeuvres*, t. II, Pléiade, Gallimard, p. 500.
5/29 *Mauvaises pensées et autres*, 1941, em *Oeuvres*, t. II, Pléiade, Gallimard, p. 813.

6/1 *Les Confessions*, livro III, cap. um, trad. fr. Joseph Trabucco.
6/2 *Définitions*, póst. 1953, art. *Désir*, em *Les Arts et les Dieux*, Pléiade, Gallimard, p. 1049.
6/3 *Discours aux ambitieux*, 21 de setembro de 1924, *Propos sur le Bonheur*, XXVII, Gallimard, p. 88.
6/4 *Éthique à Nicomaque*, Livro III, XI, 8, trad. Voilquin.
6/5 *La Psychanalyse du Feu*, Gallimard, 1939, p. 39.
6/6 *Le Nouveau Testament* [*Première Épître de saint Jean*], II, 15, 16, 17, trad. fr. da vulgata por Lemaistre de Sacy.
6/7 *Id.* [*Première Épître de saint Paul aux Corinthiens*, VII, 8-9], trad. da Vulgata por Lemaistre de Sacy.
6/8 *Ce qui cloche dans le monde* [*What is wrong with the world*], 1910, trad. J.-C. Laurens, Gallimard, 1948, p. 17.
6/9 *Les Passions de l'âme*, 1649, art. LXXXVI.
6/10 *Id.*, art. CXLIV.
6/11 *Id.*, art. CXLVI.
6/12 *Le Neveu de Rameau*, 1762, em *Oeuvres*, Pléiade, Gallimard, p. 464.
6/13 *Entretiens*, IV, cap. um, conclusão, trad. fr. Souilhé e Jagu, Les Belles Lettres.
6/14 *Entretien*, III, XXIV, trad. fr. Émile Bréhier, em *Les Stoïciens*, Pléiade, Gallimard, p. 1030.
6/15 *Id.*, IV, 1, p. 1060.
6/16 *Lettre à Ménécée*, em Diogène Laërce: *Vie, doctrines et sentences des philosophes illustres*, trad. fr. Robert Genaille, Garnier-Frères, t. II, p. 268.
6/17 *Éthique*, póst. 1677, quarta parte, prop. XVIII, dem.
6/18 *Traité politique*, póst. 1677, cap. II, parágrafo 5.
6/19 *Cinq leçons sur la psychanalyse*, 1909, trad. fr. Yves Le Lay, Payot, 1977, p. 29.
6/20 *Id.*, quinta lição, p. 59.
6/21 *L'Interprétation des rêves*, 1900, P.U.F., p. 206.
6/22 *Introduction à la psychanalyse*, 1917, Payot, p. 235.
6/23 *Id.*, p. 237.
6/24 *Ibid.*
6/25 *La Phénoménologie de l'esprit*, 1807, trad. fr. J. Hyppolite, Aubier-Montaigne, t. I, p. 298.
6/26 *Fragments*, trad. fr. M. Conche, P.U.F., 1986, p. 184.
6/27 *Le Système de la nature*, Londres, 1770, I, cap. XV.
6/28 *L'Histoire naturelle de la religion*, 1757, trad. fr. Michel Malherbe, Vrin, p. 102.
6/29 *Conjectures sur les débuts de l'histoire humaine*, 1786, em *La Philosophie de l'histoire, Opuscules*, trad. fr. S. Piobetta, Aubier, p. 156.
6/30 *Métaphysique des moeurs*, 1797, primeira parte, *Doctrine du droit*, trad. fr. Philonenko, J. Vrin éd., p. 87.

6/31   *Anthropologie du point de vue pragmatique*, 1798, 2º ed. 1800, trad. fr. M. Foucault, primeira parte, livro III, parágrafo 73, Vrin.
6/32   *De l'homme*, parágrafo 19 em *Les Caractères*, 1688-1696.
6/33   *Lettre à Clara Zetkin*, em C. Zetkin: *Lénine tel qu'il fut*, éd. Sociales, p. 216.
6/34   *De la nature*, III, 1095.
6/35   *Essais*, 1580-1595, livro I, cap. XLII, Pléiade, Gallimard, p. 302.
6/36   *Id.*, livro II, cap. XII, p. 521.
6/37   *Pensées*, póst. 1669, seção, II, 109, ed. Brunschvig, Hachette, p. 383.
6/38   *Id.*, seção VII, 458, p. 543.
6/39   *Le Banquet*, 200 e, trad. fr. Chambry.
6/40   *Id.*, 204 a.
6/41   *Id.*, 211 a.
6/42   *La République*, IX, parágrafo 571 c.
6/43   *Ennéades*, texto estabelecido e traduzido por E. Bréhier, Les Belles Lettres, première Ennéade, 2, p. 39.
6/44   *Albertine disparue*, 1925, em *À la recherche du temps perdu*, Gallimard.
6/45   *Julie ou la Nouvelle Héloïse*, 1761, sexta parte, carta VIII.
6/46   *Que l'état de guerre naît de l'état social*, em *Oeuvres complètes*, t. 2, éd. Du Seuil, p. 387.
6/47   *L'Être et le Néant*, 1943, terceira parte, cap. III, II, Gallimard, p 459.
6/48   *Id.*, p. 462.
6/49   *Id.*, p. 463.
6/50   *Id.*, p. 475.
6/51   *Le monde comme volonté et comme représentation*, 1819, trad. fr. A. Burdeau, revista e corrigida por R. Roos, P.U.F., p. 374.
6/52   *Id.*, p. 396.
6/53   *Id.*, p. 1125.
6/54   *Tel quel II*, *Suite*, 1930, em *Oeuvres*, t. II, Pléiade, Gallimard, p. 760.
6/55   *La Connaissance surnaturelle*, 1950, Gallimard, p. 110.

7/1   *Définitions*, póst. 1953, art. *Devoir*, em *Les Arts et les Dieux*, Pléiade, Gallimard, p. 1050.
7/2   *Les deux sources de la morale et de la religion*, 1932, éd. du Centenaire, p. 995.
7/3   *Id.*, I, *La société dans l'individu*.
7/4   *Système de politique positive*, 1851, introdução fundamental, cap. dois, p. 507.
7/5   *Essais de psychanalyse*, 1909-1915, trad. fr. Dr. S. Jankélévitch, éd. Payot, 4ª parte, p. 241.
7/6   *Critique de la raison pure*, 1781, I, segunda divisão, livro I, primeira seção.
7/7   *Fondements de la métaphysique des moeurs*, 1785, trad. fr. V. Delbos, Delagrave, p. 100.
7/8   *Critique de la raison pratique*, 1788, primeira parte, livro I, cap. III, trad. fr. Picavet, P.U.F., p. 93.
7/9   *Métaphysique des moeurs*, 1797, primeira parte, *Doctrine du droit*, trad. Philonenko, J. Vrin éd., p. 97.
7/10 *Id.*, segunda parte, *Doctrine de la vertu*, p. 107, nota 1.
7/11 *Opus postumum*, trad. fr. J. Gibelin, Vrin, p. 8.

7/12 Id., p. 13.
7/13 Discours de Sens, 1787, em Célèbres leçons et fragments, P.U.F., p. 16.
7/14 Essais, 1580-1595, livro II, cap. XII, Pléiade, Gallimard, p. 540.
7/15 Aurore, 1880, Pensées sur les préjugés moraux, trad. fr. Julien Hervier, Gallimard, p. 276.
7/16 Fragments écrits sur des cartes à jouer, versos 1776-1777, em Oeuvres complètes, éd. du Seuil, t. 1, p. 498.
7/17 Politik als Beruf, 1919, em Le Savant et le Politique, Plon e 10/18, p. 172.

8/1 Définitions, póst. 1953, art. Droit, em Les Arts et les Dieux, Pléiade, Gallimard, p. 1052.
8/2 Le Normal et le Pathologique, II, 1966, P.U.F., p. 177.
8/3 Maximes et pensées, caractères et anecdotes, 1795, cap. II, parágrafo 134.
8/4 Catéchisme positiviste ou Sommaire exposition de la religion universelle en onze entretiens systématiques entre une femme et un prêtre de l'humanité, 1854, terceira parte, segunda entrevista.
8/5 Traité de l'enchaînement des idées fondamentales dans les sciences et dans l'histoire, 1911, Librairie Hachette, livro IV, cap. IX, parágrafo 431, p. 489.
8/6 14 de novembro de 1791, art. II.
8/7 Signes et événements, fragmentos coligidos em Magazine littéraire, nº 257, set. 1988, p. 25.
8/8 Leçons sur la philosophie du Droit, 1936, Dalloz, p. 194.
8/9 Traité théologico-politique, 1670, cap. XVI, trad. fr. Ch. Appuhn, Garnier-Frères, p. 261.
8/10 Id., p. 269.
8/11 Traité politique, póst. 1677, cap. dois, parágrafo 15, trad. Ch. Appuhn, Garnier-Frères, p. 21.
8/12 Id., cap. três, parágrafo 2, p. 25.
8/13 A E. Chevalier, Correspondance, t. I., P.U.F., p. 98.
8/14 Principes de la philosophie du droit, 1818, primeira parte: Le droit abstrait, seção 3, parágrafo 94.
8/15 Léviathan, 1651, trad. fr. Tricaud, Sirey © por Jurisprudence générale Dalloz, XVI, p. 129.
8/16 Idée d'une histoire universelle au point de vue cosmopolitique, 1784, trad. fr. S. Piobetta, em La Philosophie de l'histoire, Aubier, p. 66.
8/17 Deste provérbio: "Cela est bon en théorie, mais ne vaut rien en pratique", 1793, trad. J. Barni, Durand éd.
8/18 Projet de paix perpétuelle, 1795, trad. J. Gibelin, J. Vrin, p. 9.
8/19 Id., p. 50.
8/20 De l'homme, parágrafo 24, em Les Caractères, 1688-1696.
8/21 Aphorismes, terceiro caderno 1775-1779, trad. fr. Marthe Robert, J.-J. Pauvert, p. 124.
8/22 Id., p. 150.
8/23 De l'esprit des lois, 1748, primeira parte, livro I, cap. 1.
8/24 Aurore, 1880, livro dois, parágrafo 112, trad. fr. Julien Hervier, Gallimard, p. 119.
8/25 Le Gai Savoir, 1882, trad. fr. A. Vialatte, Gallimard, parágrafo 43.

8/26 *Les Lois*, IV, 715 b.
8/27 *L'Unique et sa Propriété*, 1844, parte dois, II, 1, trad. de R.-L. Reclaire, Stock éd., p. 224.
8/28 *Id.*, parte dois, II, 2, p. 257.
8/29 *Tel quel, Autres Rhumbs*, 1927, em *Oeuvres*, t. II, Pléiade, Gallimard, p. 693.
8/30 *Wirtschaft und Gesellschaft*, 1925, trad. fr. J. Freund, Plon, 3ª edição, t. I, pp. 17-8.

9/1 *Le Nouvel Esprit scientifique*, 1934, P.U.F., p. 122.
9/2 *La Pensée et le Mouvant*, 1930, III, *Le Possible et le Réel*, P.U.F.
9/3 *Les Principes de la philosophie*, 1644, parte dois, 11.
9/4 *Traité de la nature humaine*, 1789, trad. A. Leroy, Aubier-Montaigne, livro I, part. II, seção V, Aubier.
9/5 *Critique de la raison pure*, 1781, *Esthétique transcendantale*, 1ª seção, parágrafo 2, 1, p. 66.
9/6 *Id., Esthétique transcendantale*, 1ª seção, parágrafo 2, 2, p. 66.
9/7 *Id., Esthétique transcendantale*, 1ª seção, parágrafo 2,5 [2ª ed.], p. 68.
9/8 *Id., Esthétique transcendantale*, 1ª seção, parágrafo 3, b, p. 69.
9/9 *Tel quel II, Analecta*, 1926, em *Oeuvres*, t. II, Pléiade, Gallimard, p. 745.
9/10 *Tractatus logico-philosophicus*, 1921, parágrafo 6.4312, trad. fr. P. Klossowski, Gallimard, p. 173.

10/1 *La Politique*, trad. fr. Tricot, III, 9, 1280 a.
10/2 *Id.*, 1280 b.
10/3 *Système de politique positive*, 1852, t. II, cap. V, p. 304.
10/4 *Traité théologico-politique*, 1670, cap. XVI, trad. fr. Ch. Appuhn, Garnier-Frères, p. 267.
10/5 *Id.*, p. 268.
10/6 *Id.*, cap. XX, p. 329.
10/7 *Cours de 1830*, em *La Raison dans l'histoire*, trad. fr. Kostas Papaioannou, Plon e 10/18, U.G.E., p. 140.
10/8 *Principes de la philosophie du droit*, 1821, trad. fr. A. Kaan, Gallimard, Prefácio.
10/9 *Ibid.*, p. 135.
10/10 *Métaphysique des moeurs*, primeira parte, *Doctrine du droit*, 1797, trad. fr. Philonenko, J. Vrin éd., p. 195.
10/11 *L'État et la Révolution*, 1917, cap. II, 1, éd. Sociales, p. 37.
10/12 *Id.*, cap. III, 5, p. 83.
10/13 *Le Capital*, 1867, livro um, oitava seção, cap. XXI, trad. fr. J. Roy, revista por M. Rubel, em *Oeuvres, Économie I*, Pléiade, Gallimard, p. 1213.
10/14 *L'Idéologie allemande*, 1846, trad. fr. H. Auger, G. Badia, J. Baudrillard, R. Cartelle, éd. Sociales, p. 106.
10/15 *Humain, trop humain* [*Menschliches, Allzumenschliches*], 1878, trad. fr. A.-A. Desrousseaux, Denoël/Gonthier, t. II, p. 139.
10/16 *Aurore*, 1880, parágrafo 179, trad. J. Hervier, Gallimard, p. 186.
10/17 *Ainsi parlait Zarathoustra*, 1883-1885, trad. Henri Albert, Mercure de France, p. 66.
10/18 *La République*, V, 456 e.

10/19 *Sur les principes de la morale politique*, 18 de pluvioso do ano II, 5 de fevereiro de 1794, em *Textes choisis III*, éd. Sociales, p. 113.
10/20 *Le monde comme volonté et comme représentation*, 1819, trad. A. Burdeau revista e corrigida por R. Roos, P.U.F., p. 440.
10/21 *Id.*, p. 1340.
10/22 *L'Unique et sa Propriété*, 1844, parte dois, II, 2, trad. fr. R.-L. Reclaire, Stock éd., p. 272.
10/23 *Mauvaises pensées et autres*, 1941, em *Oeuvres*, t. II, Pléiade, Gallimard, p. 903.
10/24 *Politik als Beruf*, 1919, em *Le Savant et le Politique*, Plon e 10/18, p. 100.

11/1 *Les Confessions*, livro X, cap. XXVIII, P.U.F.
11/2 *Propos I*, 1º de abril de 1908, Pléiade, Gallimard, p. 33.
11/3 *81 chapitres sur l'esprit et les passions*, 1917, LIII, cap. X.
11/4 *Cent un propos*, III, 114.
11/5 *L'Évolution créatrice*, 1907, cap. I, *La Durée*.
11/6 *Traité concernant les Principes de la connaissance humaine*, 1710, primeira parte, parágrafo 3.
11/7 *Trois dialogues entre Hylas et Philonoüs*, 1713, terceiro diálogo.
11/8 *Ancien Testament, Genèse*, 3, 17-19, trad. fr. L. Segond.
11/9 *Belluaires et porchers*, 1905, Stock, Introd., parágrafo 6.
11/10 *Maximes et pensées, caractères et anecdotes*, 1795, cap. II, parágrafo 144.
11/11 *Ce qui cloche dans le monde [What is wrong with the world]*, 1910, trad. fr. J.-C. Laurens, Gallimard, p. 84.
11/12 Citado por Jules Renard, *Journal*, 1887-1910, 25 de fevereiro de 1891, Pléiade, Gallimard, p. 80.
11/13 *Fragments*, trad. fr. M. Conche, P.U.F., 1986, p. 455.
11/14 *Traité de la nature humaine*, 1739, livro I, parte II, seção VI.
11/15 *Id.*, livro II, terceira parte, seção III, t. II, trad. fr. A. Leroy, Aubier-Montaigne, p. 525.
11/16 *Opus postumum*, maço VII, Fº VIII, p. 3, trad. J. Gibelin, Vrin éd., p. 131.
11/17 *Id.*, p. 135.
11/18 *Post-scriptum aux miettes philosophiques*, 1846, trad. fr. P. Petit, Gallimard, 2ª ed., 1941, p. 209.
11/19 *Id.*, parte dois, 2ª seção, cap. III, parágrafo I.
11/20 *Ibid.*
11/21 *De l'homme*, parágrafo 33, em *Les Caractères*, 1688-1696.
11/22 *Id.*, parágrafo 48.
11/23 *Fragment 87*, póst. 1898, em *Célèbres leçons et fragments*, P.U.F., 1950, p. 92.
11/24 *Aphorismes*, terceiro caderno 1775-1779, trad. fr. Marthe Robert, J.-J. Pauvert, p. 117.
11/25 *Premier journal*, 1794-1795, em *Oeuvres*, éd. Tisserand, t. I, p. 65, Alcan, 1920.
11/26 *Pensées*, VII, 61.
11/27 *Sens et non-sens*, 1948, Nagel, p. 125.
11/28 *Id.*, p. 236.
11/29 *Essais*, 1580-1595, III, XIII, Pléiade, Gallimard, p. 1257.

11/30 *Id.*, p. 1247.
11/31 *Mes pensées*, 1720-1755, XIII, 549, em *Oeuvres complètes*, éd. du Seuil, p. 916.
11/32 *Le Gai Savoir*, 1882, parágrafo 283, trad. fr. Klossowski, Club français du livre, p. 274.
11/33 *Id.*, parágrafo 349, p. 348.
11/34 *Pensées*, póst. 1669, III, 213, ed. Brunschvicg, Hachette, p. 429.
11/35 *Id.*, seção VI, 386, p. 505.
11/36 *Journal*, 5 de março de 1906, Pléiade, Gallimard, p. 1038.
11/37 *Pensées d'un biologiste*, 1939, cap. IX.
11/38 *Id.*, cap. X.
11/39 *Fragments philosophiques et moraux*, 1756-1762, em *Oeuvres complètes*, t. 2, éd. du Seuil, p. 326.
11/40 *Émile ou De l'éducation*, 1762, livro dois, t. 3, p. 58, éd. du Seuil.
11/41 *Les Rêveries du promeneur solitaire*, 1782, quinto passeio, em *Oeuvres complètes*, t. I, éd. du Seuil, p. 53.
11/42 *L'existentialisme est un humanisme*, 1946, Nagel, p. 17.
11/43 *Critique de la raison dialectique*, tomo I, 1960, Gallimard, p. 19.
11/44 *Ibid.*
11/45 *Le monde comme volonté et comme représentation*, 1819, trad. fr. A. Burdeau, revista e corrigida por R. Roos, P.U.F., p. 1343.
11/46 *Aphorismes sur la sagesse dans la vie*, póst. 1880, trad. fr. J.-A. Cantacuzène revista e corrigida por R. Roos, P.U.F., 1964, p. 160.
11/47 *Moralités, Tel quel I*, 1930, em *Oeuvres*, t. II, Pléiade, p. 542.

12/1 *Éléments de philosophie*, 1941, Gallimard, livro V, cap. I.
12/2 *Propos I*, 18 de março de 1911, Pléiade, Gallimard, p. 106.
12/3 *Ibid.*
12/4 *Id.*, 16 de março de 1923, p. 473.
12/5 *La Politique*, VII, 13, 1332 a, trad. fr. J. Tricot, Vrin.
12/6 *Éthique à Nicomaque*, livro um, cap. VII, 16, trad. fr. Voilquin, Garnier.
12/7 *Id.*, livro dois, cap. VIII, 8, trad. fr. Voilquin, Garnier.
12/8 *La Psychanalyse du Feu*, 1938, Gallimard, p. 216.
12/9 *Ancien Testament, Genèse*, 2, 8-9, trad. fr. Louis Segond, Maison de la Bible, Genebra.
12/10 *Maximes et pensées, caractères et anecdotes*, cap. II, parágrafo 144.
12/11 *Id.*, cap. II, parágrafo 152.
12/12 *Id.*, cap. V, parágrafo 308.
12/13 *Id.*, 1795, parte dois, parágrafo 1095.
12/14 *Mémoires d'outre-tombe*, 1850, livro dois, cap. 2.
12/15 644-656, trad. fr. E. Montet, surata 78, versículos 31-35, Payot.
12/16 *Journal*, 8 de abril de 1854.
12/17 *Lettre à Élisabeth*, 18 de agosto de 1645.
12/18 *Id.*, 1º de setembro de 1645.
12/19 *Les Passions de l'âme*, 1649, parte dois, art. CXLVIII.
12/20 *Observations sur l'Instruction de S.M.I. aux députés pour la confection des lois*, 1774, art. 252, p. 72.

12/21 *Entretien*, III, XXIV, trad. fr. Émile Bréhier, em *Les Stoïciens*, Pléiade, Gallimard, p. 1020.
12/22 *Id.*, IV, IV, p. 1068.
12/23 *Lettre a Ménécée*, em Diogène Laërce: *Vie, doctrine et sentences des philosophes illustres*, trad. fr. Robert Genaille, Garnier, t. II, p. 265.
12/24 *Éloge de la folie*, 1511, trad. fr. P. de Nolhac, cap. XXXIX, Garnier.
12/25 *Pensées*, 1815-1832, em *Oeuvres*, t. I, trad. fr. J. Porchat, Hachette, p. 418.
12/26 *L'Histoire naturelle de la religion*, 1757, trad. fr. Michel Malherbe, Vrin, p. 103.
12/27 *Critique de la raison pure*, 1781, livro II, cap. II, 2ª seção.
12/28 *Critique de la raison pratique*, 1788, trad. fr. Picavet, P.U.F., 1949, p. 24.
12/29 *Id.*, parte um, livro um, *Examen...*, p. 99.
12/30 *Id.*, livro II, cap. II, V.
12/31 *De l'homme*, parágrafo 82, em *Les Caractères*, 1688-1696.
12/32 *Lettres à un jeune homme*, 24 de fevereiro de 1858, Poussielgue éd., 1897.
12/33 *De l'humanité*, 1840, t. I, p. 20.
12/34 *Dictionnaire de la langue française*, 1863-1872, art. *Bonheur*.
12/35 *Pensées*, trad. fr. A.-I. Trannoy, Les Belles Lettres, Livre XI, 16.
12/36 *Contes et nouvelles*, t. 1, *Souvenirs*, 1884, Pléiade, Gallimard, p. 1252.
12/37 *L'Utilitarisme*, 1861, cap. II, trad. fr. G. Tanesse, Garnier-Frères, p. 54.
12/38 *Mes pensées*, 1720-1755, VI, I, 1003, em *Oeuvres complètes*, éd. du Seuil, p. 966.
12/39 *Aurore*, 1880, parágrafo 345, trad. fr. Hervier, Gallimard, p. 277.
12/40 *Id.*, parágrafo 439, p. 311.
12/41 *Crépuscule des idoles ou Comment philosopher à coups de marteau*, "Götzen-Dämmerung", 1888, trad. fr. Jean-Claude Hemery, Idées/Gallimard, p. 24.
12/42 *Pensées*, póst. 1669, seção I, 172, ed. Brunschvicg, Hachette, p. 408.
12/43 *Albertine disparue*, 1925, em *À la recherche du temps perdu*, Gallimard.
12/44 *Le Temps retrouvé*, 1927, em *À la recherche du temps perdu*, Gallimard.
12/45 *Journal*, 1887-1910, 5 de setembro de 1893.
12/46 *Id.*, 1º de agosto de 1899.
12/47 *Id.*, 20 de janeiro de 1902.
12/48 *Id.*, 5 de julho de 1908.
12/49 *Pensées d'un biologiste*, 1930, cap. IX, Stock, p. 189.
12/50 *Id.*, p. 195.
12/51 *Julie ou la Nouvelle Héloïse*, 1761, parte seis, carta VIII.
12/52 *Émile ou De l'éducation*, 1762, Livro quatro, éd. du Seuil, t. 3, p. 161.
12/53 *Fragments écrits sur des cartes à jouer*, versos 1776-1777, em *Oeuvres complètes*, éd. du Seuil, t. 1, p. 497.
12/54 *Les Confessions*, 1781-1788, parte um, livro VI.
12/55 *Les Rêveries du promeneur solitaire*, 1782, Nono passeio.
12/56 *Le monde qui pourrait être*, 1918, trad. fr. Maurice de Cheveigné, Denoël/Gonthier, p. 194.
12/57 *Rapport sur le mode d'exécution du décret contre les ennemis de la Révolution*, Convention nationale, 3 de março de 1794.
12/58 *Le monde comme volonté et comme représentation*, 1819, trad. fr. A. Burdeau, revista e corrigida por R. Roos, P.U.F., p. 404.

12/59 Id., p. 1335.
12/60 Aphorismes sur la sagesse dans la vie, póst. 1880, trad. fr. J.-A. Cantacuzène, revista e corrigida por R. Roos, P.U.F., 1964, p. 19.
12/61 Vie de Henry Brulard, 1835, cap. I, em Oeuvres intimes, Pléiade, Gallimard, p. 6.
12/62 L'Unique et sa Proprieté, 1844, parte dois, II, 2, trad. fr. R.-L. Reclaire, Stock éd., p. 279.
12/63 Tel quel, II, continuação, 1930, em Oeuvres, t. II, Pléiade, Gallimard, p. 778.
12/64 Mauvaises pensées et autres, 1941, em Oeuvres, t. II, Pléiade, Gallimard, p. 820.
12/65 Ibid.

13/1 Définitions, póst. 1953, em Les Arts et les Dieux, Pléiade, Gallimard, p. 1078.
13/2 Métaphysique, A, 2, 982 b, 25, trad. fr. Tricot.
13/3 L'Évolution créatrice, 1907, em Oeuvres, P.U.F., 1970, p. 661.
13/4 Maximes et pensées, caractères et anecdotes, 1795, cap. I, parágrafo 53.
13/5 Cours de philosophie positive, advertência do autor, 1830.
13/6 Système de politique positive ou Traité de sociologie instituant la religion de l'humanité, dedicatória, 1851, p. X.
13/7 Catéchisme positiviste, 1852, parte dois, quinta entrevista, Garnier-Frères, p. 169.
13/8 Des institutions d'instruction publique en France [seguida de Discours prononcés à l'Académie de Dijon], 1864, Hachette, p. 112.
13/9 Signes et événements, frases coligidas em Magazine littéraire n.º 257, setembro de 1988, p. 16.
13/10 Les Principes de la philosophie, carta-prefácio, 1644, Pléiade, Gallimard, p. 558.
13/11 Id., parte um, 75.
13/12 Id., parte um, 76.
13/13 Entretiens, IV, VIII, trad. fr. Émile Bréhier, em Les Stoïciens, Pléiade, Gallimard, 1087.
13/14 Thèses provisoires pour la réforme de la philosophie, 1842, parágrafo 34, em Manifestes philosophiques, trad. L. Althusser, P.U.F., p. 151.
13/15 Principes de la philosophie de l'avenir, 1843, em Manifestes philosophiques, trad. L. Althusser, P.U.F., p. 261.
13/16 Entretiens sur la pluralité des mondes, 1686, sexta noite.
13/17 Esthétique, t. I, trad. fr. J. G., Aubier-Montaigne, p. 127.
13/18 Principes de la philosophie du droit, 1821, trad. fr. Andrée Kaan, Gallimard, 1940, p. 43.
13/19 Id., p. 45.
13/20 Ibid.
13/21 Méditations cartésiennes, Introduction à la phénoménologie, 1929, trad. fr. G. Peiffer e E. Lévinas, Librairie J. Vrin, 1953, p. 2.
13/22 La Crise de l'humanité européenne et la philosophie, 1935, trad. fr. P. Ricoeur, Aubier-Montaigne, p. 35.
13/23 Critique de la raison pure, 1781, II, trad. fr. Tremesaygues e Pacaud, cap. II, 3.ª seção, De l'opinion, de la science et de la foi, p. 562.
13/24 Ibid.
13/25 Id., II, cap. III.

13/26 *Métaphysique des moeurs*, parte um, *Doctrine du droit*, 1797, trad. Philonenko, J. Vrin éd., p. 80.
13/27 *Opus postumum*, trad. J. Gibelin, Vrin, p. 44.
13/28 *Id.*, p. 96.
13/29 *Id.*, p. 103.
13/30 *Ibid.*
13/31 *De l'homme*, parágrafo 132, em *Les Caractères*, 1688-1696.
13/32 *De la métaphysique*, 1880, em *Célèbres leçons et fragments*, P.U.F., p. 31.
13/33 *Id.*, p. 32.
13/34 *Fragment 5*, março de 1898, em *Célèbres leçons et fragments*, P.U.F., p. 53.
13/35 *Fragment 6*, março de 1898, *Ibid.*
13/36 *Fragment 7*, março de 1898, *Ibid.*
13/37 *L'Idéologie allemande*, 1846, trad. fr. H. Auger, G. Badia, J. Baudrillard, R. Cartelle, éd. Sociales, 1968, p. 34.
13/38 *Id.*, p. 269.
13/39 *Id.*, p. 490.
13/40 *Sens et non-sens*, 1948, p. 236.
13/41 *Éloge de la philosophie*, 1953, Gallimard, p. 86.
13/42 *Signes*, 1960, Gallimard, p. 138.
13/43 *Essais*, 1580-1595, II, XII, Pléiade, Gallimard, p. 612.
13/44 *Aurore*, 1880, 427, trad. J. Hervier, Gallimard, p. 305.
13/45 *Le Gai Savoir*, 1882, parágrafo 2, trad. fr. Klossowski, Club français du livre e 10/18, p. 41.
13/46 *Crépuscule des idoles ou Comment philosopher à coups de marteau*, "Götzen-Dämmerung", 1888, trad. fr. Jean-Claude Hemery, Idées/Gallimard, p. 13.
13/47 *Ecce Homo*, 1894, trad. fr. Jean-Claude Hemery, Idées/Gallimard, parágrafo 3, p. 9.
13/48 *Id.*, p. 89.
13/49 *Syllabus renfermant les principales erreurs de notre temps*, 8 de dezembro de 1864, título II, prop. 10.
13/50 *La République*, XI, 484 b.
13/51 *Gorgias*, 482 a.
13/52 *Théétète*, 155 d.
13/53 *Le monde comme volonté et comme représentation*, 1819, trad. fr. A. Burdeau, revista e corrigida por R. Roos, P.U.F., p. 884.
13/54 *Statues*, Éd. François Bourin, 1987, p. 344.
13/55 *L'Homme et la Coquille*, 1937, em *Oeuvres*, t. I, Pléiade, Gallimard, p. 897.
13/56 *Dictionnaire philosophique. La Raison par alphabet*, 1765, art. *Philosophe*, primeira seção.
13/57 *Tractatus logico-philosophicus*, 1921, prop. 4003, trad. fr. P. Klossowski, Gallimard, Idées, p. 71.
13/58 *Id.*, prop. 4112, p. 82.
13/59 *Id.*, prop. 6.53, p. 176.

14/1 *Préliminaires à la mythologie*, escritas em 1932-1933, publ. 1943 em *Les Arts et les Dieux*, Pléiade, Gallimard, p. 1186.

14/2 *Histoire de mes pensées*, 1936, em *Les Arts et les Dieux*, Pléiade, Gallimard, p. 204.
14/3 *Les Aventures du coeur*, 1945, cap. XXXVIII, Hartmann, p. 166.
14/4 *Dimensions de la conscience historique*, 1961, parte dois, cap. 4, Plon.
14/5 *Nouvelles de la République des Lettres*, março de 1686, 4.
14/6 *Ce qui cloche dans le monde [What is wrong with the world]*, 1910, trad. fr. J.-C. Laurens, Gallimard, 1948, p. 29.
14/7 *Id.*, p. 30.
14/8 *Traité de l'enchaînement des idées fondamentales dans les sciences et dans l'histoire* [1861], Hachette, 1922, p. 611.
14/9 *Des institutions d'instruction publique en France*, 1864, Hachette, p. 80.
14/10 *La Phénoménologie de l'esprit*, 1807, trad. fr. J. Hyppolite, Aubier-Montaigne, t. I, p. 247.
14/11 *Cours de 1822*, em *La Raison dans l'histoire*, Plon e 10/18, trad. fr. Kostas Papaioannou, p. 25.
14/12 *Cours de 1830*, em *La Raison dans l'histoire*, Plon e 10/18, trad. fr. Kostas Papioannou, p. 116.
14/13 *Idée d'une histoire universelle au point de vue cosmopolitique*, 1784, em *La Philosophie de l'histoire [Opuscules]*, trad. fr. S. Piobetta, Aubier, éd. Montaigne, p. 73.
14/14 *Sur les débuts de l'histoire humaine*, 1786, em *La Philosophie de l'histoire [Opuscules]*, trad. fr. S. Piobetta, Aubier, éd. Montaigne, p. 164.
14/15 *Riens philosophiques*, 1844, trad. fr. K. Ferlov e Jean-J. Gateau, Gallimard, p. 159.
14/16 *Id.*, p. 162.
14/17 *Post-scriptum aux miettes philosophiques*, 1846, parte dois, 1ª seção, cap. 2, parágrafo 3, trad. fr. P. Petit, Gallimard, 2ª ed., 1941.
14/18 *La Pensée sauvage*, 1962, Plon, p. 341.
14/19 *Id.*, p. 346.
14/20 *Id.*, p. 348.
14/21 *L'An 2440, rêve s'il en fut jamais*, 1770, cap. XXVIII.
14/22 *Signes*, 1960, Gallimard, p. 28.
14/23 *Ibid.*
14/24 *Id.*, p. 137.
14/25 *Id.*, p. 304.
14/26 Em *Mémorial de Sainte-Hélène*, de Las Casas, 2 de novembro de 1816.
14/27 *Considérations inactuelles*, 1873-1876, trad. fr. G. Bianquis, Aubier-Montaigne, p. 223.
14/28 *Id.*, p. 237.
14/29 *Id.*, p. 277.
14/30 *Id.*, p. 303.
14/31 *Id.*, p. 323.
14/32 *Aurore*, 1880, parágrafo 180, trad. fr. J. Hervier, Gallimard, p. 186.
14/33 *Le Gai Savoir*, 1882, parágrafo 83, trad. fr. Klossowski, Club français du livre, p. 155.
14/34 *Émile ou De l'éducation*, 1762, livro quatro, éd. du Seuil, t. 3, p. 167.
14/35 *Situations III*, 1949, Gallimard, p. 148.

14/36 *Le monde comme volonté et comme représentation*, 1819, trad. fr. A. Budeau revista e corrigida por R. Roos, P.U.F., p. 317.
14/37 *Id.*, p. 348.
14/38 *Id.*, p. 1184.
14/39 *Mauvaises pensées et autres*, 1941, em *Oeuvres*, t. II, Pléiade, Gallimard, p. 837.
14/40 *Id.*, p. 901.
14/41 *De l'histoire*, 1931, em *Oeuvres*, t. II, Pléiade, Gallimard, p. 935.
14/42 Prefácio a Arno MAYER, *La "solution finale" dans l'histoire*, Édit. de La Découverte, 1990.

15/1 *La Politique*, I, 2, 1253 a, trad. fr. J. Tricot, Vrin éd.
15/2 *Des parties des animaux*, II, 10, 656 b, trad. fr. J.-C. Fraisse, P.U.F.
15/3 *Le Mariage de Figaro ou la Folle Journée*, 1784, ato II, cena 21.
15/4 *Lettres à un ami allemand*, 1943-1945, Gallimard.
15/5 *Ce qui cloche dans le monde* [*What is wrong with the world*], 1910, trad. fr. J.-C. Laurens, Gallimard, 1948, p. 75.
15/6 *Lettre à Monsieur de Blignières*, Paris, quinta-feira à noite, 2 Moisés 63 [2 de janeiro de 1851], Vrin éd., p. 3.
15/7 *Système de politique positive ou Traité de sociologie instituant la religion de l'humanité*, 1852, cap. sete, p. 433.
15/8 *Id.*, p. 455.
15/9 *Méditations métaphysiques*, 1641, segunda meditação.
15/10 *Les Formes élémentaires de la vie religieuse*, Alcan, 1925, p. 23.
15/11 *L'Essence du christianisme*, 1841, introd., em *Manifestes philosophiques*, trad. fr. L. Althusser, P.U.F. e 10/18, p. 125, n.1.
15/12 *Pensées*, 1815-1832, em *Oeuvres*, t. I., trad. fr. J. Porchat, Hachette, p. 426.
15/13 *La Muqaddima* [*Les Prolégomènes*], 1375-1379, trad. fr. J.-E. Bencheikh, Hachette-Alger, p. 59.
15/14 *Critique de la raison pure*, 1781, Dialectique transcendantale, Des idées en général, trad. fr. Trémesaygues e Pacaud.
15/15 *Anthropologie du point de vue pragmatique*, 1798, 2ª ed. 1800, trad. fr. M. Foucault, librairie J. Vrin, p. 17.
15/16 *Aphorismes*, terceiro caderno, 1775-1779, trad. fr. Marthe Robert, J.-J. Pauvert, p. 146.
15/17 *Pensées*, VII, 22.
15/18 *Essais*, 1580-1595, II, XIX.
15/19 *Pensées*, póst. 1669, seção VI, 434.
15/20 *Cratyle*, 399 c, trad. fr. Robin.
15/21 *Discours terrassants*, início; citado por Sexto Empírico, *Contre les Logiciens*, I, 60.
15/22 *L'Être et le Néant*, 1943, parte quatro, cap. II, I, Gallimard, p. 654.
15/23 *Id.*, parte quatro, cap. II, III, p. 708.
15/24 *Le monde comme volonté et comme représentation*, 1819, trad. fr. A. Burdeau, revista e corrigida por R. Roos, P.U.F., p. 851.
15/25 *Discours aux chirurgiens*, 17 de outubro de 1938, em *Oeuvres*, t. I, Pléiade, Gallimard, p. 918.
15/26 *Logique de la philosophie*, 1967, Vrin, p. 3.

16/1   *Propos II*, 638, 1º de junho de 1936, Pléiade, Gallimard, p. 1102.
16/2   *Traité concernant les principes de la connaissance humaine*, 1710, introd., p. 12.
16/3   *Trois dialogues entre Hylas et Philonoüs*, 1713, IIIº diálogo.
16/4   *Lettre à Mersenne*, 16 de junho de 1641.
16/5   *Méditations métaphysiques*, 1641, terceira meditação.
16/6   *Ibid.*
16/7   *Pensées métaphysiques*, 1663, parte I, cap. VI.
16/8   *Éthique*, póst. 1677, II, definição III.
16/9   *Cours de 1882*, em *La Raison dans l'histoire*, trad. fr. K. Papaioannou, Plon e 10/18, p. 39.
16/10 *Traité de la nature humaine*, 1739, livro I, parte I, seção 1.
16/11 *Ibid.*
16/12 *Critique de la raison pure*, 1781, I, 2ª divisão, livro 1, primeira seção, *Des idées en général*.
16/13 *Critique de la raison pure*, 1781, I, 2ª divisão, livro I, 2ª seção.
16/14 *Fondements de la métaphysique des moeurs*, 1785, trad. fr. V. Delbos, 3ª seção, p. 203.
16/15 *Meditationes de cognitione, veritate et ideis*, 1684, parágrafo 6 em *Opuscula pholosophica selecta*, Boivin et Cie éd., p. 8.
16/16 *De la recherche de la vérité*, 1674, livro III, parte dois, cap. um, I.
16/17 *L'Idéologie allemande*, 1846, trad. fr. H. Auger, G. Badia, J. Baudrillard, R. Cartelle, éd. Sociales, p. 50.
16/18 *La République*, VII, 517 b-c.
16/19 *Id.*, X, 597 c.
16/20 *Le monde comme volonté et comme représentation*, 1819, trad. fr. A. Burdeau, revisto e corrigido por R. Roos, P.U.F., p. 300.

17/1   *Petits poèmes en prose*, XXX, *La Corde*, 7 de fevereiro de 1864.
17/2   *Maximes et pensées, caractères et anecdotes*, 1795, cap. I, parágrafo 76.
17/3   *Id.*, cap. V, parágrafo 339.
17/4   *Journal*, 27 de fevereiro de 1824.
17/5   *Éloge de la folie*, 1509-1511, trad. fr. Pierre de Nolhac, cap. XXI.
17/6   *Traité théologico-politique*, 1670, prefácio, trad. fr. Ch. Appuhn, Garnier-Frères, em *Oeuvres*, t. II, p. 21.
17/7   *Essais de psychanalyse*, artigos 1909-1915, I, 6, trad. fr. Dr. S. Jankélévitch, Payot.
17/8   *L'Avenir d'une illusion*, 1927, P.U.F., p. 80.
17/9   *Anthropologie du point de vue pragmatique*, 1798, 2ª ed. 1800, trad. fr. Michel Foucault, Vrin, p. 34.
17/10 *Discours de la servitude volontaire*, 1547?, em *Oeuvres*, Delalain éd., p. 53.
17/11 *Cours sur la perception*, póst. 1926, em *Célèbres leçons et fragments*, P.U.F., p. 181.
17/12 *Le Capital*, 1867, livro I, primeira seção, cap. um, IV, trad. fr. J. Roy, Garnier-Frères, p. 74.
17/13 *Essais*, 1580-1595, livro I, cap. XXI, Pléiade, Gallimard, p. 131.
17/14 *Id.*, livro II, cap. XII, p. 592.

17/15 *Le Livre du philosophe, Études théorétiques*, 1872-1875, trad. fr. A.-K. Marietti, Aubier-Flammarion, p. 64.
17/16 *Id.*, p. 67.
17/17 *Id.*, p. 177.
17/18 *Considérations inactuelles*, 1873-1876, trad. fr. G. Blanquis, Aubier-Montaigne, p. 305.
17/19 *Id.*, p. 307.
17/20 *Crépuscule des idoles ou Comment philosopher à coups de marteau*, "Götzen-Dämmerung", 1888, trad. fr. Jean-Claude Hemery, Idées/Gallimard, p. 41.
17/21 *Pensées*, póst. 1669, seção II, 100, edição L. Brunschvicg, Hachette.
17/22 *Id.*, seção VII, 434, p. 529.
17/23 *Phèdre*, 262 b.
17/24 *Journal*, 6 de setembro de 1893.
17/25 *Pensées d'un biologiste*, 1939, cap. 10.
17/26 *Le monde comme volonté et comme représentation*, 1819, trad. fr. A. Burdeau, revista e corrigida por R. Roos, P.U.F., p. 50.
17/27 *Id.*, pp. 1295-6.
17/28 *Id.*, p. 1335.
17/29 *L'Unique et sa Propriété*, 1844, parte um, II, parágrafo 2, trad. fr. R. L. Reclaire, Stock éd., p. 49.
17/30 *Id.*, parte dois, II, 2, p. 257.
17/31 *Tel quel I, Choses tues*, 1930, em *Oeuvres*, t. II, Pléiade, Gallimard, p. 496.
17/32 *Mauvaises pensées et autres*, 1914, em *Oeuvres*, t. II, Pléiade, Gallimard, p. 854.

18/1   *Les Confessions*, livro X, cap. XXX.
18/2   *Les Idées et les Âges*, 1927, livro XIII, cap. III.
18/3   *Vingt leçons sur les Beaux-Arts*, 1931, primeira lição.
18/4   *Vingt leçons sur les Beaux-Arts*, 1931, décima nona lição.
18/5   *L'Air et les Songes, essai sur l'imagination des forces*, 1943, J. Corti, introdução, I.
18/6   *Id.*, p. 13.
18/7   *Id.*, p. 98.
18/8   *Premier manifeste du surréalisme*, 1924.
18/9   *Système de politique positive*, 1851, discurso preliminar, parte cinco, p. 280.
18/10 *Id.*, p. 284.
18/11 *Id.*, p. 285.
18/12 *Id.*, p. 286.
18/13 *Lettre à Mersenne*, julho de 1641, Pléiade, Gallimard, p. 1125.
18/14 *Méditations métaphysiques*, 1641, sexta meditação.
18/15 *Règles pour la direction de l'esprit*, póst. 1701, regra XII, Pléiade, Gallimard, p. 79.
18/16 *Traité théologico-politique*, 1670, cap. I.
18/17 *Traité de la réforme de l'entendement*, parágrafo 84.
18/18 *Éthique*, póst. 1677, parte quatro, prop. I, escólio.
18/19 *Ma vie et la psychanalyse*, Gallimard, 1928, p. 101.
18/20 *Pensées*, 1815-1832, em *Oeuvres*, t. I, trad. fr. J. Porchat, Hachette, p. 428.
18/21 *Léviathan*, 1651, trad. fr. Tricaud, éd Sirey © by Jurisprudence générale Dalloz, parte um, cap. II, p. 14.

18/22 *Enquête sur l'entendement humain*, 1748, trad. fr. A. Leroy, Aubier-Montaigne, 1947, p. 94.
18/23 *Critique de la raison pure*, 1781, Introdução, III.
18/24 *Id.*, I, *Analytique transcendantale*, I, cap. II, parágrafo 24, trad. fr. Tremesaygues e Pacaud.
18/25 *Prolégomènes à toute métaphysique future qui voudra se présenter comme science*, 1783, trad. fr. J. Gibelin, parágrafo 35.
18/26 *La Fin de toutes choses*, 1794, trad. fr. Festugière, Vrin, p. 217.
18/27 *Aphorismes*, caderno cinco, 1793-1799, trad. fr. Marthe Robert, J.-J. Pauvert, p. 241.
18/28 *De la recherche de la vérité*, 1674, livro II, primeira parte, cap. um, I.
18/29 *Pensées*, VII, 29.
18/30 *Essais*, 1580-1595, livro I, cap. XXI, Pléiade, Gallimard, p. 125.
18/31 *Id.*, livro II, cap. XII.
18/32 *Pensées*, póst. 1669, seção II, 82, édition L. Brunschvicg, Hachette.
18/33 *Id.*, seção II, 84.
18/34 *Julie ou la Nouvelle Héloïse*, 1761, parte seis, carta VIII.
18/35 *Les Confessions*, 1781-1788, livro IV, éd. du Seuil, t. I, p. 182.
18/36 *Le monde comme volonté et comme représentation*, 1819, trad. fr. A. Burdeau, revista e corrigida por R. Roos, P.U.F., p. 1107.
18/37 *Tel quel I, Moralités*, 1930, em *Oeuvres*, t. II, Pléiade, Gallimard, p. 542.

19/1 21 de setembro de 1913, em *Propos II*, 228, Pléiade, Gallimard, p. 326.
19/2 23 de setembro de 1921, *Fantômes*, em *Propos I*, Pléiade, Gallimard, p. 298.
19/3 4 de dezembro de 1923, *Des caractères*, em *Propos sur le bonheur*, XXI, Gallimard, p. 68.
19/4 Janeiro de 1931, em *Propos II*, 522, Pléiade, Gallimard, p. 849.
19/5 *Histoire de mes pensées*, 1936, cap. *Générosité*, em *Les Arts et les Dieux*, Pléiade, Gallimard, p. 190.
19/6 *L'Interprétation des rêves [Die Traumdeutung]*, 1900, trad. fr. I. Meyerson, rev. por D. Berger, P.U.F., 1967, p. 520.
19/7 *Le mot d'esprit et ses rapports avec l'inconscient*, 1905, trad. fr. M. Bonaparte e Dr. M. Nathan, Gallimard, Les Essais, p. 188.
19/8 *Id.*, p. 189.
19/9 *Délire et rêves dans la Gradiva de Jensen*, 1907, trad. fr. M. Bonaparte, Gallimard, 1949, p. 155.
19/10 *Écrits I, Fonction et champ de la parole et du langage en psychanalyse*, 1966, éd. du Seuil, p. 136.
19/11 *Écrits II, D'une question préliminaire à tout traitement possible de la psychose*, 1971, éd. du Seuil, p. 63.
19/12 *Fragment 12*, parágrafo 2, póst. 1898, em *Célèbres leçons et fragments*, P.U.F., 1950, p. 54.
19/13 *Principes de la nature et de la grâce fondés en raison*, 1714, parágrafo 13.
19/14 *Signes*, 1960, Gallimard, p. 291.
19/15 *Ibid.*

19/16 Prefácio à obra de A. Hesnard, *L'Oeuvre de Freud et son importance dans le monde moderne*, 1960, Payot, p. 9.
19/17 *Le Gai Savoir*, 1882, parágrafo 333, trad. fr. Klossowski, Club français du livre, p. 316.
19/18 *Le monde comme volonté et comme représentation*, 1819, trad. fr. A. Burdeau, revista e corrigida por R. Roos, P.U.F., p. 1306.

20/1 1? de outubro de 1907, em *Propos II*, 28, Pléiade, Gallimard, p. 36.
20/2 *La Mythologie humaine*, escrito em 1932-1933, publ. 1943, em *Les Arts et les Dieux*, Pléiade, Gallimard, p. 1154.
20/3 *La Logique ou l'Art de penser*, 1662, primeiro discurso.
20/4 *L'Activité rationaliste de la physique contemporaine*, 1951, P.U.F., p. 27.
20/5 *Nouveau Testament* [*Première épître de saint Paul aux Corinthiens*, I, 17-18], trad. fr. a partir da Vulgata de Lemaistre de Sacy.
20/6 *Discours sur l'esprit positif*, 1844, Librairie Schleicher, p. 9.
20/7 *Addition aux Pensées philosophiques*, 1770, XXVII, em *Oeuvres philosophiques*, Garnier, p. 62.
20/8 *Lettre LXXIII* a Oldenburg, 1675, trad. fr. Ch. Appuhn, em *Oeuvres*, t. 4, Garnier-Frères, p. 335.
20/9 *Lettre LXXVI* a Albert Burgh, 1675, trad. fr. Ch. Appuhn, em *Oeuvres*, t. 4, Garnier Frères, p. 344.
20/10 *L'Histoire naturelle de la religion*, 1757, trad. fr. Michel Malherbe, Vrin, pp. 79-80.
20/11 *Crainte et tremblement*, 1843, trad. fr. P. H. Tisseau, Aubier-Montaigne, 1943, p. 81.
20/12 *Aphorismes*, quarto caderno, 1789-1793, trad. fr. Marthe Robert, J.-J. Pauvert, p. 209.
20/13 *Essais*, 1580-1595, livro I, cap. XXI, Pléiade, Gallimard, p. 125.
20/14 *Pensées*, póst. 1669, seção III, 205, ed. Brunschvicg, Hachette, p. 427.
20/15 *Id.*, seção III, 208, p. 428.
20/16 *Id.*, seção IV, 267, p. 455.
20/17 *Id.*, seção XIII, 852, p. 726.
20/18 *Raison, vérité et histoire*, 1981, trad. fr. A. Gerschenfeld, Éd. de Minuit, p. 236.
20/19 *Pensées d'un biologiste*, 1939, cap. VIII.
20/20 *Émile ou De l'éducation*, 1762, livro quarto, éd. du Seuil, t. 3, p. 179.
20/21 *Tel quel, Suite*, 1930, em *Oeuvres*, t. II, Pléiade, Gallimard, p. 777.

21/1 3 de fevereiro de 1923, em *Propos II*, Pléiade, Gallimard, p. 539.
21/2 *Ibid.*
21/3 *La Logique ou l'Art de penser*, 1662, p. 2.
21/4 *Système de politique positive*, tomo II, 1852, *Statique sociale*, cap. um, p. 88.
21/5 *Méditations métaphysiques*, 1641, meditação quatro.
21/6 *Les Principes de la philosophie*, 1644, primeira parte, 43.
21/7 *Manuel*, trad. fr. A. Jagu, Les Belles Lettres, Paris 1950 [V], p. 413.
21/8 *Traité de la nature humaine*, 1730, livro I, parte quatro, seção I, trad. fr. A. Leroy, Aubier-Montaigne, t. I, p. 270.

21/9 *Critique de la raison pure*, 1781, trad. fr. Tremesaygues e Pacaud, I, 1ª divisão, I, cap. um.
21/10 *Id.*, I, 1ª divisão, cap. um.
21/11 *Id.*, I, 1ª divisão, cap. II, 2ª seção, III.
21/12 *Id.*, II, cap. II, 3ª seção, *De l'opinion, de la science et de la foi*, p. 635.
21/13 *Critique du jugement*, 1790, introd., IV, início.
21/14 *Cours sur le jugement*, póst. 1926, em *Célèbres leçons et fragments*, P.U.F., p. 187.
21/15 *Essais*, 1580-1595, livro II, cap. XII, Pléiade, Gallimard, p. 635.
21/16 *Id.*, livro III, cap. IX, p. 1057.
21/17 *Le Livre du philosophe, Études théorétiques*, 1872-1875, trad. fr. A. K. Marietti, Aubier-Flammarion, p. 143.
21/18 *Hypotyposes pyrrhoniennes*, I, 196, trad. fr. J.-P. Dumont em *Les Sceptiques grecs*, P.U.F.

22/1 *Définitions*, póst. 1953, em *Les Arts et les Dieux*, Pléiade, Gallimard, p. 1067.
22/2 15 de março de 1906, em *Propos II*, Pléiade, Gallimard, p. 7.
22/3 2 de dezembro de 1912, em *Propos II*, Pléiade, Gallimard, p. 280.
22/4 *Éthique à Nicomaque*, livro quinto, cap. V, 28, trad. fr. Volquin.
22/5 *Rhétorique*, 1373 b, trad. fr. M. Dufour, Les Belles Lettres.
22/6 *Nouveau Testament, Évangile selon saint Matthieu*, 5,6, 10.
22/7 *Maximes et pensées, caractères et anecdotes*, 1795, cap. II, parágrafo 103.
22/8 *Système de politique positive*, t. II, 1852, p. 419.
22/9 *Observations sur l'Instruction de S.M.I. aux députés pour la confection des lois*, 1774, art. 79, p. 36.
22/10 *Lettre à Ménécée*, em Diogène Laërce, *Vie, doctrines et sentences des philosophes illustres*, trad. fr. Robert Genaille, Garnier-Frères, t. II, p. 268.
22/11 *Traité théologico-politique*, 1670, trad. fr. Ch. Appuhn, cap. XVI.
22/12 *Traité politique*, póst. 1677, cap. dois, parágrafo 23, trad. fr. Ch. Appuhn, Garnier-Frères, p. 24.
22/13 *Essais de psychanalyse*, artigos 1909-1915, parte quatro, trad. fr. Dr. S. Jankélévitch, nova ed. do Dr. A. Hesnard, Payot, p. 240.
22/14 Em *Les Penseurs grecs avant Socrate*, trad. fr. Jean Voilquin, Garnier-Frères, 1964, p. 75.
22/15 *Du citoyen*, 1642, cap. XII, a I.
22/16 *Id.*, primeira parte, cap. XV.
22/17 *La Muqaddima [Les Prolégomènes]*, 1375-1379, trad. fr. J.-E. Bencheikh, Hachette-Alger, p. 127.
22/18 *Métaphysique des moeurs*, primeira parte, *Doctrine du droit*, 1797, trad. fr. Philonenko, J. Vrin éd., p. 214.
22/19 *Id.*, p. 216.
22/20 *De quelques usages*, parágrafo 43, em *Les Caractères*, 1688-1696.
22/21 *Principes de la nature et de la grâce fondés en raison*, 1714, parágrafo 9.
22/22 *Discours sur la première décade de Tite-Live*, 1513-1520, livro I, cap. II, trad. fr. Giraudet.
22/23 *Éloge de la philosophie*, 1953, Gallimard, p. 52.

22/24 *Essais*, 1580-1595, livro II, cap. XII, Pléiade, Gallimard, p. 656.
22/25 *Considérations sur les causes de la grandeur des Romains e de leur décadence*, 1734, cap. XIV.
22/26 *Pensées*, póst. 1669, Seção V, 298, edição Brunschvicg, Hachette.
22/27 *Id.*, seção VII, 489.
22/28 *Apologie de Socrate*, 32 a.
22/29 *La République*, livro IV, 443 d, trad. fr. Chambry.
22/30 *Journal*, 18 de julho de 1896.
22/31 *Id.*, 30 de julho de 1903.
22/32 *Du contrat social*, 1762, II, VI.
22/33 *Émile ou De l'éducation*, 1762, livro quatro, éd. du Seuil, t. 3, p. 165.
22/34 *Les Rêveries du promeneur solitaire*, 1782, Oitavo Passeio.
22/35 *Le Contrat naturel*, éd. François Bourin, 1990, p. 127.
22/36 *L'Unique et sa Propriété*, 1844, parte dois, II, 2, trad. fr. R. L. Reclaire, Stock éd., p. 257.
22/37 *Mauvaises pensées et autres*, 1941, em *Oeuvres*, t. II, Pléiade, Gallimard, p. 839.
22/38 *Id.*, p. 849.

23/1 3 de outubro de 1923, *Propos I, De la Destinée*, Pléiade, Gallimard, p. 542.
23/2 *Éthique à Nicomaque*, livro III, cap. V, 14.
23/3 *Essai sur les données immédiates de la conscience*, 1889, P.U.F., cap. III.
23/4 *Ibid.*
23/5 *Id.*, conclusão.
23/6 *Nouvelles conversations de Goethe avec Eckermann*, Gallimard, 7 de julho de 1898.
23/7 *Système de politique positive ou Traité de sociologie instituant la religion de l'humanité*, 1852, cap. seis, p. 387.
23/8 14 de novembro de 1791, art. IV.
23/9 *Méditations métaphysiques*, 1641, quarta meditação.
23/10 *Correspondance, lettre à Landois*, 29 de junho de 1756.
23/11 *Réfutation suivie de l'ouvrage d'Helvétius intitulé: L'Homme*, 1875, em *Oeuvres complètes*, Garnier-Frères, II, p. 372.
23/12 *Entretiens*, I, XVII, trad. fr. Souilhé e Jagu, Les Belles Lettres.
23/13 *Entretiens*, IV, I, trad. fr. E. Bréhier, em *Les Stoïciens*, Pléiade, Gallimard, p. 1042.
23/14 *Lettre LVIII a Schuller*, 1674, em *Oeuvres IV*, trad. fr. Appuhn, Garnier-Frères.
23/15 *Ibid.*
23/16 *Éthique*, póst. 1677, trad. fr. Ch. Appuhn, II, prop. XXXV, escólio.
23/17 *Id.*, IV, prop. LXXIII.
23/18 *Traité politique*, póst. 1677, cap. II, parágrafo XI.
23/19 *Traité de l'association domestique et agricole*, 1822, Paris-Londres, Bossange, t. I, p. 124.
23/20 *Encyclique "Mirari Vos"*, 15 de agosto de 1832.
23/21 *Ibid.*
23/22 "Cours sur la Philosophie de l'histoire universelle", 1830, em *La Raison dans l'histoire*, trad. fr. Kostas Papaioannou, Plon e 10/18, p. 76.
23/23 *Id.*, p. 135.

23/24 *Le Système de la nature*, Londres, 1770, I, cap. IX.
23/25 *Traité de la nature humaine*, 1739, livro II, parte três, seção I, trad. fr. A. Leroy, Aubier-Montaigne, t. II, p. 512.
23/26 *L'Armée nouvelle*, Société d'études jauresiennes, cap. 4.
23/27 *Critique de la raison pure*, 1781, 2ª divisão, livro II, cap. II, 9ª seção, III, trad. fr. Trémesaygues-Pacaud, P.U.F., p. 454.
23/28 *Fondements de la métaphysique des moeurs*, 1785, trad. fr. Delbos, 3ª seção, p. 203.
23/29 *Critique de la raison pratique*, 1788, parte um, livro um, cap. um, parágrafo 6, escólio, trad. fr. Picavet, P.U.F., p. 30.
23/30 *Id.*, livro um, *Examen critique de l'analytique*.
23/31 *Métaphysique des moeurs*, parte um, *Doctrine du droit*, 1797, trad. fr. Philonenko, J. Vrin éd., p. 159 e nota 1.
23/32 *Anthropologie du point de vue pragmatique*, 1798, 2ª ed. 1800, trad. fr. M. Foucault, Vrin, p. 168.
23/33 *Opus postumum*, trad. fr. J. Gibelin, Vrin, p. 13.
23/34 *Id.*, p. 21.
23/35 *Des jugements*, parágrafo 104, em *Les Caractères*, 1688-1696.
23/36 *Lettres à un jeune homme*, 24 de fevereiro de 1858, Poussielgue éd., 1897, p. 377.
23/37 *Cours sur le jugement*, póst. 1926, em *Célèbres leçons et fragments*, P.U.F., p. 215.
23/38 *Essais de Théodicée sur la bonté de Dieu, la liberté de l'Homme et l'origine du Mal*, 1710, parte três, parágrafo 288.
23/39 *Le Regard éloigné*, Plon, 1983, Prefácio, p. 17.
23/40 *Aphorismes*, terceiro caderno 1775-1779, trad. fr. Marthe Robert, J.-J. Pauvert, p. 105.
23/41 *Id.*, p. 162
23/42 *Le Peuple*, 1846, parte um, cap. I.
23/43 *La Liberté [On Liberty]*, 1859, cap. III, em *Essential Works of John Stuart Mill*, Bantam Books/Nova York, 1961, p. 308.
23/44 *Essais*, 1580-1595, III, 12.
23/45 *De l'esprit des lois*, 1748, livro XI, cap. 3.
23/46 *Id.*, livro XII, cap. 4.
23/47 *Mes pensées*, 1720-1755, VII, 1797, em *Oeuvres complètes*, éd. du Seuil, 1035.
23/48 *Ibid.*
23/49 *Humain, trop humain*, 1878, trad. fr. A.-M. Desrousseaux, Denoël/Gonthier, I, p. 106.
23/50 *Crépuscule des idoles ou Comment philosopher à coups de marteau*, "Götzen-Dämmerung", 1888, trad. fr. Jean-Claude Hemery, Idées/Gallimard, p. 124.
23/51 *Syllabus renfermant les principales erreurs de notre temps*, 8 de dezembro de 1864, título III, prop. 15.
23/52 *La République*, VIII, 564 a.
23/53 *Du contrat social*, 1762, livro I, cap. I.
23/54 *L'Être et le Néant*, 1943, parte quatro, Gallimard, p. 565.
23/55 *Id.*, p. 569.

23/56 *Critique de la raison dialectique*, 1960, Gallimard, p. 96.
23/57 *De la démocratie en Amérique*, 1835-1840, U.G.E., p. 97.
23/58 *Id.*, p. 363.
23/59 *Le Cri du peuple*, 11 de dezembro de 1883, art. *Niais ou coquins*.
23/60 *Oppression et liberté*, 1934, p. 155.
23/61 Em Diogène Laërce, *Vie, doctrines et sentences des philosophes illustres*, trad. fr. Robert Genaille, Garnier-Frères, t. II, p. 59.

24/1 *Les Dieux*, 1934, cap. IV, "Prières" em *Les Arts et les Dieux*, Pléiade, Gallimard, p. 1227.
24/2 *Élements de philosophie*, 1941, livro III, cap. II, Gallimard, p. 159.
24/3 *La Politique*, trad. fr. J. Tricot, 1, 2, 1253 a.
24/4 *La Terre et les rêveries de la volonté, essai sur l'imagination des forces*, 1948, José Corti, p. 8.
24/5 *Essai sur les données immédiates de la conscience*, 1889, Conclusão.
24/6 *Ancien Testament, Genèse*, II, trad. fr. dos textos originais hebraicos e gregos de L. Segond.
24/7 *Nouveau Testament, Évangile selon St Jean*, I, 1, trad. fr. da Vulgata de Lemaistre de Sacy.
24/8 *Nouveau Testament, Évangile selon St Matthieu*, 13, 34-35, trad. fr. da Vulgata de Lemaistre de Sacy.
24/9 *Exégèse des lieux communs*, 1902-1913, Gallimard, p. 34.
24/10 *Voyage au bout de la nuit*, 1932, Pléiade, Gallimard, p. 323.
24/11 *Maximes et pensées, caractères et anecdotes*, 1795, cap. III, parágrafo 258.
24/12 *Système de politique positive*, tomo dois, 1852, cap. IV, do autor, 10, rue Monsieur-le-Prince, p. 128.
24/13 *Id.*, p. 220.
24/14 *Id.*, p. 259.
24/15 *Id.*, p. 261.
24/16 *Id.*, p. 262.
24/17 *Essai sur les fondements de la connaissance*, 1851, Hachette, p. 328.
24/18 *Id.*, p. 476.
24/19 *Entretiens avec "Le Monde"*, Éd. La Découverte e jornal *Le Monde*, 1984, p. 85.
24/20 *Discours de la méthode*, 1637, parte cinco.
24/21 *Les Principes de la philosophie*, 1644, parte um, 74.
24/22 *Lettre au Marquis de Newcastle*, 23 de novembro de 1646, Pléiade, Gallimard, p. 1255.
24/23 *Lettre à Chanut*, 21 de fevereiro de 1648.
24/24 *Pensées détachées sur la peinture, la sculpture et la poésie. Du goût*.
24/25 *Apostille au "Nom de la rose"*, Grasset, 1985, p. 6.
24/26 *Éthique*, post. 1677, trad. fr. Ch. Appuhn, Garnier-Frères, II, prop. 49, escólio.
24/27 *Vérité et méthode*, 1960, Éd. du Seuil, p. 229.
24/28 *Pensées*, 1815-1832, em *Oeuvres*, t. I, trad. fr. J. Porchat, Hachette, p. 421.
24/29 *La Phénoménologie de l'esprit*, 1807, trad. fr. J. Hyppolite, Aubier-Montaigne, t. I, p. 259.
24/30 *Opus postumum*, trad. fr. J. Gibelin, Vrin, p. 87.

24/31 *La Rhétorique ou l'Art de parler*, 1741, nova edição, I, i, p. 3.
24/32 *Aphorismes*, segundo caderno 1772-1775, trad. fr. Marthe Robert, J.-J. Pauvert, p. 88.
24/33 *De la recherche de la vérité*, 1674, livro II, parte três, cap. IV.
24/34 *Poésies*, 1898, *Le Tombeau d'Edgar Poe*.
24/35 *L'An 2440, Rêve s'il en fut jamais*, 2ª ed., 1786, *Science des langues*.
24/36 *Phénoménologie de la perception*, 1945, Gallimard, p. 211.
24/37 *Signes*, 1960, Gallimard, p. 101.
24/38 *Essais*, 1580-1595, livro II, cap. XII, Pléiade, Gallimard, p. 505.
24/39 *Id*., p. 612.
24/40 *Cahiers* 1716-1755, Grasset, p. 70.
24/41 *Le Livre du philosophe, Études théorétiques*, 1872-1875, trad. fr. A. K. Marietti, Aubier-Flammarion, p. 183.
24/42 *Id*., p. 177.
24/43 *Id*., p. 179.
24/44 *Humain, trop humain*, 1878, trad. fr. A.-M. Desrousseau, Denoël-Gonthier, t. I, parágrafo 11, p. 25.
24/45 *Le Gai Savoir*, 1882, parágrafo 173, trad. fr. A. Vialatte, Gallimard.
24/46 *Pensées*, póst. 1669, seção I, 23, éd. Brunschvicg, Hachette.
24/47 *Discours sur les passions de l'amour*, 1652, em *Pensées et Opuscules*, Hachette, p. 132.
24/48 *Le Sophiste*, 259 e.
24/49 *Cratyle*, 399 c, trad. fr. Robin.
24/50 *Phèdre*, 271 e 272 b, trad. fr. Chambry.
24/51 *Traité de psychologie générale*, 1946, P.U.F., t. II, 1, p. 481.
24/52 *Le Mot et la Chose*, 1959, trad. fr. J. Dopp e P. Gochet, Flammarion, 1977, Prefácio, p. 21.
24/53 *Id*., p. 335.
24/54 *Journal*, 17 de outubro de 1899.
24/55 *Propos sur les hommes et le gouvernement des hommes*, éd. du Sagittaire, p. 99.
24/56 *Lettre à Monseigneur de Beaumont*, 18 de novembro de 1762, em *Oeuvres complètes*, t. 3, éd. du Seuil, p. 356.
24/57 *Fragments préparatoires de la lettre à Beaumont*, 1762, fragmento 17, em *Oeuvres complètes*, t. 3, éd. du Seuil, p. 380.
24/58 *L'Être et le Néant*, 1943, parte três, cap. III, I, Gallimard, p. 440.
24/59 *Cours de linguistique générale*, cap. IV, parágrafo 1, Payot, 3ª ed., 1967, p. 155.
24/60 *Mauvaises pensées et autres*, 1941, em *Oeuvres*, t. II, Pléiade, Gallimard, p. 791.
24/61 *Leçons de philosophie*, Roanne 1933-1934, Plon et 10/18, p. 82.
24/62 *Tractatus logico-philosophicus*, 1921, trad. fr. P. Klossowski, Gallimard, Idées, Prefácio, p. 39.
24/63 *Id*., Prop. 5, 6, p. 141.
24/64 *Id*., Prop. 4002, p. 71.

25/1 1º de janeiro de 1931, em *Propos II*, 520, Pléiade, Gallimard, p. 845.
25/2 *Les Dieux*, 1934, introd., em *Les Arts et les Dieux*, Pléiade, Gallimard, p. 1212.

25/3 *Définitions*, post. 1953, art. *Logique*, em *Les Arts et les Dieux*, Pléiade, Gallimard, p. 1068.
25/4 *La Logique ou l'Art de penser*, 1662, p. 1.
25/5 *Le Pluralisme cohérent de la chimie moderne*, 1932, Vrin, p. 231.
25/6 *L'Expérience de l'espace dans la physique contemporaine*, 1937, P.U.F., p. 97.
25/7 *L'Activité rationaliste de la physique contemporaine*, P.U.F., 1951, p. 102.
25/8 *L'Évolution créatrice*, 1907, em *Oeuvres*, P.U.F., 1970, pp. 631-2.
25/9 *Id.*, p. 658.
25/10 *Bulletin de la Société française de philosophie*, 1946.
25/11 *Cours de philosophie positive*, 1830-1842, segunda aula, XII.
25/12 *Id.*, terceira aula.
25/13 *Règles pour la direction de l'esprit*, póst. 1701, regra II.
25/14 *Pensées*, 1815-1832, em *Oeuvres*, t. I, trad. fr. J. Porchat, Hachette, p. 504.
25/15 *La Crise de l'humanité européenne et la philosophie*, 1935, trad. fr. P. Ricoeur, Aubier-Montaigne, p. 47.
25/16 *Critique de la raison pure*, 1781, trad. fr. Tremesaygues e Pacaud, Fonds Alcan, P.U.F., I, parte dois, *Logique transcendantale*, III, p. 95.
25/17 *Critique de la raison pure*, 1781, prefácio da segunda edição, 1787.
25/18 *Opus postumum*, trad. fr. J. Gibelin, Vrin, p. 44.
25/19 *Id.*, p. 103.
25/20 *Post-scriptum*, 1846, parte dois, II.ª seção, cap. III, parágrafo 2.
25/21 *Lettre à Frédéric Schrader*, 1681.
25/22 *Méditations sur la connaissance, la vérité et les idées*, 1684, em *Oeuvres choisies*, por L. Prenant, Garnier, p. 82.
25/23 *Aphorismes*, primeiro caderno, 1764-1771, trad. fr. Marthe Robert, J.-J. Pauvert, p. 59.
25/24 *Le Livre du philosophe, Études théorétiques*, 1872-1875, trad. fr. A. K. Marietti, Aubier-Flammarion, p. 65.
25/25 *Id.*, p. 143.
25/26 *Lettre à Fermat*, 10 de agosto de 1660.
25/27 *De l'esprit géométrique*, 1658, publicado em 1728, em *Pensées et opuscules*, éd. Brunschvicg, Hachette, p. 195.
25/28 *Entretiens avec "Le Monde"*, 3, *Idées contemporaines*, Éd. La Découverte e jornal *Le Monde*, 1984, p. 77.
25/29 *Tel quel II, Rhumbs*, 1926, em *Oeuvres*, Pléiade, Gallimard, t. II, p. 641.
25/30 *Tractatus logico-philosophicus*, 1921, prop. 6.2., trad. fr. P. Klossowski, Gallimard, Idées, p. 158.
25/31 *Id.*, p. 159.

26/1 *Les Confessions*, Livro X, cap. XIX, trad. fr. J. Trabucco, Garnier-Frères, p. 223.
26/2 *Élements de philosophie*, 1941, Livro I, cap. XIII, Gallimard, p. 64.
26/3 *Préliminaires à la mythologie*, escritos em 1932-1933, publ. 1943 – *La mythologie humaine*, em *Les Arts et les Dieux*, Pléiade, Gallimard, p. 1144.
26/4 *Mémoires d'outre-tombe*, post. 1850, livro dois, cap. I, Pléiade, Gallimard, t. I, p. 49-50.
26/5 *Lettre au P. Mesland*, Leyde, 2 de maio de 1644, Pléiade, Gallimard, p. 1164.

26/6 *Éthique*, post. 1677, parte dois, prop. XVIII, escólio.
26/7 *Id.*, parte cinco, prop. XXI.
26/8 *Traité de la nature humaine*, 1739, livro I, parte I, seção III.
26/9 *Précis de psychologie*, 1892, trad. fr. Baudin e Berthier, Librairie Marcel Rivière et Cie, cap. XVIII.
26/10 *L'Évolution de la mémoire et de la notion de temps*, 1928, A. Chahine éd., Maloine, p. 220.
26/11 *Anthropologie du point de vue pragmatique*, 1798, 2ª ed. 1800, trad. fr. Michel Foucault, Vrin, p. 58.
26/12 *La Monadologie*, 1714, éd. Émile Boutroux, Delagrave, parágrafo 26.
26/13 *De la recherche de la vérité*, 1674, livro II, parte um, cap. V, III.
26/14 *Considérations inactuelles*, 1873-1876, trad. fr. G. Bianquis, Aubier-Montaigne, II, p. 203.
26/15 *Id.*, p. 207.
26/16 *La Généalogie de la morale*, 1887, segunda dissert., parágrafo 3, trad. fr. H. Albert, Mercure de France, p. 92.
26/17 *Journal*, 10 de fevereiro de 1906.
26/18 *Psychologie*, 1977, P.U.F., p. 188.
26/19 *Émile ou De l'éducation*, 1762, livro dois, em *Oeuvres complètes*, t. 3, éd. du Seuil, p. 74.
26/20 *L'Être et le Néant*, 1943, parte dois, cap. II, I, Gallimard, p. 150.
26/21 *Aphorismes sur la sagesse dans la vie*, póst. 1880, trad. fr. J.-A. Cantacuzène, revista e corrigida por R. Roos, P.U.F., p. 127.
26/22 *Tel quel I, Choses tues*, 1930, em *Oeuvres*, t. II, *La Mémoire glorifiée*, Pléiade, Gallimard, p. 501.

27/1 *Dialectique négative*, 1959-1966, trad. fr. pelo grupo de tradução do Collège de philosophie: Gérard Coffin, Joëlle Masson, Olivier Masson, Alain Renaut e Dagmar Trousson, éd. Payot, 1978, p. 21.
27/2 *La Pensée et le Mouvant*, 1934, cap. IV: *Introd. à la métaphysique*, P.U.F., p. 227.
27/3 *Discours sur l'esprit positif*, 1844, Lib. Schleicher, p. 86.
27/4 *Les Principes de la philosophie*, 1644, Carta-Prefácio, Pléiade, Gallimard, p. 566.
27/5 *La fin de la philosophie et la tâche de la pensée*, trad. fr. J. Beaufret e F. Fédier, em *Kierkegaard vivant*, Gallimard, Idées, 1966, p. 168.
27/6 *Kant et le problème de la métaphysique* em *Qu'est-ce que la métaphysique?*, 1937, trad. fr. H. Corbin, Gallimard, p. 211.
27/7 *Dissertation de 1770*, seção II, parágrafo 8, trad. fr. Mouy, J. Vrin éd., p. 43.
27/8 *Métaphysique des moeurs*, parte um, *Doctrine du droit*, 1797, trad. fr. Philonenko, J. Vrin éd., p. 91.
27/9 *Fragment 10*, 1898, em *Célèbres leçons et fragments*, P.U.F., p. 54.
27/10 *Animadversiones in partem generalem Principiorum Cartesianorum*, 1692, *Ad partem secundam*, Ad artic. (64), em *Opuscula philosophica selecta*, Boivin et Cie éd., p. 69.

373

27/11 *De la réforme de la philosophie première et de la notion de substance*, 1694, trad. fr. P. Schrecker.
27/12 *Humain, trop humain*, 1878, trad. fr. A.-M. Desrousseaux, Denoël/Gonthier, t. I, parágrafo 9, p. 24.
27/13 *Le monde comme volonté et comme représentation*, 1819, trad. fr. A. Burdeau, revista e corrigida por R. Roos, P.U.F., p. 853.
27/14 *Tel quel II, Analecta*, LXXXIII, 1926, em *Oeuvres*, t. II, Pléiade, Gallimard, p. 736.
27/15 *Mauvaises pensées et autres*, 1941, em *Oeuvres*, t. II, Pléiade, Gallimard, p. 799.
27/16 *Éloge de la pensée faible*, frases coligidas em *Magazine littéraire* n°. 279, julho-agosto de 1990, p. 22.
27/17 *Tractatus logico-philosophicus*, 1921, prop. 4003, trad. fr. P. Klossowski, Gallimard, Idées, p. 72.

28/1 *Éthique à Nicomaque*, livro dois, cap. VII, 8, trad. fr. Voilquin.
28/2 *Maximes et pensées, caractères et anecdotes*, 1795, cap. V, parágrafo 321.
28/3 *Ce qui cloche dans le monde [What is wrong with the world]*, 1910, trad. fr. J.-C. Laurens, Gallimard, p. 25.
28/4 *De finibus*, V, v.
28/5 *Discours sur l'esprit positif*, 1844, Lib. Schleicher, p. 68.
28/6 *Lettre à Chanut*, 20 de novembro de 1647.
28/7 *Entretiens avec Catherine II*, cap. 7, *De la morale des rois*.
28/8 *Manuel*, trad. fr. A. Jagu, "Les Belles Lettres", Paris, 1950, XLIII, p. 429.
28/9 *Lettre XXX à Oldenburg*, 1665, em *Oeuvres IV*, trad. fr. Appuhn, Garnier-Frères.
28/10 *Critique de la raison pure*, 1781, 2ª. divisão, livro I, primeira seção.
28/11 *Critique de la raison pratique*, 1788, conclusão, trad. fr. Picavet, P.U.F., p. 173.
28/12 *Pensées*, trad. fr. A.-I. Trannoy, Belles Lettres, Paris, 1947, IV, 49.
28/13 *Id.*, V, 28.
28/14 *Crépuscule des idoles ou Comment philosopher à coups de marteau*, "Götzen-Dämmerung", 1888, trad. fr. Jean-Claude Hemery, Idées/Gallimard, p. 22.
28/15 *Id.*, p. 67.
28/16 *Pensées d'un biologiste*, 1939, cap. X, p. 200.
28/17 *L'existentialisme est un humanisme*, Nagel, 1946, p. 24.
28/18 *Politik als Beruf*, 1919, em *Le Savant et le Politique*, Plon e 10/18, p. 169.

29/1 1924, em *Propos II*, Pléiade, Gallimard, p. 639.
29/2 15 de julho de 1930, em *Propos I*, Pléiade, Gallimard, p. 949.
29/3 *La Terre et les rêveries de la volonté*, 1948, parte três, cap. IX, José Corti, p. 290.
29/4 *Les Paradis artificiels*, 1860, conclusão, 10/18, p. 186.
29/5 *Des Délits et des Peines*, 1764, trad. fr. A. Morellet, parágrafo XVI, *De la peine de mort*.
29/6 *Sermon sur la mort*, de quarta-feira, 22 de março de 1662, Garnier-Frères, p. 137.
29/7 *De l'homme*, 1749, cap. 5, *De la vieillesse et de la mort*, François Maspero, Biblioth. d'Anthropologie, p. 150.
29/8 *Le Normal et le Pathologique*, 1966, P.U.F., p. 173.
29/9 *Maximes et pensées, caractères et anecdotes*, 1795, parte dois, parágrafo 925.

29/10 Id., parágrafo 937.
29/11 *Mémoires d'outre-tombe*, 1850, livro dois, cap. 4.
29/12 *Système de politique positive ou Traité de sociologie instituant la religion de l'humanité*, tomo três, 1853, cap. um, p. 73.
29/13 *Testament*, setembro de 1884, Paris, 10, rue Monsieur-le-Prince.
29/14 *Entretien avec Burman*, 16 de abril de 1648, em *Oeuvres*, La Pléiade, pp. 1401-2.
29/15 *Le Rêve de d'Alembert*, 1769, em *Oeuvres*, Pléiade, p. 900.
29/16 *Réfutation suivie de l'ouvrage d'Helvétius intitulé: L'homme*, póst. 1875, em *Oeuvres Complètes*, Garnier-Frères, p. 387.
29/17 *Manuel*, trad. fr. A. Jagu, Les Belles Lettres, cap. XXI.
29/18 Id., Livro II, cap. Um.
29/19 Id., Livro III, cap. XXVI.
29/20 *Éthique*, póst. 1677, IV, prop. LXVII.
29/21 Id., parte cinco, escólio da proposição 23.
29/22 *Essais de psychanalyse*, artigos 1909-1915, trad. fr. Dr. S. Jankélévitch, Payot, I, 6.
29/23 Id., IV, 2.
29/24 *Pensée*, 1815-1832, em *Oeuvres*, t. I, trad. fr. J. Porchat, Hachette, p. 450.
29/25 *La Phénoménologie de l'esprit*, 1807, trad. fr. J. Hyppolite, Aubier-Montaigne, t. I, p. 164.
29/26 *L'Être et le Temps*, 1927, 2ª seção, cap. um, parágrafo 52, trad. fr. H. Corbin, Gallimard, Les Essais.
29/27 *Les Penseurs grecs avant Socrate*, trad. fr. J. Volquin, Garnier-Frères, p. 75.
29/28 *Du suicide*, em *L'Histoire naturelle de la religion*, 1757, trad. fr. Michel Malherbe, Vrin, p. 122.
29/29 *La Logique du vivant*, 1970, Gallimard, collection Tel, p. 331.
29/30 *La Mort*, Flammarion, 1966, parte dois, cap. IV, 2.
29/31 *Ibid.*
29/32 Id., parte dois, cap. IV, 6.
29/33 *Anthropologie du point de vue pragmatique*, 1798, trad. fr. M. Foucault, Vrin, p. 45.
29/34 *De l'homme*, parágrafo 36, em *Les Caractères*, 1688-1696.
29/35 *De l'homme*, parágrafo 43, em *Les Caractères*, 1688-1696.
29/36 *Essai sur l'expérience de la mort*, 1936, cap. IV, 2ª ed., éd. du Seuil, 1951, p. 39.
29/37 *Maximes, Réflexions morales*, 1664, XXVI.
29/38 *Considérations sur la doctrine d'un esprit universel*, 1702, pub. póst. por Erdmann, Berlim 1840, parágrafo 14.
29/39 *Principes de la nature et de la grâce fondés en raison*, 1714, parágrafo 6.
29/40 *La Monadologie*, 1714, éd. Émile Boutroux, Delagrave, parágrafo 73.
29/41 *Le Temps et l'Autre*, em *Le choix, le monde, l'existence*, Cahiers du Collège Philosophique, 1947, B. Arthaud, p. 165, n.º 1.
29/42 *Aphorismes*, terceiro caderno 1775-1779, trad. fr. Marthe Robert, J.-J. Pauvert éd., p. 187.
29/43 *De la nature*, trad. fr. Clouard, L. III, 879-882.
29/44 *Pensées*, trad. fr. A.-L. Trannoy, Belles-Lettres, Paris, 1947, II, 14.

29/45 Id., II, 17.
29/46 Id., IV, 50.
29/47 Essais, 1580-1595, I, XI.
29/48 Id., I, XIX.
29/49 Id., I, XX.
29/50 Ibid.
29/51 Id., II, XIII.
29/52 Id., III, XII.
29/53 Id.
29/54 Mors et Vita, 1929, em La Vie en forme de proue, Grasset, p. 132.
29/55 Ibid.
29/56 Le Gai Savoir, 1882, parágrafo 131, trad. fr. Klossowski, Club français du livre e 10/18, p. 214.
29/57 Id., parágrafo 278, p. 269.
29/58 Pensées, póst. 1669, seção II, 166, ed. Brunschvicg, Hachette.
29/59 Id., seção III, 199.
29/60 Id., III, 210.
29/61 Apologie de Socrate, trad. fr. Chambry, Garnier-Frères, 29 a.
29/62 Souvenirs d'enfance et de jeunesse, 1883, p. 232.
29/63 Journal 1887-1910, 5 de outubro de 1892.
29/64 Id., 27 de agosto de 1895.
29/65 Id., 23 de julho de 1898.
29/66 Id., 16 de maio de 1899.
29/67 Id., 30 de dezembro de 1899.
29/68 Id., 9 de agosto de 1900.
29/69 Id., 22 de fevereiro de 1906.
29/70 Pensées d'un biologiste, 1939, cap. V., Club français du livre, p. 106.
29/71 Id., cap. IX, p. 194.
29/72 Lettre a M. de Voltaire, 18 de agosto de 1756, em Oeuvres complètes, t. 2, éd. du Seuil, p. 317.
29/73 L'Être et le Néant, 1943, Gallimard, parte quatro, cap. I, II, p. 628.
29/74 Lettres, a senhora de Grignan, 16 de março de 1672.
29/75 Tel quel II, Rhumbs, Moralités, 1926, em Oeuvres, t. II, Pléiade, Gallimard, p. 611.
29/76 Id., Analecta XL, 1926, em Oeuvres, t. II, Pléiade, Gallimard, p. 719.
29/77 Id., Analecta CVI, 1926, em Oeuvres, t. II, Pléiade, Gallimard, p. 745.
29/78 Mauvaises pensées et autres, 1941, em Oeuvres, t. II, Pléiade, Gallimard, p. 841.
29/79 Id., p. 890.
29/80 Réflexions et maximes, 1746, CXL.
29/81 Réflexions et maximes, 1746, CXLII.
29/82 Dictionnaire philosophique, 1764, art. Anthropophages, sec. 1.
29/83 Tractatus logico-philosophicus, 1921, prop. 6.4211, trad. fr. P. Klossowski, Gallimard, Idées, p. 172.

30/1 L'Eau et les Rêves: essai sur l'imagination de la matière, José Corti, 1942, p. 214.
30/2 Catéchisme positiviste, 1852, parte um, segunda conversa, Garnier-Frères, p. 82.

30/3 *Système de politique positive ou Traité de sociologie instituant la religion de l'humanité*, 1852, cap. um, p. 55.
30/4 *Id.*, t. II, 1852, p. 457.
30/5 *Discours de la méthode*, 1637, parte três.
30/6 *Méditations métaphysiques*, 1641, quinta meditação.
30/7 *Manuel*, trad. fr. A. Jagu, "Les Belles Lettres", Paris, 1959, XXVII, p. 421.
30/8 *Éthique*, post. 1617, trad. fr. Appuhn, parte quatro, prop. IV.
30/9 *Lettre XXX*, a Oldenburg, 1665, trad. fr. Ch. Appuhn, em *Oeuvres*, t. 4, Garnier-Frères, p. 232.
30/10 *Pensées*, 1815-1832, em *Oeuvres*, t. I, trad. fr. J. Porchat, Hachette, p. 438.
30/11 *Discours de Vanves*, 1886, em *Célèbres leçons et fragments*, P.U.F., 1950, p. 21.
30/12 *Essais de Théodicée sur la bonté de Dieu, la liberté de l'Homme et l'origine du Mal*, 1710, parte três, parágrafo 416.
30/13 *Essais*, 1580-1595, livro III, cap. II, Pléiade, Gallimard, p. 899.
30/14 *Le Gai Savoir*, 1882, parágrafo 109, trad. fr. Klossowski, Club français du livre, 10/18, p. 192.
30/15 *Id.*, parágrafo 346, p. 342.
30/16 *Pensées*, post. 1669, seção II, 72, *Disproportion de l'homme*, ed. Brunschvicg, Hachette.
30/17 *Le monde comme volonté et comme représentation*, 1819, trad. fr. A. Burdeau revista e corrigida por R. Roos, P.U.F., p. 1347.
30/18 *L'Homme et la Technique*, 1931, trad. fr. Pétrowsky, Gallimard, p. 48.
30/19 *Tractatus logico-philosophicus*, 1921, 1-11, trad. fr. P. Klossowski, Gallimard, Idées, p. 43.
30/20 *Id.*, prop 6.373, Gallimard, p. 168.

31/1 13 de dezembro de 1908, em *Propos II*, Pléiade, Gallimard, p. 110.
31/2 *Préliminaires à la mythologie*, escritos em 1932-1933, publ. 1943, em *Les Arts et les Dieux*, Pléiade, Gallimard, p. 1199.
31/3 *Définitions*, post. 1953, art. *Civilisation*, em *Les Arts et les Dieux*, Pléiade, Gallimard, p. 1042.
31/4 *Novum Organum*, 1620, introd.
31/5 *De l'homme*, 1749, cap. 3, *De la puberté*, François Maspero, Biblioth. d'Anthropologie, p. 76.
31/6 *Maximes et pensées, caractères et anecdotes*, 1795, cap. II, parágrafo 98.
31/7 *Système de politique positive ou Traité de sociologie instituant la religion de l'humanité*, tomo um, 1851, Introd. Fundamental, cap. três, p. 695.
31/8 *Traité de l'enchaînement des idées fondamentales dans les sciences et dans l'histoire*, 1861, livro III, cap. X, parágrafo 319, Hachette, p. 361.
31/9 *Ibid.*
31/10 *Le Neveu de Rameau*, 1763, em *Oeuvres*, Pléiade, Gallimard, p. 469.
31/11 *Supplément au voyage de Bougainville*, 1773, em *Oeuvres philosophiques*, éd. Garnier, p. 510.
31/12 *Réfutation suivie de l'ouvrage d'Helvétius intitulé: L'Homme*, 1875, A.T. II, p. 411.
31/13 *Court-traité*, 1660, livro II, cap. XX.
31/14 *Id.*, livro II, cap. XXII.

31/15 *L'Essence du christianisme*, 1841, introd., em *Manifestes philosophiques*, trad. fr. L. Althusser, 10/18, p. 79.
31/16 *La Défaite de la pensée*, Gallimard, 1987, p. 157.
31/17 *L'Avenir d'une illusion*, 1927, trad. fr. Marie Bonaparte, P.U.F., p. 67.
31/18 *Malaise dans la civilisation*, 1929, trad. fr. Ch. e J. Odier, P.U.F., p. 50.
31/19 *Cours sur l'histoire philosophique*, 1830, em *La Raison dans l'histoire*, p. 142.
31/20 *Id.*, p. 151.
31/21 *Le Système social*, Londres, 1773, I, cap. XVI.
31/22 *Traité de la nature humaine*, 1739, livro II, parte três, seção I.
31/23 *La Crise de l'humanité européenne et la philosophie*, 1935, trad. fr. P. Ricoeur, Aubier-Montaigne, p. 25.
31/24 *Id.*, p. 93.
31/25 *Critique de la raison pure*, 1781, Analytique des principes, cap. II, 3ª seção, parágrafo 3.
31/26 *Idée d'une histoire universelle au point de vue cosmopolitique*, 1781, em *La Philosophie de l'histoire [Opuscules]*, trad. fr. S. Piobetta, Aubier, éd. Montaigne, p. 62.
31/27 *Id.*, p. 67.
31/28 *Critique de la raison pratique*, 1788, trad. fr. Picavet, livro I, cap. I, I, p. 72.
31/29 *Nouveaux Essais sur l'entendement humain*, póst. 1765, I.I, cap. II, parágrafo 20.
31/30 *Les Structures élémentaires de la parenté*, 1949, Plon éd.
31/31 *Aphorismes*, terceiro caderno, 1775-1779, trad. fr. Marthe Robert, J.-J. Pauvert, p. 102.
31/32 *Signes*, 1960, Gallimard, XI, L'Homme et l'Adversité, p. 304.
31/33 *L'Asservissement des femmes*, 1860, trad. fr. Marie-Françoise Cachin, Payot, p. 145.
31/34 *Essais* 1580-1595, livro I, cap. XXXI, Pléiade, Gallimard, p. 243.
31/35 *Id.*, livro II, cap. XII, p. 515.
31/36 *Sur l'avenir de nos établissements d'enseignement*, 1872, trad. fr. J.-L. Backès, Gallimard, Idées, p. 20.
31/37 *Le Gai Savoir*, 1882, parágrafo 294, trad. fr. Klossowski, Club français du livre e 10/18, p. 284.
31/38 *Pensées*, post. 1669, seção II, 93, ed. Brunschvicg, Hachette, p. 372.
31/39 *Qu'est-ce qu'une nation?*, em *Oeuvres complètes*, t. I, Calmann-Lévy, 1947, p. 901.
31/40 *Origine et fonction de la culture*, 1943, trad. fr. R. Dadoun, Gallimard, p. 152.
31/41 *Discours sur les sciences et les arts*, 1750, parte um, em *Oeuvres complètes*, t. 2, éd. du Seuil, pp. 53-4.
31/42 *Discours sur l'origine et les fondements de l'inégalité parmi les hommes*, 1755, parte um, nota (i).
31/43 *Ibid.*
31/44 *Ibid.*
31/45 *Ibid.*
31/46 *Ibid.*
31/47 *Lettre à M. de Voltaire*, 18 de agosto de 1756, em *Oeuvres complètes*, t. 2, éd. du Seuil, p. 317.

31/48 *Anthropologie et sociologie* 1297, em *Anthropologie*, trad. fr. Baudelot e Clinquart, éd. de Minuit, p. 141.
31/49 *Critique de la raison dialectique*, 1960, Gallimard, p. 96.
31/50 *La Pudeur*, 1913, trad. fr. M. Dupuy, Aubier-Montaigne, p. 23.
31/51 *Id.*, p. 136.
31/52 *De la démocratie en Amérique*, 1835-1840, Union générale d'Éditions, 10/18, p. 331.

32/1 *Propos II*, 22 de dezembro de 1910, Pléiade, Gallimard, p. 193.
32/2 *Id.*, 25 de junho de 1933, p. 965.
32/3 *La Politique*, I, 2, 1252 a, trad. fr. J. Tricot, Librairie J. Vrin, pp. 24-5.
32/4 *Ancien Testament, Genèse*, 2, 20/24, trad. fr. dos textos originais hebraicos e gregos por L. Segond, Maison de la Bible, Genebra.
32/5 *Ce qui cloche dans le monde* [*What is wrong with the world*], 1910, trad. fr. J.-C. Laurens, Gallimard, 1948, p. 18.
32/6 *Système de politique positive*, tomo II, 1852, ed. do autor, 10, rue Monsieur Le Prince, p. 9.
32/7 *Id.*, p. 171.
32/8 *Id.*, 1851, *Introduction fondamentale*, capítulo três, p. 700.
32/9 *L'autre cap*, em *Le Monde*, Liber n° 5, outubro de 1990, p. 11.
32/10 *Le Rêve de d'Alembert*, póst. 1813, em *Oeuvres*, Pléiade, Gallimard, p. 908.
32/11 *Entretiens*, IV, VI, trad. fr. E. Bréhier, em *Les Stoïciens*, Pléiade, Gallimard, p. 1077.
32/12 *Essais de psychanalyse*, 1927, Payot, 1973, trad. fr. Dr. S. Jankélévitch, edição revista pelo Dr. Hesnard, 2ª parte, introd., p. 83.
32/13 *Pensées*, 1815-1832, em *Oeuvres*, t. I, trad. fr. J. Porchat, Hachette, p. 343.
32/14 *Pour la laïque*, em *L'Esprit du socialisme*, antol. Société d'études jaurésiennes, P.U.F., 1964.
32/15 *De l'homme*, parágrafo 16, em *Les Caractères*, 1688-1696, Garnier, p. 268.
32/16 *Id.*, parágrafo 76, Garnier, p. 279.
32/17 *Discours de Sens*, 1877, em *Célèbres leçons et fragments*, P.U.F., p. 13.
32/18 *Nouveaux essais sur l'entendement humain*, 1704, publ. póst. 1765, livro II, cap. XX.
32/19 *Emmanuel Lévinas, Qui êtes-vous?*, La Manufacture, 1987, pp. 101-3.
32/20 *Dictionnaire de la langue française*, 1863-1872, art. *Autrui*.
32/21 *L'Asservissement des femmes*, 1869, trad. fr. M.-F. Cachin, Payot, p. 165.
32/22 *Essais*, 1580-1595, livro I, cap. XXXIX, Pléiade, Gallimard, p. 278.
32/23 *Id.*, II, I.
32/24 *Id.*, III, V.
32/25 *Humain, trop humain*, 1878, trad. fr. Desrousseaux, t. I, Denoël/Gonthier, p. 101.
32/26 *Le Gai Savoir*, 1882, trad. fr. A. Vialatte, Gallimard, parágrafo 52.
32/27 *Pensées*, 1669, seção III, 211, ed. Brunschvicg, Hachette, p. 420.
32/18 *La Prisonnière*, 1923, em *À la recherche du temps perdu*, Gallimard.
32/19 *Souvenirs d'enfance et de jeunesse*, 1883, Calmann-Lévy, p. 221.
32/30 *Journal*, 1887-1910, 27 de agosto de 1895, Pléiade, Gallimard, p. 283.
32/31 *Id.*, 1° de abril de 1898, p. 478.
32/32 *Id.*, 18 de julho de 1903, p. 835.

32/33 Id., 5 de outubro de 1892, p. 136.
32/34 Pensées d'un biologiste, 1939, cap. X, Stock, p. 232.
32/35 L'Être et le Néant, 1943, Gallimard, p. 311.
32/36 Id., p. 323.
32/37 Id., p. 330.
32/38 Aphorismes sur la sagesse dans la vie, póst. 1880, trad. fr. J.-A. Cantacuzène, revista e corrigida por R. Roos, P.U.F., p. 102.
32/39 Id., p. 127.
32/40 Monsieur Teste, 1896-1929, em Oeuvres, t. II, Pléiade, Gallimard, p. 45.
32/41 Réflexions et Maximes, 1746, LXXXIII.
32/42 Id., CVI.

33/1 21 de junho de 1930, em Propos II, n? 510, Pléiade, Gallimard, p. 826.
33/2 Définitions, póst. 1953, em Les Arts et les Dieux, Pléiade, Gallimard, p. 1077.
33/3 La Poétique de la rêverie, 1961, P.U.F., p. 7.
33/4 La Comédie humaine, 1830-1848, prefácio.
33/5 Maximes et pensées, caractères et anecdotes, 1795, parágrafo 46.
33/6 Id., cap. I, parágrafo 73.
33/7 Lettre à Clotilde de Vaux, 11 de março de 1846, em Système de politique positive, Discurso preliminar, parte quatro, p. 218.
33/8 Système de politique positive, Dedicatória, 1851, p. VIII.
33/9 Revue sommaire des doctrines économiques, 1877, Hachette, p. 17.
33/10 Les Passions de l'âme, 1649, parte um, art. XL.
33/11 Id., parte dois, art. LXXIV.
33/12 Id., parte três, art. CCXI.
33/13 Id., parte três, art. CCXII.
33/14 Pensées philosophiques, 1746, V.
33/15 Essai sur les règnes de Claude et Néron, et sur la vie de Sénèque pour servir d'introduction à la lecture de ce philosophe, 1778, 2? ed. modificada, 1882, livro III, cap. XLIX.
33/16 Traité de l'association domestique et agricole, 1822, t. II, p. 252.
33/17 Le Système de la nature, Londres, 1770, I, cap. XVII.
33/18 Traité de la nature humaine, 1730, livro II, parte três, sec. III, t. II, trad. fr. A. Leroy, Aubier-Montaigne, p. 524.
33/19 Id., p. 525.
33/20 Anthropologie du point de vue pragmatique, 1798, 2? ed. 1800, trad. fr. Michel Foucault, Vrin, p. 119.
33/21 Post-scriptum, 1846, parte dois, 2? seção, cap. III, parágrafo 1, trad. fr. P. Petit, Gallimard.
33/22 Discours de Sens, 1877, em Célèbres leçons et Fragments, P.U.F., 1950, p. 17.
33/23 Maximes, réflexions morales, 1664, VIII.
33/24 Le Gai Savoir, 1882, parágrafo 131, trad. fr. Klossowski, Club français du livre e 10/18, p. 219.
33/25 À l'ombre des jeunes filles en fleurs, 1918, em À la recherche du temps perdu, Gallimard, 1913-1927.

33/26 *Fragments philosophiques et moraux* 1756-1762, em *Oeuvres complètes*, t. 2, éd. du Seuil, p. 326.
33/27 *Émile ou De l'éducation*, 1762, livro IV, éd. du Seuil, t. 3, p. 149.
33/28 *Id.*, p. 152.
33/29 *Id.*, p. 225.
33/30 *Lettre à Monseigneur de Beaumont*, 18 de novembro de 1762, em *Oeuvres complètes*, t. 3, éd. du Seuil, p. 340.
33/31 *L'Être et le Néant*, 1943, parte quatro, cap. II, III.
33/32 *L'existentialisme est un humanisme*, 1946, Nagel, p. 37.
33/33 *Journal*, 16 de abril de 1813.
33/34 *Réflexions et maximes*, 1746, CXLIX.
33/35 *Cahiers II*, nova edição revista e ampliada, Plon, 1972, p. 172.

34/1 *Éloge de l'apparence*, 7 de outubro de 1923, em *Propos I*, Pléiade, Gallimard, p. 544.
34/2 *Trois dialogues entre Hylas et Philonoüs*, 1713, terceiro diálogo.
34/3 *Traité concernant les principes de la connaissance humaine*, 1710, parte um, parágrafo 3.
34/4 *La Dioptrique*, sexto discurso, 1637, Pléiade, Gallimard, p. 221.
34/5 *Id.*, p. 224.
34/6 *Méditations métaphysiques*, 1641, segunda meditação.
34/7 *Pensées*, 1815-1832, em *Oeuvres*, t. I, trad. fr. J. Porchat, Hachette, p. 419.
34/8 *Cours sur la perception*, póst. 1926, em *Célèbres leçons et fragments*, P.U.F., p. 181.
34/9 *Discours de métaphysique*, 1685-1686, publ. post. por Grotefend, Hanover, 1846, cap. XIV.
34/10 *Considérations sur la doctrine d'un esprit universel*, 1702, publ. póst. por Erdmann, Berlim, 1840, parágrafo 14.
34/11 *La Monadologie*, éd. Émile Boutroux, Delagrave, 1714, parágrafo 17.
34/12 *Phénoménologie de la perception*, 1945, Gallimard, p. 276.
34/13 *Sens et non-sens*, 1948, Nagel, p. 91.
34/14 *Le Visible et l'Invisible*, 1964, Gallimard, p. 138.
34/15 *Journal*, 11 de dezembro de 1907, Pléiade, Gallimard, p. 1145.
34/16 *L'Idée fixe ou Deux hommes à la mer*, 1932, em *Oeuvres*, t. II, Pléiade, Gallimard, p. 230.
34/17 *Mauvaises pensées et autres*, 1941, em *Oeuvres*, t. II, Pléiade, Gallimard, p. 793.

35/1 *La Phénoménologie de l'esprit*, 1807, trad. fr. Hyppolite, Aubier-Montaigne, t. I, p. 159.
35/2 *Métaphysique des moeurs*, parte um, *Doctrine du droit*, 1797, trad. fr. Philonenko, J. Vrin éd., p. 98.
35/3 *Opus postumum*, trad. fr. J. Gibelin, Vrin, p. 28.
35/4 *Ibid.*
35/5 *Id.*, p. 126.

36/1 25 de junho de 1921, em *Propos II*, 270, Pléiade, Gallimard, p. 396.

36/2   12 de novembro de 1921, *Id.*, 294, p. 439.
36/3   15 de junho de 1924, *Id.*, 406, p. 630.
36/4   15 de outubro de 1924, *Id.*, 418, p. 651.
36/5   *Le Citoyen contre les pouvoirs*, éd. du Sagittaire, Simon Kra, 1926, p. 137.
36/6   *Préliminaires à la mythologie*, escritas em 1932-1933, publ. 1943, em *Les Arts et les Dieux*, Pléiade, Gallimard, p. 1168.
36/7   *Id.*, p. 1189.
36/8   *La Politique*, trad. fr. J. Tricot, livrairie Vrin éd., I, 5, 1254 b, p. 39.
36/9   *Id.*, I, 13, 1260 a.
36/10 *Nouveau Testament, epître de saint Paul aux Romains*, XIII, 1, 2, tradução a partir da Vulgata de Lemaistre de Sacy.
36/11 *Maximes et pensées, caractères et anecdotes*, 1795, cap. VIII, parágrafo 472.
36/12 *Ce qui cloche dans le monde [What is wrong with the world]*, 1910, trad. fr. J.-C. Laurens, Gallimard, p. 93.
36/13 *Système de politique positive, ou Traité de sociologie instituant la religion de l'humanité*, 1852, t. II, cap. V, p. 272.
36/14 *Id.*, p. 311.
36/15 *Id.*, p. 315.
36/16 *Ibid.*
36/17 *Id.*, p. 335.
36/18 644-656, trad. fr. J.-E. Bencheikh, surata 43, versículo 31.
36/19 14 de novembro de 1791, art. III.
36/20 *Encyclopédie*, 1751-1765, art. Pouvoir.
36/21 *Les Formes élémentaires de la vie religieuse*, Alcan 1925, p. 298.
36/22 *Entretiens*, I, XIX, trad. fr. É. Bréhier, em *Les Stoïciens*, Pléiade, Gallimard, p. 855.
36/23 *Id.*, IV, VI, p. 1081.
36/24 *Traité politique*, póst. 1677, cap. II, parágrafo 22, trad. fr. Ch. Appuhn, Garnier-Frères, p. 23.
36/25 *L'Ordre du discours*, aula inaugural no Collège de France, 2 de dezembro de 1970, Gallimard, p. 12.
36/26 *Le Système social*, Londres, 1773, t. I, p. 143.
36/27 *La Muqaddima [Les Prolégomènes]*, 1375-1379, trad. fr. J.-E. Bencheikh, Hachette-Alger, p. 38.
36/28 *Métaphysique des moeurs*, parte um, *Doctrine du droit*, 1797, trad. fr. Philonenko, J. Vrin éd., p. 195.
36/29 *Id.*, p. 196.
36/30 *L'État et la Révolution*, 1917, cap. II, 1, éd. Sociales, p. 39.
36/31 *De la nature*, livro III, trad. fr. H. Clouard, Garnier-Frères, p. 112.
36/32 *Économie libidinale*, 1974, éd. de Minuit, p. 310.
36/33 *Discours sur la première décade de Tite-Live*, 1513-1520, livro I, cap. IX, trad. fr. Giraudet.
36/34 *Id.*, livro I, cap. XVI.
36/35 *Le Capital*, 1867, livro um, oitava seção, cap. XXXI, trad. fr. J. Roy, revisão M. Rubel, em *Oeuvres, Économie I*, Pléiade, Gallimard, p. 1213.
36/36 *L'Asservissement des femmes*, 1869, trad. fr. Marie-Françoise Cachin, Payot, p. 159.

36/37 *De l'esprit des lois*, 1748, livro II, cap. 3.
36/38 **Aurore**, 1880, livro dois, parágrafo 112, trad. fr. Julien Hervier, Gallimard, p. 119.
36/39 *Syllabus renfermant les principales erreurs de notre temps*, 8 de dezembro de 1864, título V, prop. 24.
36/40 *Le Politique*, 293 a, trad. fr. Lachièze-Rey, Boivin éd.
36/41 *Pensées d'un biologiste*, 1939, cap. X, p. 210.
36/42 *Discours concernant le jugement de Louis XVI*, Convention Nationale, 13 de novembro de 1790.
36/43 *Lettres*, IX.
36/44 *Recherches sur la nature et les causes de la richesse des nations*, 1776, editado por G. Mairet, Gallimard, Idées, livro I, cap. V, p. 62.
36/45 *De la démocratie en Amérique*, 1835-1840, U.G.E., 10/18, p. 151.
36/46 *Id.*, p. 250.
36/47 *Tel quel II, Rhumbs*, 1926, em *Oeuvres*, t. II, Pléiade, Gallimard, p. 615.
36/48 *Politik als Beruf*, 1919, em *Le Savant et le Politique*, Plon e 10/18, p. 101.
36/49 *Oppression et liberté*, 1934, p. 95.

37/1 22 de outubro de 1921, em *Propos II*, Pléiade, Gallimard, p. 429.
37/2 *Essai sur les fondements de nos connaissances*, 1851.
37/3 *Anatomie d'un épistémologue: François Dagognet*, J. Vrin, 1984, p. 123.
37/4 *La Crise de l'humanité européenne et la philosophie*, 1935, trad. fr. P. Ricoeur, Aubier-Montaigne, p. 91.
37/5 *Id.*, p. 93.
37/6 *Fragment 10*, 1898, em *Célèbres leçons et fragments*, P.U.F., p. 54.
37/7 *Journal*, 30 de novembro de 1890.

38/1 *Dialectique négative*, 1959-1966, trad. fr. pelo grupo de tradução do Collège de philosophie: Gérard Coffin, Joëlle Masson, Olivier Masson, Alain Renaut e Dagmar Trousson, éd. Payot, 1978, p. 41.
38/2 *La Logique ou l'Art de penser*, 1662, primeiro discurso.
38/3 *L'Expérience de l'espace dans la physique contemporaine*, 1937, P.U.F., p. 72.
38/4 *Essai sur l'homme [An Essay on Man]*, trad. fr. Norbert Massa, éd. de Minuit, 1975, p. 45.
38/5 *Maximes et pensées, caractères et anecdotes*, 1795, cap. I, parágrafo 39.
38/6 *De natura deorum*, III, XXVIII.
38/7 *Cours de philosophie positive*, 1830-1842, primeira aula, III.
38/8 *Discours de la méthode*, 1637, primeira parte, Pléiade, Gallimard, p. 126.
38/9 *Lettre à Élisabeth*, 1º. de setembro de 1645.
38/10 *Addition aux pensées philosophiques*, 1770, VIII, em *Oeuvres philosophiques*, Garnier, p. 59.
38/11 *Propédeutique philosophique, Cahiers*, 1808, éd. post., trad. fr. M. de Gandillac, Denoël/Gonthier, p. 81.
38/12 *Encyclopédie des sciences philosophiques*, 1817, parte um, *La Science de la Logique*, póst. 1840, Berlim, trad. fr. B. Bourgeois, Vrin, p. 382.
38/13 *Cours de 1830*, em *La Raison dans l'histoire*, trad. fr. Kostas Papaioannou, 10/18, p. 110.

38/14 *Le Système social*, Londres, 1773, I, cap. XVI.
38/15 *Traité de la nature humaine*, 1739, livro I, parte três, sec. XVI, trad. fr. A. Leroy, Aubier-Montaigne, t. I, p. 266.
38/16 *Id.*, livro I, parte quatro, sec. I, t. I, p. 274.
38/17 *Id.*, livro II, parte três, sec. III, t. II, p. 524.
38/18 *Id.*, p. 525.
38/19 *Méditations cartésiennes, Introduction à la phénoménologie*, 1929, trad. fr. G. Peiffer e e. Lévinas, Librairie J. Vrin, 1953, p. 48.
38/20 *Critique de la raison pure*, 1781, Dialectique transcendantale, intr., II.
38/21 *Ibid.*
38/22 *Idée d'une histoire universelle au point de vue cosmonopolitique*, 1784, em *La Philosophie de l'histoire [Opuscules]*, trad. fr. S. Piobetta, Aubier, p. 61.
38/23 *Fondements de la métaphysique des moeurs*, 1785, trad. fr. V. Delbos, sec. I.
38/24 *Id.*, sec. III.
38/25 *Ibid.*
38/26 *Critique de la raison pratique*, 1788, parte um, livro um, cap. II, trad. fr. Picavet.
38/27 *Simples notes pour un programme d'union et d'action*, 1892, em *Célèbres leçons et Fragments*, P.U.F., 1950, p. 40.
38/28 *La Monadologie*, 1714, éd. Émile Boutroux, Delagrave, parágrafo 29.
38/29 *Nouveaux essais sur l'entendement humain*, 1704, publ. pós. 1765, livro II, cap. XXI, parágrafo 50.
38/30 *Essais*, 1580-1595, livro I, cap. XXXI, Pléiade, Gallimard, p. 243.
38/31 *Id.*, livro II, cap. XII.
38/32 *Le Gai Savoir*, 1882, parágrafo 224, trad. fr. A. Vialatte, Gallimard.
38/33 *Pensées*, post. 1669, sec. II, 82, ed. Brunschvicg, Hachette.
38/34 *Id.*, sec. IV, 253.
38/35 *Syllabus renfermant les principales erreurs de notre temps*, 8 de dezembro de 1864, título I, prop. 4.
38/36 *La République*, IV, 441 e.
38/37 *Raison, vérité et histoire*, 1981, trad. fr. A. Gerschenfeld, éd. de Minuit, 1984, p. 127.
38/38 *Émile ou De l'éducation*, 1762, livro quatro, éd. du Seuil, t. 3, p. 206.
38/39 *L'Être et le Néant*, 1943, parte três, cap. III, I, Gallimard, p. 442, nota I.
38/40 *Le monde comme volonté et comme représentation*, 1819, trad. fr. A. Burdeau, revista e corrigida por R. Roos, P.U.F., p. 83.
38/41 *Logique de la philosophie*, 1967, Vrin, p. 4.
38/42 *Oppression et liberté*, 1934, p. 131.

39/1 29 de dezembro de 1906, em *Propos II*, Pléiade, Gallimard, p. 23.
39/2 22 de dezembro de 1910, *Id.*, p. 194.
39/3 27 de janeiro de 1911, *Id.*, p. 200.
39/4 2 de setembro de 1911, *Id.*, p. 227.
39/5 3 de setembro de 1921, *Id.*, p. 421.
39/6 3 de março de 1928, *Id.*, p. 740.
39/7 *La Mythologie humaine*, escrito em 1932-1933, publ. 1943, em *Les Arts et les Dieux*, Pléiade, Gallimard, p. 1147.
39/8 *Id.*, p. 1150.

39/9 *Id.*, p. 1171.
39/10 *Définitions*, póst. 1953, art. *Religion*.
39/11 *Discours sur l'esprit positif*, 1844, Librairie Schleicher, p. 87.
39/12 *Système de politique positive ou Traité de sociologie instituant la religion de l'humanité*, t. I, Dedicatória, 1851, p. X.
39/13 *Id.*, t. II, 1852, *Statique sociale*, cap. 1, p. 8.
39/14 *Ibid.*
39/15 *Id.*, p. 17.
39/16 *Id.*, p. 19.
39/17 *Catéchisme positiviste ou Sommaire exposition de la religion universelle en onze entretiens systématiques entre une femme e un prêtre de l'humanité*, 1852, Conclusão, Décima primeira conversa.
39/18 *Traité de l'enchaînement des idées fondamentales dans les sciences et dans l'histoire*, 1861, livro III, cap. X, parágrafo 319, Hachette, p. 361.
39/19 *Discours de la méthode*, 1647, parte três.
39/20 *Pensées philosophiques*, 1746, VIII.
39/21 *Id.*, XVI.
39/22 *Lettre à Sophie Voland*, 6 de outubro de 1765.
39/23 *Essai sur les règnes de Claude et Néron, et sur la vie de Sénèque pour servir d'introduction à la lecture de ce philosophe*, 1778, livro II, LVI.
39/24 *Les Formes élémentaires de la vie religieuse*, Alcan, 1925, p. 547.
39/25 *Id.*, p. 609.
39/26 *L'Essence du christianisme*, 1841, Introd., em *Manifestes philosophiques*, trad. fr. L. Althusser, P.U.F., 10/18, p. 79.
39/27 *Id.*, p. 81.
39/28 *Id.*, p. 107.
39/29 *Id.*, p. 116.
39/30 *Initiation à la vie bienheureuse*, 1806, trad. fr. Max Rouché, quinta conferência, Aubier, p. 180.
39/31 *L'Avenir d'une illusion*, 1927, P.U.F., p. 54.
39/32 *Id.*, p. 61.
39/33 *Id.*, p. 62.
39/34 *Id.*, p. 67.
39/35 *Nouvelles conférences sur la psychanalyse*, 1932, Gallimard, p. 228.
39/36 *Pensées*, 1815-1832, em *Oeuvres*, t. I, trad. fr. J. Porchat, Hachette, p. 419.
39/37 *Id.*, p. 448.
39/38 *Propédeutique philosophique, Cahiers*, 1808, ed. póst., trad. fr. M. de Gandillac, Denoël/Gonthier, p. 175.
39/39 *Cours de 1830*, anotações dos alunos, em *La Raison dans l'histoire*, trad. fr. Kostas Papaioannou, 10/18, p. 151.
39/40 *Esthétique*, póst. 1832, t. I, trad. fr. J. G., Aubier-Montaigne, p. 127.
39/41 *Le Système de la nature*, Londres, 1770, I, cap. VI.
39/42 *Le Bons Sens du curé Meslier*, Londres, 1772, parágrafo 122.
39/43 *L'Histoire naturelle de la religion*, 1757, trad. fr. Michel Malherbe, Vrin, p. 85.
39/44 *La Crise de l'humanité européenne et la philosophie*, 1935, trad. fr. P. Ricoeur, Aubier-Montaigne, p. 59.

385

39/45 *La Muqaddima [Les Prolégomènes]*, 1375-1379, trad. fr. J.-E. Bencheikh, Hachette-Alger, p. 131.
39/46 *Riens philosophiques*, 1844, trad. fr. K. Ferlov e Jean-J. Gateau, Gallimard, p. 170.
39/47 *Post-scriptum*, parte dois, 2ª seção, cap. II, trad. fr. P. Petit, Gallimard.
39/48 *Cela doit être dit; que cela soit donc dit*, Copenhague, 1855, em *Oeuvres complètes*, t. 19, Éditions de l'Orante, 1982, pp. 77-8.
39/49 *Lettres à un jeune homme*, 24 de fevereiro de 1858, Poussielgue éd., p. 41.
39/50 *Aphorismes*, primeiro caderno 1764-1771, trad. fr. Marthe Robert, J.-J. Pauvert, p. 63.
39/51 *De la nature*, livro V, trad. fr. H. Clouard, Garnier-Frères, p. 187.
39/52 *Discours sur la première décade de Tite-Live*, 1513-1520, trad. fr. Giraudet 1798, cap. 12.
39/53 *Contribution à la critique de la philosophie du droit de Hegel*, 1844, em *Deutsch-französischer Jahrbücher*.
39/54 *Sens et non-sens*, 1948, Nagel, p. 169.
39/55 *Don Juan ou le Festin de pierre*, 1665, ato III, cena 1.
39/56 *Essais*, 1580-1595, II, XII, Pléiade, Gallimard, p. 593.
39/57 *Lettres persanes*, 1721, Carta LXXV.
39/58 *Humain, trop humain*, 1878, I, trad. fr. A.-M. Desrousseaux, Denoël-Gonthier, p. 115.
39/59 *Id.*, p. 125.
39/60 *Id.*, p. 126.
39/61 *Le Gai Savoir*, 1882, trad. fr. Klossowski, parágrafo 128.
39/62 *Id.*, parágrafo 144.
39/63 *Pensées*, póst. 1669, seção III, 185, éd. Brunschvicg, Hachette.
39/64 *Id.*, seção VII, 493.
39/65 *Syllabus renfermant les principales erreurs de notre temps*, 8 de dezembro de 1864, título III, prop. 15.
39/66 *Journal*, 30 de dezembro de 1899.
39/67 *Pensées d'un biologiste*, 1939, cap. X, p. 212.
39/68 *Émile ou De l'éducation*, 1762, livro quarto, éd. du Seuil, t. 3, p. 205.
39/69 *Id.*, p. 206.
39/70 *Le monde comme volonté et comme représentation*, 1819, trad. fr. A. Burdeau, revisto e corrigido por R. Roos, P.U.F., p. 859.
39/71 *L'Unique et sa Propriété*, 1844, parte um, II, parágrafo 2, trad. fr. R. L. Reclaire, Stock éd., p. 55.
39/72 *Stendhal*, 1927, em *Oeuvres*, t. I, Pléiade, Gallimard, p. 577.
39/73 *Cahiers II*, nova ed., Plon, 1972, p. 129.

40/1 1º de abril de 1922, em *Propos II*, Pléiade, Gallimard, p. 476.
40/2 17 de julho de 1922, em *Propos I*, Pléiade, Gallimard, p. 422.
40/3 *Id.*, p. 423.
40/4 Janeiro de 1931, em *Propos II*, 522, Pléiade, Gallimard, p. 849.
40/5 *Vingt leçons sur les beaux-arts*, 1931, Vª lição.
40/6 *Apostille au "Nom de la Rose"*, Grasset, 1095, p. 9.
40/7 *Introduction à la psychanalyse*, 1917, Payot, p. 45.

40/8 *Id.*, p. 50.
40/9 *La Psychopathologie de la vie quotidienne*, 1922, Payot, p. 297.
40/10 *Pensées*, 1815-1832, em *Oeuvres*, t. I, trad. fr. J. Porchat, Hachette, p. 419.
40/11 *Cours de 1822*, em *La Raison dans l'histoire*, trad. fr. K. Papaioannou, Plon e 10/18, p. 28.
40/12 *Id.*, p. 30.
40/13 *L'Origine de l'oeuvre d'art*, Suplemento, 1961, em *Chemins qui ne mènent nulle part*, trad. fr. W. Brokmeier, éd. F. Fédier, Gallimard, p. 67.
40/14 *Critique de la raison pratique*, 1788, conclusão, trad. fr. Picavet, P.U.F.
40/15 *Entretiens avec "Le Monde", 1. Philosophies*, Éd. La Découverte e jornal *Le Monde*, 1984, p. 142.
40/16 *Phénoménologie de la perception*, 1945, Gallimard, p. 211.
40/17 *Sens et non-sens*, 1948, Nagel, pp. 159-60.
40/18 *Signes*, 1960, Gallimard, p. 101.
40/19 *Pensées*, póst. 1669, seção III, ed. Brunschvicg, Hachette.
40/20 *Id.*, IV, 414.
40/21 *Id.*, XI, 693.
40/22 *Raison, vérité et histoire*, 1981, trad. fr. A. Gerschenfeld, éd. de Minuit, 1984, p. 132.
40/23 *Mauvaises pensées et autres*, 1941, em *Oeuvres*, t. II, Pléiade, Gallimard, p. 907.
40/24 *Entretiens avec "Le Monde", 3. Idées contemporaines*, Éd. La Découverte e jornal *Le Monde*, 1984, p. 189.
40/25 *Dictionnaire philosophique, La Raison par alphabet*, 1765, artigo *Les Pourquoi*.
40/26 *Tractatus logico-philosophicus*, 1921, Prop. 4003, trad. fr. P. Klossowski, Gallimard, Idées, p. 71.
40/27 Prop. 6.41, p. 170.
40/28 Prop. 6.50, p. 173.

41/1 *L'Évolution création*, 1907, em *Oeuvres*, P.U.F, 1970, p. 661.
41/2 *Recherches physiologiques sur la vie et la mort*, 1800, parte um, art. I.
41/3 *De l'homme*, 1749, cap. 5.
41/4 *Ibid.*
41/5 *Le Normal et le Pathologique*, I, parte dois, cap. IV, P.U.F., p. 131.
41/6 *Id.*, II, 1966, P.U.F., p. 186.
41/7 *La Connaissance de la vie*, 1952, 2ª ed. 1971, J. Vrin, p. 13.
41/8 *Id.*, p. 95.
41/9 *Catéchisme positiviste*, 1852, parte um, segunda conversa.
41/10 *Système de politique positive*, 1851-1854, tomo II, 1852, cap. VII, edição do autor, 10 rue Monsieur-le-Prince, p. 436.
41/11 *Id.*, p. 437.
41/12 *Traité de l'enchaînemet des idées fondamentales dans les sciences et dans l'histoire*, 1861, Hachette, livro III, cap. X, parágrafo 319, p. 361.
41/13 *Les Passions de l'âme*, 1649, parte um, artigo IV.
41/14 *La Logique du vivant*, 1970, Gallimard, p. 328.
41/15 *Métaphysique des moeurs*, parte um, *Doctrine du droit*, 1797, trad. fr. Philonenko, J. Vrin éd., p. 85.

41/16 *Lettre à Arnauld*, Hanovre, 28 de novembro/6 de dezembro de 1686, em *Oeuvres choisies*, por L. Prenant, Ganier, p. 182.
41/17 *Système nouveau de la nature*, 1695, parágrafo 10.
41/18 *La Monadologie*, 1714, éd. Émile Boutroux, Delagrave, parágrafo 64.
41/19 Id., parágrafo 67.
41/20 *Considérations inactuelles* 1873-76, trad. fr. G. Bianquis, Aubier-Montaigne, p. 313.
41/21 *La Volonté de puissance*, póst. *Werke*, Leipzig, vol. XV-XVI, trad. fr. G. Bianquis, Gallimard, t. I, p. 221.
41/22 *Phédon*, 72 a.
41/23 Id., 105 c.

42/1 22 de julho de 1908, em *Propos II*, Pléiade, Gallimard, p. 82.
42/2 *Définitions*, póst. 1953, art. *Société*.
42/3 *La Politique*, trad. fr. J. Tricot, librairie Vrin éd., I, 2, 1253a.
42/4 *Ibid*.
42/5 *Les deux sources de la morale et de la religion*, 1932, Alcan, p. 22.
42/6 *Entretiens avec "Le Monde"*, 6. *La Société*, Éd. La Découverte e jornal *Le Monde*, 1985, p. 110.
42/7 *Maximes et pensées, caractères et anecdotes*, 1795, cap. I, parágrafo 67.
42/8 Id., cap. III, parágrafo 180.
42/9 *Ce qui cloche dans le monde [What is wrong with the world]*, 1910, trad. fr. J. C. Laurens, Gallimard, 1948, p. 10.
42/10 Id., p. 33.
42/11 *Système de politique positive*, 1851, dedicatória, p. X.
42/12 Id., dedicatória, p. XIV.
42/13 Id., t. II, cap. III, p. 181.
42/14 Id., p. 182.
42/15 Id., p. 191.
42/16 Id., t. II, cap. V, p. 267.
42/17 Id., p. 304.
42/18 *Traité de l'enchaînement des idées fondamentales dans les sciences et dans l'histoire*, 1861, Hachette, p. 373.
42/19 *Journal*, 17 de novembro de 1852.
42/20 *Encyclopédie*, 1751-1765, art. *Droit naturel*, parágrafo 9.
42/21 *Observations sur l'Instruction de S.M.I. aux députés pour la confection des lois*, 1774, art. 250, p. 70.
42/22 *Les Formes élémentaires de la vie religieuse*, Alcan, 1925, p. 22.
42/23 *Entretiens avec "Le Monde"*, 3. *Idées contemporaines*, Éd. La Découverte e jornal *Le Monde*, 1984, p. 222.
42/24 *Le Système social*, Londres, 1773, I, cap. XVI.
42/25 *Idée d'une histoire universelle au point de vue cosmopolitique*, 1784, trad. fr. S. Piobetta, em *La Philosophie de l'histoire*, Aubier, p. 64.
42/26 Id., p. 66.
42/27 *Anthropologie du point de vue pragmatique*, 1798, trad. fr. Michel Foucault, Vrin, 1964, p. 167.

42/28 *Tristes tropiques*, Plon, 1955, cap. XXXVIII.
42/29 *Le Regard éloigné*, Plon, 1983, Prefácio, p. 15.
42/30 *L'Idéologie allemande*, 1846, trad. fr. H. Auger, G. Badia, J. Baudrillard, R. Cartelle, Éditions Sociales, p. 474.
42/31 *De l'esprit des lois*, livro I, cap. 3.
42/32 *La Solution pragmatique*, considerações coligidas em *Magazine littéraire* n.º 279, julho-agosto 1990, p. 23.
42/33 *Émile ou De l'éducation*, 1762, livro I, éd. du Seuil, t. 3, p. 21.
42/34 *Id.*, livro IV, éd. du Seuil, t. 3, p. 165.
42/35 *Aphorismes sur la sagesse dans la vie*, post. 1880, trad. fr. J. A. Cantacuzène, revista e corrigida por R. Roos, P.U.F., p. 104.
42/36 *Id.*, p. 111.
42/37 *Parerga und Paralipomena*, 1851, t. II, cap. 31, parágrafo 400, trad. fr. Cantacuzène, 1880.

43/1 *Le Rêveur*, 28 de fevereiro de 1931, em *Propos I*, Pléiade, Gallimard, p. 995.
43/2 *La Technique contre l'esprit*, 3 de novembro de 1932, em *Propos I*, Pléiade, Gallimard, p. 1102.
43/3 *Histoire de mes pensées*, 1936, cap. *Rouen*, em *Les Arts et les Dieux*, Pléiade, Gallimard, p. 58.
43/4 *La Politique*, trad. fr. Tricot, I, 4, 1253 b.
43/5 *Le Matérialisme rationnel*, 1953, P.U.F., p. 83.
43/6 *L'Évolution créatrice*, 1907, P.U.F., cap. II.
43/7 *La Connaissance de la vie*, 1952, 2.ª ed., 1971, J. Vrin, p. 124.
43/8 *Id.*, p. 125.
43/9 *Ibid*.
43/10 *Le Normal et le Pathologique*, I, 1943, P.U.F., p. 156.
43/11 *Correspondance*, InterEditions, 1980, p. 114.
43/12 *L'Avenir d'une illusion*, 1927, P.U.F., p. 78.
43/13 *Sept études sur l'homme et la technique*, 1966, Denoël-Gonthier, p. 59.
43/14 *Encyclopédie des sciences philosophiques*, 1817, parte um, *La Science de la logique*, póst. 1840, Berlim, trad. fr. B. Bourgeois, Vrin, p. 382.
43/15 *L'Époque des "conceptions du monde"*, 9 de junho de 1938, em *Chemins qui ne mènent nulle part*, trad. fr. W. Brokmeier, ed. F. Fédier, Gallimard, 1962, p. 69.
43/16 *La Question de la technique*, 18 de novembro de 1953, em *Essais et Conférences*, trad. fr. A. Préau, Gallimard, p. 10.
43/17 *Opus postumum*, trad. fr. J. Gibelin, Vrin, p. 10.
43/18 *Le Capital*, livro I, terceira seção, cap. VII, trad. fr. J. Roy, Garnier-Frères, p. 140.
43/19 *Id.*, p. 14.
43/20 *Pensées*, Bibliothèque miniature, 1913, p. 43, citado por Lênin em seus *Cahiers*, éd. Sociales, p. 355.
43/21 *Traité de psychologie générale*, 1946, P.U.F., t. II, 1, p. 481.
43/22 *Journal*, 6 de junho de 1900.
43/23 *Origine et fonction de la culture*, 1943, trad. fr. R. Dadoun, Gallimard, p. 151.
43/24 *L'Homme et la Technique*, 1931, trad. fr. Petrowsky, Gallimard, p. 40.
43/25 *L'Homme et la Coquille*, 1937, em *Oeuvres*, t. I, Pléiade, Gallimard, p. 891.

43/26 *Dictionnaire philosophique. La Raison par alphabet*, 1765, artigo *Philosophie*, seção IV.
43/27 *Oppression et liberté*, 1934, p. 76.

44/1 *Les Confessions*, livro XI, cap. XXVI.
44/2 *Éléments de philosophie*, 1941, Gallimard, livro I, cap. XVII, nota p. 80.
44/3 *Les Aventures du coeur*, cap. XXXVIII, Hartmann © Flammarion, 1945, p. 165.
44/4 *Définitions*, póst. 1953, art. *Temps*, em *Les Arts et les Dieux*, Pléiade, Gallimard, p. 1094.
44/5 *Physique*, trad. fr. Carteron, IV, 11, 219 a.
44/6 *Id.*, IV, 11, 220 a.
44/7 *Id.*, IV, 13, 222 b.
44/8 *L'Intuition de l'instant, étude sur la Siloë de G. Roupnel*, Stock, 1932, p. 15.
44/9 *Petits poèmes en prose*, XXXIII, *Enivrez-vous*, 7 de fevereiro de 1864.
44/10 *Essai sur les données immédiates de la conscience*, 1888, P.U.F., 68ª ed. 1948, p. 76.
44/11 *L'Évolution créatrice*, 1907, P.U.F., cap. I.
44/12 *L'Énergie spirituelle*, 1919, *La Conscience et la vie: conscience, mémoire, anticipation*.
44/13 *La Pensée et le Mouvant*, 1934, P.U.F., introd., parte um.
44/14 *Écrits sur l'histoire*, Flammarion, 1969, cap. II, pp. 76-7.
44/15 *Système de politique positive*, tomo três, 1853, Conclusão geral, p. 624.
44/16 *Éléments de physiologie*, 1875, A.T., IX, p. 435.
44/17 *Lettre XII*, à Louis Mayer, 20 de abril de 1663, trad. fr. Ch. Appuhn, em *Oeuvres*, t. 4, Garnier-Frères, p. 160.
44/18 *Sept études sur l'homme et la technique*, 1966, Denoël/Gonthier, p. 60.
44/19 *La Phénoménologie de l'esprit*, 1807, trad. fr. J. Hyppolite, Aubier-Montaigne, t. I, p. 40.
44/20 Em *Les Penseurs grecs avant Socrate*, trad. fr. Jean Voilquin, Garnier-Frères, 1964, p. 77.
44/21 *Critique de la raison pure*, 1781, parte um, 2ª seção, parágrafo 6, trad. fr. Tremesaygues e Pacaud.
44/22 *Riens philosophiques*, 1844, trad. fr. K. Ferlov e Jean-J. Gateau, Gallimard, p. 162.
44/23 *De l'homme*, em *Les Caractères*, 1688-1696, parágrafo 51.
44/24 *Cours sur la perception*, póst. 1926, em *Célèbres leçons et Fragments*, P.U.F., p. 175.
44/25 *Principes de la nature et de la grâce fondés en raison*, 1714, parágrafo 13.
44/26 *Les Temps et l'Autre*, em *Le choix, le monde, l'existence*, Cahiers du collège philosophique, 1974, B. Arthaud, p. 172.
44/27 *Pensées*, trad. fr. Trannoy, Les Belles Lettres, Paris, 1947, IV, 43.
44/28 *Le Livre du philosophe, Études théorétiques*, 1872-1875, trad. fr. A. K. Marietti, Aubier-Flammarion, p. 119.
44/29 *Pensées*, póst. 1669, seção II, 172, éd. Brunschvicg, Hachette.
44/30 *Timée*, 37 d.
44/31 *Entretiens avec "Le Monde", 3. Idées contemporaines*, éd. La Découverte e jornal *Le Monde*, 1984, p. 66.

44/32 *L'Être et le Néant*, 1943, parte dois, cap. II, I.
44/33 *Le monde comme volonté et comme représentation*, 1819, trad. fr. A. Burdeau, revista e corrigida por R. Roos, P.U.F., p. 1335.
44/34 *Aphorismes sur la sagesse dans la vie*, póst. 1880, trad. fr. J.-A. Cantacuzène, revista e corrigida por R. Roos, P.U.F., p. 149.
44/35 *Hypotyposes pyrrhoniennes*, III, 146, trad. fr. J.-P. Dumont em *Les Sceptiques grecs*, P.U.F.
44/36 *La Connaissance surnaturelle*, póst. 1950, Gallimard, p. 154.
44/37 *Leçons de philosophie*, póst. 1959, Plon e 10/18, p. 255.
44/38 *Tractatus logico-philosophicus*, 1921, trad. fr. P. Klossowski, Gallimard, p. 173.

45/1 4 de maio de 1924, em *Propos I*, Pléiade, Gallimard, p. 605.
45/2 *Préliminaires à la mythologie*, escritas em 1932-1933, publ. 1943, em *Les Arts et les Dieux*, Pléiade, Gallimard, p. 1109.
45/3 *Id.*, p. 1132.
45/4 3 de fevereiro de 1934, em *Propos II*, Pléiade, Gallimard, p. 1001.
45/5 *Ibid.*
45/6 *Entretiens avec "Le Monde", 3. Idées contemporaines*, éd. La Découverte e jornal *Le Monde*, 1984, p. 17.
45/7 *Le Rire, essai sur la signification du comique*, 1899, P.U.F., I, p. 37.
45/8 *Le Normal et le Pathologique*, I, 1943, P.U.F., p. 131.
45/9 *Cours de philosophie positive*, 1830-1842, primeira aula, III.
45/10 *Id.*, segunda aula, XII.
45/11 *Id.*, 48ª aula.
45/12 *Règles pour la direction de l'esprit*, póst. 1701, trad. fr. G. Le Roy, regra II, Pléiade, p. 41.
45/13 *Tractatus de intellectus emendatione*, escrito por volta de 1661, primeira publ. póst. 1672, *Traité de la réforme de l'entendement*, parágrafo 19, II.
45/14 *Lettre X*, a Simon de Vries, 1663, trad. fr. Ch. Appuhn, em *Oeuvres*, t. 4, Garnier-Frères, p. 151.
45/15 *Traité de la nature humaine*, 1739, livro I, part. IV, seção VII.
45/16 *Critique de la raison pure*, 1781, primeira ed., introd. I.
45/17 *Id.*, introd. 2ª ed., I.
45/18 *Id.*, I, *Analytique transcendantale*, I, cap. II, parágrafo 27.
45/19 *Id.*, *Analytique des principes*, cap. II, 3ª seção, parágrafo 3.
45/20 *Sur l'emploi des principes téléologiques en philosophie*, 1788, em *La Philosophie de l'histoire [Opuscules]*, trad. fr. S. Piobetta, Aubier, p. 178.
45/21 *Opus postumum*, trad. fr. J. Gibelin, Vrin, p. 28.
45/22 *La Monadologie*, éd. Émile Boutroux, Delagrave, 1714, parágrafo 28.
45/23 *Aphorismes, troisième cahier* 1775-1779, trad. fr. Marthe Robert, J.-J. Pauvert, p. 192.
45/24 *De la recherche de la vérité*, 1674, livro III, conclusão.
45/25 *Considérations inactuelles*, 1873-1876, trad. fr. G. Bianquis, Aubier-Montaigne, p. 337.
45/26 *Tractatus logico-philosophicus*, 1921, prop 6.4321, trad. fr. P. Klossowski, Gallimard, Idées, p. 173.

46/1   21 de fevereiro de 1910, *Propos II*, Pléiade, Gallimard, p. 165.
46/2   18 de março de 1911, *Propos I*, Pléiade, Gallimard, p. 106.
46/3   *Préliminaires à la mythologie*, escritas em 1932-1933, publ. 1943, em *Les Arts et les Dieux*, Pléiade, Gallimard, p. 1122.
46/4   *Id.*, p. 1129.
46/5   *Id.*, p. 1181.
46/6   *Id.*, p. 1187.
46/7   *Les Aventures du coeur*, 1945, cap. X, Hartmann, p. 57.
46/8   *La Politique*, trad. fr. Tricot, I, 4, 1253 b.
46/9   *Ancien Testament, Genèse*, 3, 17-19, trad. fr. L. Segond.
46/10 *Nouveau Testament, Évangile selon saint Matthieu*, VI, 28-30, trad. fr. da Vulgata por Lemaistre de Sacy.
46/11 *Système de politique positive*, t. II, 1852, *Statique sociale*, capítulo dois, p. 154.
46/12 *Catéchisme positiviste*, 1852, conclusão, Décima primeira conversa, Garnier-Frères, p. 262.
46/13 *Réfutation suivie de l'ouvrage d'Helvétius intitulé: L'Homme*, 1775, em *Oeuvres complètes*, Garnier-Frères, II, p. 427.
46/14 *Supplément au voyage de Bougainville*, 1778, II, *Les Adieux du vieillard*.
46/15 *Traité de l'association domestique et agricole*, 1812, t. I, p. 158.
46/16 *Malaise dans la civilisation*, 1929, trad. fr. Ch. e J. Odier, P.U.F., p. 25, n.1.
46/17 *Pensées*, 1815-1832, em *Oeuvres*, t. I, trad. fr. J. Porchat, Hachette, p. 334.
46/18 *Le Droit à la paresse*, 1880, François Maspero, p. 129.
46/19 *Le Regard éloigné*, Plon, 1983, p. 377.
46/20 *Manuscrits de 1844*, trad. fr. E. Bottigelli, éd. Sociales, em *Karl Marx: Textes 2*, p. 156.
46/21 *Id.*, p. 157.
46/22 *Ibid.*
46/23 *Id.*, p. 160.
46/24 *Id.*, p. 164.
46/25 *Le Capital*, 1867, livro I, primeira seção, cap. I, trad. fr. J. Roy, Garnier-Frères, p. 44.
46/26 *Note sur le travail*, junho de 1933, em *Révolution personnaliste et communautaire*, Aubier-Montaigne, 1935, p. 205.
46/27 *Osterode*, 5 de maio de 1807, citado por Paul Lafargue em *Le Droit à la paresse*, Maspero, p. 124.
46/28 *Aurore*, 1880, livro III, parágrafo 173, trad. fr. J. Hervier, Gallimard.
46/29 *Journal*, 10 de setembro de 1892.
46/30 *Id.*, 11 de março de 1904.
46/31 *Essai sur l'origine des langues*, póst. 1781, Guy Ducros éd., Bordeaux, cap. IX, nota 1, p. 109.
46/32 *Recherches sur la nature et les causes de la richesse des nations*, 1776, editado por G. Mairet, Gallimard, Idées, livro I, cap. V, p. 63.
46/33 *Id.*, p. 69.
46/34 *Id.*, livro I, cap. VIII, p. 91.
46/35 *L'Unique et sa Propriété*, 1844, parte dois, II, 2, trad. fr. R.-L. Reclaire, Stock éd., p. 324.

46/36 *Oppression et liberté*, 1934, p. 114.

47/1 *La Politique*, trad. fr. Tricot, I, 9, 1257 a.
47/2 Id., I, 10, 1258 a-b.
47/3 *Le Capital*, I, 1867, primeira seção, cap. II, trad. fr. J. Roy, Garnier-Frères, p. 79.
47/4 *Recherches sur la nature et les causes de la richesse des nations*, 1776, editado por G. Mairet, Idées/Gallimard, livro I, cap. II, p. 47.
47/5 Id., p. 48.
47/6 Id., livro I, cap. IV, p. 55.

48/1 *Dialectique négative*, 1959-1966, trad. fr. pelo grupo de tradução do Collège de philosophie: Gérard Coffin, Joëlle Masson, Olivier Masson, Alain Renaut e Dagmar Trousson, éd. Payot, 1978, p. 40.
48/2 21 de junho de 1906, em *Propos II*, Pléiade, Gallimard, p. 13.
48/3 Id., 13 de junho de 1911, p. 221.
48/4 *Histoire de mes pensées*, 1936, cap. *Lagneau*, em *Les Arts et les Dieux*, Pléiade, Gallimard, p. 16.
48/5 *Les Aventures du coeur*, 1945, Hartmann © Flammarion, cap. II, p. 11.
48/7 *Essai sur les éléments de philosophie*, VI, *métaphysique*, editado por Richard N. Schwab, 1965; Georg Olms Verlagsbuchhandlung, Hildesheim, p. 109.
48/8 *Métaphysique*, 5, 1010 b 1, trad. fr. J.-C. Fraisse.
48/9 Id., 5, 1010 b-9-10.
48/10 *Études, 5, Idéalisme discursif*, 1970, J. Vrin, p. 89.
48/11 *Signes et événements*, frases coligidas em *Magazine littéraire* n.° 257, setembro de 1988, p. 23.
48/12 *Les Principes de la philosophie*, 1644, parte um, 1.
48/13 *Règles pour la direction de l'esprit*, póst. 1701, Règle II.
48/14 *Pensées philosophiques*, 1746, XXI.
48/15 Id., XXIV.
48/16 *Lettre à Albert Burgh*, dez. 1675 ou jan. 1676, trad. fr. Ch. Appuhn, em *Oeuvres*, t. 4, Garnier-Frères, p. 342.
48/17 *Principes de la philosophie de l'avenir*, 1843, em *Manifestes philosophiques*, trad. fr. L. Althusser, P.U.F., p. 261.
48/18 *Pensées*, 1815-1832, em *Oeuvres*, t. I, trad. fr. J. Porchat, Hachette, p. 420.
48/19 Id., p. 429.
48/20 *La Phénoménologie de l'esprit*, 1807, trad. fr. J. Hyppolite, Aubier-Montaigne, t. I, p. 8.
48/21 Id., p. 17.
48/22 Id., p. 40.
48/23 *Cours de 1830*, anotações dos estudantes, em *La Raison dans l'histoire*, trad. fr. Kostas Papaioannou, Plon e 10/18, p. 151.
48/24 *Léviathan*, 1651, parte um, cap. V.
48/25 *Traité de la nature humaine*, 1739, livro II, parte três, sec. X.
48/26 *Critique de la raison pure*, 1781, trad. fr. Tremesaygues e Pacaud, fonds Alcan, P.U.F., I, parte dois, *Logique transcendantale*, III, p. 95.
48/27 *45ᵉ Conférence de Notre-Dame*, 1848.

48/28 *Lettre à Émile Chartier*, 2 de abril de 1894, em *Célèbres leçons et Fragments*, P.U.F., p. 10.
48/29 *Cours sur le jugement*, póst. 1926, em *Célèbres leçons*, P.U.F., p. 211.
48/30 *La Rhétorique ou l'Art de parler*, 1741, nova ed., V, VII, p. 386.
48/31 *Animadversiones in partem generalem Principiorum Cartesianorum, Remarques sur la partie générale des Principes de Descartes*, 1692, In partem primam, Ad. artic. (7), em *Opuscula philosophica selecta*, Boivin et Cie éd., p. 13.
48/32 *La Monadologie*, 1714, éd. Émile Boutroux, Delagrave, parágrafo 33.
48/33 *Aphorismes*, primeiro caderno, 1764-1771, trad. fr. Marthe Robert, J.-J. Pauvert, p. 62.
48/34 *Économie libidinale*, 1974, éd. de Minuit, p. 310.
48/35 *De la recherche de la vérité*, 1674, 6.ª ed. 1712, prefácio.
48/36 *Deuxième thèse sur Feuerbach*, em *L'Idéologie allemande*, 1846, trad. fr. H. Auger, G. Badia, J. Baudrillard, R. Cartelle, éd. Sociales, p. 32.
48/37 *Essais*, 1580-1595, livro I, cap. XXXI, Pléiade, Gallimard, p. 243.
48/38 *Id.*, livro II, cap. XII.
48/39 *Id.*, livro III, cap. VIII.
48/40 *Le Livre du philosophe, Études théorétiques*, 1872-1875, trad. fr. A. K. Marietti, Aubier-Flammarion, p. 87.
48/41 *Id.*, p. 173.
48/42 *Id.*, p. 183.
48/43 *Id.*, p. 187.
48/44 *Humain, trop humain*, 1878, trad. fr. A.-M. Desrousseaux, Denoël-Gonthier, t. I, parágrafo 15, p. 51.
48/45 *Aurore*, 1880, parágrafo 73, trad. fr. J. Hervier, Idées-Gallimard, p. 83.
48/46 *Le Gai Savoir*, 1882, Prefácio, parágrafo 4, trad. fr. Klossowski, Club français du livre e 10/18, p. 45.
48/47 *Id.*, trad. fr. A. Vialatte, Gallimard, parágrafo 110.
48/48 *De l'esprit géométrique*, 1658, publ. em 1758, em *Pensées et opuscules*, ed. Brunschvicg, Hachette, pp. 176-7.
48/49 *Pensées*, póst. 1669, VI, 395, ed. Brunschvicg, Hachette, p. 508.
48/50 *La République*, V, 475 e, trad. fr. Chambry, Les Belles Lettres.
48/51 *Raison, vérité et histoire*, 1981, trad. fr. A. Gerschenfeld, éd. de Minuit, p. 238.
48/52 *Le Mot et la Chose*, 1959, trad. fr. J. Dopp e P. Gochet, Flammarion, p. 195.
48/53 *Pensées d'un biologiste*, 1939, cap. VII, p. 135.
48/54 *Id.*, p. 140.
48/55 *Discours sur les sciences et les arts*, 1750, parte dois.
48/56 *Les Rêveries du promeneur solitaire*, póst. 1782, *Quatrième promenade*, éd. du Seuil, t. 1, p. 515.
48/57 *L'existentialisme est un humanisme*, 1946, Nagel, p. 64.
48/58 *Mauvaises pensées et autres*, 1941, em *Oeuvres*, t. II, Pléiade, Gallimard, p. 863.

49/1 *Ne pas compter sur la peur*, 9 de junho de 1928, em *Propos I*, Pléiade, Gallimard, p. 787.
49/2 *Définitions*, póst. 1953, art. *Violence*, em *Les Arts et les Dieux*, Pléiade, Gallimard, p. 1098.

49/3 *La Politique*, trad. fr. Tricot, I, 6, 1255 b.
49/4 *Commentaire philosophique sur ces paroles de Jésus-Christ: "Contrains-les d'entrer" où l'on prouve par plusieurs raisons démonstratives qu'il n'y a rien de plus abominable que de faire des conversions par la contrainte*, 1686.
49/5 *Ancien Testament, Genèse*, 6, 7-8 e 7, 21-24, trad. fr. Louis Segond.
49/6 *De la guerre*, 1831, trad. fr. D. Naville, éd. de Minuit e 10/18, p. 40.
49/7 *Id.*, p. 42.
49/8 *Addition aux pensées philosophiques*, 1770, XLVII, em *Oeuvres philosophiques*, Garnier, p. 66.
49/9 *Id.*, p. 67.
49/10 *Anti-Dühring*, 1877-1878, parte dois, cap. IV, trad. fr. Bottigelli, éd. Sociales, p. 216.
49/11 *Essais de psychanalyse*, artigos 1909-1915, parte quatro, trad. fr. Dr. S. Jankélévitch, Payot, p. 240.
49/12 *Id.*, p. 241.
49/13 *Malaise dans la civilisation*, 1929, trad. fr. Ch. e J. Odier, P.U.F., p. 107.
49/14 *Principes de la philosophie du droit*, 1821, trad. fr. A. Kaan, Gallimard, p. 130.
49/15 *Léviathan*, 1651, cap. XII, trad. fr. Tricaud, Sirey © by Jurisprudence générale Dalloz, p. 124.
49/16 *La Politique naturelle*, 1775, Discurso III, parágrafo XVIII.
49/17 *La Muqaddima [Les Prolégomènes]*, 1375-1379, trad. fr. J.-E. Bencheikh, Hachette-Alger, p. 129.
49/18 *Conjectures sur les débuts de l'histoire humaine*, 1786, em *La Philosophie de l'histoire*, trad. fr. S. Piobetta, Aubier-Montaigne, p. 169.
49/19 *Critique du jugement*, 1790, parte um, livro II, parágrafo 28, trad. fr. J. Gibelin, Libr. Vrin, p. 90.
49/20 *Projet de paix perpétuelle*, 1795, trad. fr. J. Gibelin, J. Vrin, p. 9.
49/21 *Du Souverain ou De la République*, parágrafo 6, em *Les Caractères*, 1688-1696.
49/22 *Discours de Sens*, 1877, em *Célèbres leçons et fragments*, P.U.F., 1950, p. 11.
49/23 *L'État et la Révolution*, 1917, cap. II, 1, éd. Sociales, p. 37.
49/24 *Id.*, p. 39.
49/25 *Économie libidinale*, 1974, éd. de Minuit, p. 310.
49/26 *Les Soirées de Saint-Pétersbourg*, 1821, sétima conversa.
49/27 *Discours sur la première décade de Tite-Live*, 1513-1520, livro I, cap. 9, trad. fr. Giraudet.
49/28 *L'Ami du peuple*, n.° 626, 15 de dezembro de 1791.
49/29 *Le Capital*, 1867, livro um, oitava seção, cap. XXXI, trad. fr. J. Roy, revista por M. Rubel, em *Oeuvres, Économie I*, Pléiade, Gallimard, p. 1213.
49/30 *Essais*, 1580-1595, livro II, cap. XI, Pléiade, Gallimard, p. 477.
49/31 *La Révolution dans les esprits et dans la pratique de la race humaine [The Revolution in the mind and practice of the human race]*, 1849, trad. fr. Paul Meier, cap. XX.
49/32 *La Guerre et la Paix*, 1861, livro IV, cap. II.
49/33 *Pensées d'un biologiste*, 1939, cap. V, p. 106.
49/34 *Critique de la raison dialectique*, 1960, Gallimard, p. 210.

49/35 *Le Cri du Peuple*, 11 de dezembro de 1883, art. *Niais ou coquins*.
49/36 *Réflexions et maximes*, 1746, CLXXXVII.
49/37 *Dictionnaire philosophique*, 1764, art. *Torture*.
49/38 *Politik als Beruf*, 1919, em *Le Savant et le Politique*, Plon e 10/18, p. 100.
49/39 *Logique de la philosophie*, 1967, Vrin, p. 20.

50/1 *Les Confessions*, trad. fr. Joseph Trabucco, Garnier-Frères, livro VIII, cap. IX.
50/2 2 de dezembro de 1912, em *Propos II*, n° 198, Pléiade, Gallimard, p. 280.
50/3 *Système des Beaux-Arts*, 1920, cap. VI, em *Les Arts et les Dieux*, Pléiade, Gallimard, p. 235.
50/4 *Propos sur le Bonheur*, 1928, cap. XXVIII, *Discours aux ambitieux*, Gallimard, NRF, p. 88.
50/5 Janeiro de 1928, em *Propos II*, n° 432, Pléiade, Gallimard, p. 736.
50/6 *Id.*, n° 487, março de 1929, p. 782.
50/7 *Histoire de mes pensées*, 1936, cap. *Foi*, em *Les Arts et les Dieux*, Pléiade, Gallimard, p. 110.
50/8 *Réponse aux questions d'un provincial*, 1703-1707, em *Bayle*, éd. Sociales, p. 164.
50/9 *L'Évolution créatrice*, 1907, cap. IV, *Le Devenir et la Forme*.
50/10 *Méditations métaphysiques*, 1641, quarta meditação.
50/11 *Les Principes de la philosophie*, 1644, parte um, 32.
50/12 *Les Passions de l'âme*, 1649, art. 41.
50/13 *Entretiens*, I, XVIII, trad. fr. Émile Bréhier, em *Les Stoïciens*, Pléiade, Gallimard, p. 851.
50/14 *Lettre II*, a Oldenburg, 1661, em *Oeuvres*, t. IV, Garnier-Frères, p. 124.
50/15 *Traité de la nature humaine*, 1739, trad. fr. A. Leroy, Aubier-Montaigne, 1946, livro II, parte três, seção I, t. II.
50/16 *Fondements de la métaphysique des moeurs*, 1785, seção dois, trad. fr. V. Delbos, Delagrave, p. 122.
50/17 *Critique de la raison pratique*, 1788, parte um, livro um, cap. um, parágrafo 8, trad. fr. Picavet, P.U.F., p. 33.
50/18 *De la recherche de la vérité*, 1675, 6ª ed. 1712, livro seis, parte dois, cap. III, éd. G. Rodis-Lewis, Librairie J. Vrin, t. II, p. 202.
50/19 *Ibid*.
50/20 *Essais*, 1580-1595, livro I, cap. XXI, Pléiade, Gallimard, p. 129.
50/21 *Aurore*, 1880, parágrafo 124, trad. fr. J. Hervier, Gallimard.
50/22 *Crépuscule des idoles ou Comment philosopher à coups de marteau*, "Götzen-Dämmerung", 1888, trad. fr. Jean-Claude Hemery, Idées/Gallimard, p. 64.
50/23 *Émile ou De l'éducation*, 1762, livro quatro, em *Oeuvres complètes*, éd. du Seuil, t. 3, p. 223.
50/24 *L'existentialisme est un humanisme*, 1946, Nagel, p. 23.
50/25 *Le monde comme volonté et comme représentation*, 1819, trad. fr. A. Burdeau, revista e corrigida por R. Roos, P.U.F., p. 350.
50/26 *Id.*, p. 374.
50/27 *Somme théologique*, 1267-1273, I, quest. 5, art. 4.
50/28 *La Pesanteur et la Grâce*, 1947, Plon e 10/18, p. 118.

ÍNDICE DE AUTORES CITADOS

ADORNO (Theodor Wiesengrund, 1903-1969)
27/1 38/1 48/1
AGOSTINHO (Santo, 354-430)
6/1 11/1 18/1 26/1 44/1 50/1
ALAIN (Émile CHARTIER, dito, 1868-1951)
2/1-5 5/1 6/2-3 7/1 8/1 11/2-4 12/1-4 13/1 14/1-3 16/1 18/2-4
19/1-5 20/1-2 21/1-2 22/1-3 23/1 24/1-2 25/1-3 26/2-3 29/1-2
31/1-3 32/1-2 33/1-2 34/1 36/1-7 37/1 39/1-10 40/1-5 42/1-2
43/1-3 44/2-4 45/1-5 46/1-7 48/2-6 49/1-2 50/2-7
ALEMBERT (Jean LE ROND d', 1717-1783)
48/7
ARISTÓTELES (384-322 a.C.)
1/1 2/6 4/1 6/4 10/1-2 12/5-7 13/2 15/1-2 22/4-5 23/2 24/3
28/1 32/3 36/8-9 42/3-4 43/4 44/5-7 46/8 47/1-2 48/8-9 49/3
ARNAULD (Antoine, 1612-1694)
20/3 21/3 25/4 38/2
ARON (Raymond, 1905-1983)
14/4
ATLAN (Henri, nascido em 1931)
45/6

BACHELARD (Gaston, 1884-1962)
3/1 4/2 6/5 9/1 12/8 18/5-7 20/4 24/4 25/5-7 29/3 30/1
33/3 38/3 43/5 44/8 48/10
BACON (Francis, 1561-1626)
31/4
BALZAC (Honoré de, 1799-1850)
33/4
BAUDELAIRE (Charles, 1821-1867)
2/7 17/1 29/4 44/9
BAYLE (Pierre, 1647-1706)
14/5 49/4 50/8

■ As referências indicam o número da noção separado por uma barra oblíqua do número da citação ou das ciações correspondente(s).

BEAUMARCHAIS (Pierre-Augustin CARON de, 1732-1799)
    15/3
BECCARIA (Cesare BONESANA de, 1738-1794)
    29/5
BERGSON (Henri, 1859-1941)
    3/2 4/3 5/2-3 7/2-3 9/2 11/5 13/3 23/3-5 24/5 25/8-9 27/2
    41/1 42/5 43/6 44/10-13 45/7 50/9
BERKELEY (George, 1685-1753)
    11/6-7 16/2-3 34/2-3
BÍBLIA (A)
    6/6-7 11/8 12/9 20/5 22/6 24/6-8 32/4 36/10 46/9-10 49/5
BICHAT (Xavier, 1771-1802)
    41/2
BLOY (Léon, 1846-1917)
    2/8 11/9 24/9
BLUM (Léon, 1872-1950)
    23/6
BOSSUET (Jacques Bénigne, 1627-1704)
    29/6
BOURDIEU (Pierre, nascido em 1930)
    42/6
BRAQUE (Georges, 1882-1963)
    2/9
BRAUDEL (Fernand, 1902-1985)
    44/14
BRETON (André, 1896-1966)
    18/8
BUFFON (Georges Louis LECLERC de, 1707-1788)
    29/7 31/5 41/3-4

CAMUS (Albert, 1913-1960)
    15/4
CANGUILHEM (Georges, nascido em 1904)
    5/4 8/2 29/8 41/5-8 43/7-10 45/8
CASSIRER (Ernst, 1874-1945)
    38/4
CASSOU (Jean, 1897-1986)
    2/10
CAVAILLÈS (Jean, 1903-1944)
    25/10
CÉLINE (Louis-Ferdinand DESTOUCHES, dito, 1894-1961)
    24/10
CHAMFORT (Nicolas Sébastien ROCH, dito, 1741-1794)
    8/3 11/10 12/10-13 13/4 17/2-3 22/7 24/11 28/2 29/9-10
    31/6 33/5-6 36/11 38/5 42/7-8

CHATEAUBRIAND (François-René de, 1768-1848)
   12/14 26/4 29/11
CHESTERTON (Gilbert Keith, 1874-1936)
   6/8 11/11 14/6-7 15/5 28/3 32/5 36/12 42/9-10
CÍCERO (106-43 a.C.)
   28/4 38/6
CLAUSEWITZ (Karl von, 1780-1831)
   49/6-7
COMTE (Auguste, 1798-1857)
   1/2-4 2/11-15 4/4 7/4 8/4 10/3 13/5-7 15/6-8 18/9-12 20/6
   21/4 22/8 23/7 24/12-16 25/11-12 27/3 28/5 29/12-13 30/2-4
   31/7 32/6-8 33/7-8 36/13-17 38/7 39/11-17 41/9-11 42/11-17
   44/15 45/9-11 46/11-12
CORÃO (O)
   12/15 36/18
COURNOT (Antoine-Augustin, 1801-1877)
   1/5 5/5 8/5 13/8 14/8-9 24/17-18 31/8-9 33/9 37/2 39/18
   41/12 42/18

DAGOGNET (François, nascido em 1924)
   37/3
DAUDET (Alphonse, 1840-1897)
   11/12
DECLARAÇÃO DOS DIREITOS DO HOMEM E DO CIDADÃO (1789)
   8/6 23/8 36/19
DELACROIX (Eugène, 1798-1863)
   2/16 12/16 17/4 42/19
DELEUZE (Gilles, nascido em 1925)
   3/3-5 8/7 13/9 48/11
DEL VECCHIO (Giorgio, 1878-1973)
   8/8
DERRIDA (Jacques, nascido em 1930)
   24/19 32/9
DESCARTES (René, 1596-1650)
   6/9-11 9/3 12/17-19 13/10-12 15/9 16/4-6 18/13-15 21/5-6 23/9
   24/20-23 25/13 26/5 27/4 28/6 29/14 30/5-6 33/10-13 34/4-6
   38/8-9 39/19 41/13 45/12 48/12-13 50/10-12
DIDEROT (Denis, 1713-1784)
   6/12 12/20 20/7 22/9 23/10-11 24/24 28/7 29/15-16 31/10-12
   32/10 33/14-15 36/20 38/10 39/20-23 42/20-21 44/16 46/13-14
   48/14-15 49/8-9
DURKHEIM (Émile, 1858-1917)
   15/10 36/21 39/24-25 42/22

ECO (Umberto, nascido em 1932)
   24/25 40/6

EINSTEIN (Albert, 1879-1955)
   43/11
ENGELS (Friedrich, 1820-1895)
   49/10
EPICURO (341-270 a.C.)
   6/16 12/23 22/10
EPICTETO (50-cerca de 130)
   6/13-15 12/21-22 13/13 21/7 23/12-13 28/8 29/17-19 30/7 32/11
   36/22-23 50/13
ERASMO (Desiderius, 1469-1536)
   12/24 17/5
ESPINOSA (Baruch, 1632-1677)
   4/5-6 6/17-18 8/9-12 10/4-6 16/7-8 17/6 18/16-18 20/8-9 22/11-12 23/14-18 24/26 26/6-7 28/9 29/20-21 30/8-9 31/13-14 36/24
   44/17 45/13-14 48/16 50/14

FEUERBACH (Ludwig, 1804-1872)
   2/17 5/6-7 13/14-15 15/11 31/15 39/26-29 48/17
FICHTE (Johann Gotlieb, 1762-1814)
   39/30
FINKIELKRAUT (Alain, nascido em 1949)
   31/16
FLAUBERT (Gustave, 1821-1880)
   8/13
FONTENELLE (Bernard de, 1657-1757)
   13/16
FOUCAULT (Michel, 1926-1984)
   36/25
FOURIER (Charles, 1772-1837)
   23/19 33/16 46/15
FREUD (Sigmund, 1856-1939)
   2/18 5/8 6/19-24 7/5 17/7-8 18/19 19/6-9 22/13 29/22-23 31/17-18 32/12 39/31-35 40/7-9 43/12 46/16 49/11-13
FRIEDMANN (Georges, 1902-1977)
   43/13 44/18

GADAMER (Hans-Georg, nascido em 1900)
   24/27
GOETHE (Johann Wolfgang von, 1749-1832)
   5/9 12/25 15/12 18/20 24/28 25/14 29/24 30/10 32/13 34/7
   39/36-37 40/10 46/17 48/18-19
GREGÓRIO XVI (1765-1846)
   23/20-21

HABERMAS (Jürgen, nascido em 1929)
   42/23

HEGEL (Georg Wilhelm Friedrich, 1770-1831)
   2/19-24 3/6 6/25 8/14 10/7-9 13/17-20 14/10-12 16/9 23/22-23
   24/29 29/25 31/19-20 35/1 38/11-13 39/38-40 40/11-12 43/14
   44/19 48/20-23 49/14
HEIDEGGER (Martin, 1889-1976)
   1/6 2/25-30 27/5-6 29/26 40/13 43/15-16
HERÁCLITO (576-480 a.C.)
   6/26 11/13 22/14 29/27 44/20
HOBBES (Thomas, 1588-1679)
   8/15 18/21 22/15-16 48/24 49/15
HOLBACH (Paul-Henri DIETRICH d', 1723-1789)
   6/27 23/24 31/21 33/17 36/26 38/14 39/41-42 42/24 49/16
HUME (David, 1711-1776)
   4/7-8 6/28 9/4 11/14-15 12/26 16/10-11 18/22 20/10 21/8-13
   23/25 26/8 29/28 31/22 33/18-19 38/15-18 39/43 45/15 48/25
   50/15
HUSSERL (Edmund, 1859-1938)
   1/7 5/10-11 13/21-22 25/15 31/23-24 37/4-5 38/19 39/44

IBN KHALDOUN (1332-1406)
   15/13 22/17 36/27 39/45 49/17

JACOB (François, nascido em 1920)
   29/29 41/14
JAMES (William, 1842-1910)
   26/9
JANET (Pierre, 1859-1947)
   26/10
JANKÉLÉVITCH (Vladimir, 1903-1983)
   29/30-32
JAURÈS (Jean, 1859-1914)
   23/26 32/14

KANT (Emmanuel, 1724-1804)
   1/8-9 2/31 3/7-8 4/9-11 5/12 6/29-31 7/6-12 8/16-19 9/5-8
   10/10 11/16-17 12/27-30 13/23-30 14/13-14 15/14-15 16/12-14
   17/9 18/23-26 22/18-19 23/27-34 24/30 25/16-19 26/11 27/7-8
   28/10-11 29/33 31/25-28 33/20 35/2-5 36/28-29 38/20-26 40/14
   41/15 42/25-27 43/17 44/21 45/16-21 48/26 49/18-20 50/16-17
KIERKEGAARD (Sören, 1813-1855)
   11/18-20 14/15-17 20/11 25/20 33/21 39/46-48 44/22
KLEE (Paul, 1879-1940)
   2/32

LA BOÉTIE (Étienne de, 1530-1563)
   17/10

La Bruyère (Jean de, 1645-1696)
    6/32 8/20 11/21-22 12/31 13/31 22/20 23/35 29/34-35 32/15-16 44/23 49/21
Lacan (Jacques, 1901-1981)
    19/10-11
Lacordaire (Abade Henri, 1802-1861)
    12/32 23/36 39/49 48/27
Lafargue (Paul, 1842-1911)
    46/18
Lagneau (Jules, 1851-1894)
    1/10 5/13-14 7/13 11/23 13/32-36 17/11 19/12 21/14 23/37
    27/9 30/11 32/17 33/22 34/8 37/6 38/27 44/24 48/28-29 49/22
Lamy (R. P. Bernard, 1640-1715)
    24/31 48/30
Landsberg (Paul-Louis, 1901-1944)
    29/36
La Rochefoucauld (François de, 1613-1680)
    29/37 33/23
Leibniz (Gottfried Wilhelm, 1646-1716)
    2/33 4/12 5/15 16/15 19/13 22/21 23/38 25/21-22 26/12
    27/10-11 29/38-40 30/12 31/29 32/18 34/9-11 38/28-29 41/16-19
    44/25 45/22 48/31-32
Leiris (Michel, nascido em 1901)
    1/11
Lênin (Vladimir Ilitch Ulianov, dito, 1870-1924)
    6/33 10/11-12 36/30 49/23-24
Leroux (Pierre, 1797-1871)
    12/33
Lévinas (Emmanuel, nascido em 1905)
    29/41 32/19 40/15 44/26
Lévi-Strauss (Claude, nascido em 1908)
    1/12-13 14/18-20 23/39 31/30 42/28-29 46/19
Lichtenberg (Georg Chritoph, 1742-1799)
    2/34 8/21-22 11/24 15/16 18/27 20/12 23/40-41 24/32 25/23
    29/42 31/31 39/50 45/23 48/33
Littré (Émile, 1801-1881)
    12/34 32/20
Lucrécio (98-55 a.C.)
    6/34 29/43 36/31 39/51
Lyotard (François, nascido em 1924)
    36/32 48/34 49/25

Maine de Biran (Marie-François-Pierre, 1766-1824)
    11/25
Maistre (Joseph de, 1753-1821)
    49/26

MALEBRANCHE (Nicolas de, 1638-1715)
    16/16 18/28 24/33 26/13 45/24 48/35 50/18-19
MALLARMÉ (Stéphane, 1842-1898)
    24/34 29/42
MALRAUX (André, 1901-1976)
    2/35
MAQUIAVEL (Niccolo MACHIAVELLI, dito, 1469-1527)
    22/22 36/33-34 39/52 49/27
MARAT (Jean-Paul, 1743-1793)
    49/28
MARCO AURÉLIO (121-180)
    11/26 12/35 15/17 18/29 28/12-13 29/44-46 44/27
MARX (Karl, 1818-1883)
    5/16 10/13 17/12 36/35 39/53 43/18-19 46/20-25 47/3 49/29
MARX-ENGELS
    5/17-18 10/14 13/37-39 16/17 42/30 48/36
MAUPASSANT (Guy de, 1850-1893)
    12/36
MERCIER (Louis-Sébastien, 1740-1814)
    14/21 24/35
MERLEAU-PONTY (Maurice, 1908-1961)
    1/14 5/19 11/27-28 13/40-42 14/22-25 19/14-16 22/23 24/36-37
    31/32 34/12-14 39/54 40/16-18
MICHELET (Jules, 1798-1874)
    23/42
MILL (John Stuart, 1806-1873)
    12/37 23/43 31/33 32/21 36/36
MOLIÈRE (Jean-Baptiste POQUELIN, dito, 1622-1673)
    39/55
MONTAIGNE (Michel EYQUEM de, 1533-1592)
    1/15-16 2/36 6/35-36 7/14 11/29-30 13/43 15/18 17/13-14 18/30-
    31 20/13 21/15-16 22/24 23/44 24/38-39 29/47-53 30/13 31/34-
    35 32/22-24 38/30-31 39/56 48/37-39 49/30 50/20
MONTESQUIEU (Charles Louis de SECONDAT de LA BRÈDE et de, 1689-1755)
    8/23 11/31 12/38 22/25 23/45-48 24/40 36/37 39/57 42/31
MONTHERLAND (Henry de, 1895-1972)
    29/54-55
MOUNIER (Emmanuel, 1905-1950)
    46/26

NAPOLEÃO I (1769-1821)
    14/26 43/20 46/27
NICOLE (Pierre, 1625-1695)
    20/3 21/3 25/4 38/2
NIETZSCHE (Friedrich, 1844-1900)
    1/17 2/37 3/9-11 4/13-17 5/20 7/15 8/24-25 10/15-17 11/32-33

12/39-41 13/44-48 14/27-33 17/15-20 19/17 21/17 23/49-50 24/41-45 25/24-25 26/14-16 27/12 28/14-15 29/56-57 30/14-15 31/36-37 32/25-26 33/24 36/38 38/32 39/58-62 41/20-21 44/28 45/25 46/28 48/40-47 50/21-22

OWEN (Robert, 1771-1858)
49/31

PASCAL (Blaise, 1623-1662)
2/38 6/37-38 11/34-35 12/42 15/19 17/21-22 18/32-33 20/14-17 22/26-27 24/46-47 25/26-27 29/58-60 30/16 31/38 32/27 38/33-34 39/63-64 40/19-21 44/29 48/48-49

PIO IX
13/49 23/51 36/39 38/35 39/65

PLATÃO (428-348 a.C.)
2/39-40 6/39-42 8/26 10/18 13/50-52 15/20 16/18-19 17/23 22/28-29 23/52 24/48-50 29/61 36/40 38/36 41/22-23 44/30 48/50

PLOTINO (205-270)
6/43

PRADINES (Maurice, 1874-1958)
24/51 43/21

PRIGOGINE (Ilya, nascido em 1917)
44/31

PROTÁGORAS (485-411 a.C.)
15/21

PROUDHON (Pierre-Joseph, 1809-1865)
49/32

PROUST (Marcel, 1871-1922)
2/41 6/44 12/43-44 32/28 33/25

PUTNAM (Hilary, nascido em 1926)
20/18 38/37 40/22 48/51

QUATREFAGES DE BRÉAU (Armand de, 1810-1892)
1/18

QUINE (Willard van Orman, nascido em 1908)
24/52-53 48/52

RENAN (Ernest, 1823-1892)
29/62 31/39 32/29

RENARD (Jules, 1864-1910)
11/36 12/45-48 17/24 22/30-31 24/54 26/17 29/63-69 32/30-33 34/15 37/7 39/66 43/22 46/29-30

RETZ (Jean-François Paul de GONDI, cardeal de, 1613-1679)
24/55

REUCHLIN (Maurice, 1455-1522)
26/18

RICOEUR (Paul, nascido em 1913)
   5/21
ROBESPIERRE (Maximilien de, 1758-1794)
   10/19
ROHEIM (Géza, 1891-1953)
   31/40 43/23
RORTY (Richard, nascido em 1931)
   42/32
ROSTAND (Jean, 1894-1977)
   2/42 11/37-38 12/49-50 17/25 20/19 28/16 29/70-71 32/34 36/41
   39/67 48/53-54 49/33
ROUSSEAU (Jean-Jacques, 1712-1778)
   2/43 6/45-46 7/16 11/39-41 12/51-55 14/34 18/34-35 20/20
   22/32-34 23/53 24/56-57 26/19 29/72 31/41-47 33/26-30 38/38
   39/68-69 42/33-34 46/31 48/55-56 50/23
RUSSELL (Bertrand, 1872-1970)
   12/56

SAINT-JUST (Louis-Antoine de, 1767-1794)
   12/57 36/42
SAPIR (Edward, 1884-1939)
   1/19 31/48
SARTRE (Jean-Paul, 1905-1980)
   1/20-21 5/22-26 6/47-50 11/42-44 14/35 15/22-23 23/54-56 24/58
   26/20 28/17 29/73 31/49 32/35-37 33/31-32 38/39 44/32 48/57
   49/34 50/24
SAUSSURE (Ferdinand de, 1857-1913)
   24/59
SCHELER (Max, 1874-1928)
   31/50-51
SCHOPENHAUER (Arthur, 1788-1860)
   2/44 5/27 6/51-53 10/20-21 11/45-46 12/58-60 13/53 14/36-38
   15/24 16/20 17/26-28 18/36 19/18 26/21 27/13 30/17 32/38-
   39 38/40 39/70 42/35-37 44/33-34 50/25-26
SÊNECA (4 a.C.-65 d.C.)
   36/43
SERRES (Michel, nascido em 1930)
   13/54 22/35
SÉVIGNÉ (Marie de RABUTIN-CHANTAL, marquesa de, 1626-1696)
   29/74
SEXTO EMPÍRICO (séculos I-II d.C.)
   21/18 44/35
SMITH (Adam, 1723-1790)
   36/44 46/32-34 47/4-6
SPENGLER (Oswald, 1880-1936)
   30/18 43/24

STENDHAL (Henri BEYLE, dito, 1783-1842)
    12/61 33/33
STIRNER (J. CASPAR SCHMIDT, dito Max, 1806-1856)
    2/45 8/27-28 10/22 12/62 17/29-30 22/36 39/71 46/35

TAINE (Hippolyte, 1828-1893)
    2/46
THOM (René, nascido em 1923)
    25/28
TOCQUEVILLE (Alexis de, 1805-1859)
    23/57-58 31/52 36/45-46
TOMÁS DE AQUINO (Santo, 1228-1274)
    50/27

VALÉRY (Paul, 1871-1945)
    2/47 4/18-19 5/28-29 6/54 8/29 9/9 10/23 11/47 12/63-65
    13/55 14/39-41 15/25 17/31-32 18/37 20/21 22/37-38 24/60
    25/29 26/22 27/14-15 29/75-79 32/40 34/16-17 36/47 39/72
    40/23 43/25 48/58
VALLÈS (Jules, 1832-1885)
    23/59 49/35
VATTIMO (Gianni, nascido em 1936)
    27/16
VAUVENARGUES (Luc de CLAPIERS, marquês de, 1715-1747)
    29/80-81 32/41-42 33/34 49/36
VEYNE (Paul, nascido em 1930)
    40/24
VIDAL-NAQUET (Pierre, nascido em 1930)
    14/42
VINCI (Leonardo da, 1452-1519)
    2/48
VOLTAIRE (François AROUET, dito, 1694-1778)
    13/56 29/82 40/25-28 43/26 49/37

WEBER (Max, 1864-1920)
    7/17 8/30 10/24 28/18 36/48 49/38
WEIL (Éric, 1904-1977)
    15/26 38/41 49/39
WEIL (Simone, 1909-1943)
    6/55 23/60 24/61 33/35 36/49 38/42 39/73 43/27 44/36-37
    46/36 50/28
WITTGENSTEIN (Ludwig, 1889-1951)
    9/10 13/57-59 24/62-64 25/30-31 27/17 29/83 30/19-20 44/38
    45/26

ZENÃO DE CÍCIO (335-264 a.C.)
    23/61